CARL ROGERS

칼 로저스

|상담과 심리치료 주요인물 시리즈 ❿|

인간중심치료의 창시자

칼 로저스

Brian Thorne · Pete Sanders 공저

박외숙 · 고향자 공역

학지사

우리나라에서 상담심리학을 공부하는 사람이라면 누구나 Carl Rogers의 철학과 인간-중심 이론의 중심개념들을 접하게 된다. 인간-중심 이론은 복잡한 기법들이 소개되어 있지 않고, 언뜻 보기에는 중심개념들이 단순한 것 같아서 누구나 쉽게 다가서게 만든다. 그저 내담자의 말을 잘 듣고 공감해 주면 되고, 적용도 어려워 보이지 않으며, 그다지 위력 있는 상담기술 같지도 않아서 반신반의하는 마음으로 접근을 시도한다.

그러나 이런 사람들이 막상 Rogers 이론을 상담실제에 직접 적용하게 되면 뭔가 그저 단순한 이론이 아니라는 것을 체험하게 된다. 제대로 접근하려면 중심개념들이 그렇게 단순하지 않아서 당황하고, 제대로 적용해 보면 그 효과도 만만치 않아 의아하게 된다.

1976년 이영희 선생님이 미국 미시간 대학교에서 상담심리학 박사학위를 받고 숙명여자대학교에 오셨을 때, 고향자, 박외숙 두 제자는 처음으로 이영희 선생님을 통하여 Rogers

를 알게 되었다. 그것이 계기가 되어 두 사람은 상담심리학을 전공하게 되었고, 이 책 또한 이영희 선생님의 번역 제안으로 시작되었다. 평생 Rogers의 이론을 좋아하셨고, 대학 강단에서 많은 제자에게 인간-중심 이론을 가르치셨으며, 상담공부를 하도록 아낌없는 격려와 영향을 주셨던 이영희 선생님을 오래도록 기억하고자, 그리고 Rogers 이론을 제대로 공부해 보고 싶은 마음에 이 책을 번역하게 되었다.

이 책의 저자 Brian Thorne은 Rogers가 한 인간으로서, 그리고 상담심리학의 전문가로서 어떤 생애를 거쳤는지, 그의 이론이 형성되어 가는 과정에 영향을 준 배경과 사건들이 무엇이었는지, 인간-중심 이론의 중심개념인 자기실현 경향성, 자기실현과 자기(self)에 관한 개념, 가치의 조건, 평가소재, 충분히 기능하는 사람, 그리고 핵심조건 세 가지의 의미와 Rogers가 말년에 인식했던 또 다른 신비하고 영적인 특성 한 가지에 대하여 소개하고 있다.

Rogers에 관한 다른 이론서에도 대부분 이런 내용이 소개되고 있지만, 이 책에서는 저자가 단지 개념을 소개하는 차원이 아니라 다른 학자들의 비평과 Rogers 자신의 주장, 그리고 저자 본인의 입장까지도 한 번에 밝혀 나감으로써 독자들로 하여금 중심개념들을 다양한 각도에서 바라볼 수 있도록 안내하고 있다는 것이 특징이다.

또한 이 책에서는 Rogers의 중심이론이 상담의 실제에서 자신의 내담자들에게 어떻게 적용되고 있는지 핵심적인 자료만을 뽑아서 분석적으로 명쾌하게 제시해 주고 있다. 더 나아가서 Rogers 이론에서 논쟁의 핵심이 되는 힘(power)의 이슈, 인간의 본성, 특히 자기애(self-love)에 대한 관점, 주관적인 현실의 존재, 상담의 실제에서 중요시되는 상담자-내담자 관계의 본질에 대하여, 기독교적 관점과 정신분석적, 행동주의적 관점, 그 외의 비평적인 입장과 그에 항의하는 학자들의 주장을 비교 제시하여 독자들에게 풍부한 자료를 제공하고 있다.

이 책의 첫 번째 출판은 1992년에 이루어졌으며, 그 후 여러 차례의 인쇄를 거쳐 다시 2판이 2003년에 나왔다. 그리고 2013년에 3판이 출판되었으며, 이 번역서는 3판의 내용이다. 앞서 출판된 1판과 2판은 모두 Brian Thorne에 의하여 쓰였는데, 3판의 경우 마지막 장인 5장의 내용은 Pete Sanders에 의하여 완전히 새롭게 쓰여 Rogers의 영향력이 Sanders의 관점에서 조명되었다.

Sanders는 Rogers의 인간-중심 치료가 전 세계적으로 지속적인 발전을 거듭하면서 어떤 치료형태로 변형되어 왔으며, 그 변형된 치료들이 Rogers의 전통적인 인간-중심 치료와 어떤 점에서 차별화되는지를 다루고 있다.

여기서 다룬 변형된 치료는 포커싱 심리치료, 경험심리치료, 과정경험 심리치료, 정서-중심 치료, 참만남 접근, 사전치료, 표현치료 등이다. 최근 인간-중심 치료와 유사한 치료 용어들 때문에 혼란스러움을 겪고 있는 독자들에게 이번 3판의 번역서는 인간-중심 치료의 변형·발전되어 가는 동향을 쉽게 정리해 볼 수 있는 기회를 제공할 것이다.

3판의 번역을 끝내면서 역자들은 번역의 어려움을 새삼 느꼈지만, 그래도 인간-중심 치료의 변화·발전에 관심 있는 치료자, 수련생들과 이 내용을 함께 나누고 싶은 마음에 용기를 내어본다.

　마지막으로, 이 책의 번역에 기꺼이 동참하여 도움을 주신 많은 분들과 출판의 기쁨을 함께 나누고 싶다. 이 책을 소개하고 번역하도록 적극 격려해 주신 이영희 선생님, 번역 전에 이 책을 함께 읽었던 김소라, 양리리, 정홍원 선생, 대화체 부분의 번역에 영문학도의 실력을 발휘해 준 최지혜 선생, 신학적 용어와 의미를 좀 더 정확하게 번역하도록 도와준 최태하 목사님, 군데군데 풀리지 않는 어려운 부분의 번역이 매끄러워지도록 기꺼이 자문에 응해 준 이찬도, 이한나 선생, 이 모든 분에게 감사의 마음을 전하고 싶다.

　무엇보다 출간이 많이 늦어졌지만 인내하며 묵묵히 기다려주신 학지사 김진환 사장님께 진심으로 감사드리며, 2판 번역의 편집을 도와주셨던 김경민 선생은 물론이고, 이번 3판의 번역서가 나오도록 편집과정을 인내하면서 도와주신 이혜진 선생에게도 감사드린다.

2017년 7월

역자 일동

2003년에 2판이 출판된 이후 전 세계적으로 그리고 상담과 심리치료 분야에서도 많은 변화가 있었다. Carl Rogers 사망 25주기에 이 변화하는 세계 속에서 그의 업적에 대한 절박함이 더 분명해졌다는 것은 Rogers의 위대함을 나타내는 것이라고 믿는다.

언뜻 보기에 이것은 상담과 심리치료의 국제적 무대에서 볼 때 과장된 주장처럼 보일 수도 있다. Rogers의 선구적인 아이디어와 실제를 초석으로 여기는 인간-중심과 경험심리치료들은 여러 측면에서 지나친 도전을 받고 있다.

40년 전 별이 창공에서 가장 반짝였던 미국에서 Rogers와 그의 동료들이 영광스럽게 자리를 확고히 잡았던 (Rogers의) 치료접근은 최근에 작은 부활의 조짐에도 불구하고 거의 사라졌다. 미국과 마찬가지로 유럽에서도 '경험적 지지 치료들'과 건강예산 삭감에 대한 욕구 때문에 그동안 널리 퍼져 있던 Rogers 접근에 대한 집착은 주정부와 보험회사의 규제에 부응하여, 차츰 효과성과 빠른 문제해결에 더 적절하게 반응

하는 것처럼 보이는 인지행동치료로 대체되어가고 있다. 흥
미롭게도 일본, 중국 그리고 한국과 같은 극동아시아에서
Rogers의 업적에 대한 관심이 모아지고 있으며 이들 나라
젊은 세대의 치료자들에 의해서 새롭고 진지하게 조명되고
있다.

　이런 배경과 대조적으로, 분명히 Rogers는 상당한 의미를
지닌 반문화적 인물로 보일 수도 있다. 그의 목소리가 즉각
도발적이어서 그런 것이 아니다. 역으로, 그가 항상 주관적
인 경험과 관계의 힘을 강조하는 것은 과학적인 탐구와 치료
의 성과에 대한 관심을 손상시키지 않기 때문이다. Rogers나
그의 추종자들이 연구에 관심이 없었다는 비난은 명백히 사
실이 아니다. 왜냐하면 우리나라(영국)에서 인간-중심 치료
자 간에 이루어진 최근의 연구에 충분히 드러났기 때문이다.
Rogers는 실험적 과학자로서의 자기정체성에 대하여 자랑스
럽게 여겼으며 생의 마지막까지 그렇게 남겨지고 싶어 했다.
하지만 Rogers의 명망은 진실에 대한 종교적 그리고 철학적

공식에 맹신하는 것만큼이나 과학에 대한 독단적 접근을 불신했다는 사실에 있다. 인지행동치료에 의해서 지배된 확고한 단일문화가 확립된 위험성이 현실화되고 있는 상담과 심리치료 분야에서뿐만 아니라, 폭력의 극단주의가 종종 엄청난 비극을 일으키는 세상 전역에 걸쳐 Rogers의 존재방식인 경험에 대한 개방은 온전한 정신의 지표가 되고 있다.

새로운 밀레니엄의 처음 10년은 소위 '아랍의 봄'이 희망과 동시에 무서운 수준의 불안정을 가져온 반면, 이라크, 아프가니스탄, 중동과 아프리카의 일부 지역에서는 끔찍한 갈등을 보여 주고 있다. 종교 내부의 갈등이 세계의 여러 지역에서 심화되고 이슬람과 기독교 간의 반감이 무시무시하여 중세 시대를 연상시킬 때가 있다. 9·11 이후 George W. Bush는 테러와의 전쟁을 선포하였지만, 거의 테러를 완화시키지 못하고 있다.

최근 경제와 재정의 격변은 혼돈에 대한 전 세계적인 감정을 더 악화시키고 있다. 물질주의의 매력 그리고 탐욕과 이

기심을 묘사하는 방식, 즉 자기관심의 개념 위에 기초한 시장 자본주의가 과연 문명을 지지하는 잣대인지 더욱 의구심이 들고 있다. 이런 경제체제가 이 행성의 생태계를 빠르게 파괴하고 있으며, 이번 세기 동안에 사람이 살 수 없는 행성으로 만들어 버릴지도 모른다는 가능성은 가장 절망적인 시나리오를 초래한다.

만약 Rogers가 심리치료 분야에 만연한 폭력을 교정하는 위력적인 교육 처분을 제공한다면, 그의 아이디어와 실례는 글로벌 상황에서 희망적이고 고무적인 견해를 제공한다. 인간 본성에 대한 그의 통찰력은 우리 모두 본성적으로 이기적인 존재이기 때문에 반드시 통제를 받아야 하므로 자기관심위에 기초한 경제체제는 적절하지 못하다는 관점을 따르지 않는다.

역으로, 치료자로서 그리고 실험적 과학자로서 Rogers의 경험은 우리가 깊이 있게 관계 맺을 수 있는 잠재력, 종종 개발되지 못한 채로 남아있는 공감 능력, 그리고 서로 간뿐만 아니라 온 세계질서와 상호 연결됨을 기릴 수 있도록 종족으로서 앞으로 나아갈 수 있는 능력을 지니고 있다고 믿게 만들었다. Rogers의 생애 말년에 그는 반대파들 간의 대화를 촉진시키기 위하여, 그리고 다문화 간의 발전과 상호협동을 돕기 위하여 세계를 여행하면서 그의 믿음을 실행했다. 1987년 그는 사망하기 몇 주 전에 자신이 믿고 있는 것을 실현시키고 달성하기 위하여 이미 더 많은 해외여행을 계획하고 있었다.

2003년 이래 내 삶에 상당한 변화가 일어났다. 2004년에 나는 약간의 심장발작이 와서 심장 우회수술을 받았고, 그 이듬해 나는 상담자와 심리치료자로서 37년간의 활동에서 은퇴하였다. 여러 면에서 나는 인간-중심 치료자의 일상적인 경험을 더 이상 온전하게 접하지 못하게 되었고, 그런 이유에서 3판의 마지막 장은 Pete Sanders에게 요청하였다.

인간-중심 문헌 분야에서 중요한 출판사의 공동책임자인 Pete는 국가적으로 그리고 국제적으로 최근의 동향을 잘 반영하는 위치에 있으며, 그가 이 작업을 맡아 준 데 대하여 나는 그에게 엄청나게 큰 은혜를 입고 있다. 더구나 Pete는 2007년에 Rogers에 대하여 Howard Kirschenbaum (Kirschenbaum, 2007)이 쓴 전기의 기념비적 편집 출판인으로서, 세계적으로 탁월한 연구자들과 함께 Rogers가 인간-중심 심리학과 심리치료를 넘어 현대사회에 가장 분명하게 그의 영향력을 가했던 지난 10년간을 포함한 Rogers의 생애와 활동에 접할 기회를 가졌다.

나는 지난 6년 동안 영적으로 수반되는 이론과 실제의 발전에 나의 모든 에너지를 쏟아 부었다. 이 작업을 하면서 Rogers에게 엄청나게 큰 은혜를 입게 되었다. 나는 2판에서 예언적으로 믿는다고 썼었다. "몇 년 이내에 Rogers는 심리치료의 새로운 학파로서보다 종래의 종교가 인간의 마음과 대부분의 경우에 대한 상상을 사로잡을 수 있는 위력을 잃었을 때, 남자와 여자가 영적 현실을 이해할 수 있도록 만들어 주는 심리학자로서 더욱 기억될 것 같다"(Thorne, 2003: 114). 지난 6년간 나는 수많은 개인과 집단과의 경험을 통해서 이

예견이 타당 그 이상이라는 것을 확인하였다. Rogers를 통해서, 더 깊은 의미를 추구하는 것과 그들이 경험하는 것과 더 가까워지고 싶은 욕구는 타인과의 관계 속으로, 그리고 자기 존재의 깊은 곳으로 자신 있게 들어가도록 격려해 준다는 것을 발견하였다. 그들은 Rogers에게서 용감무쌍한 선구자의 모습을 보았다. 그들은 타인을 부정적으로 평가하는 것 또는 독단적인 신조에 대해 충성을 요구하는 것에 대한 Rogers의 거부가 망망대해에 혼자 내버려진 느낌 없이 자신의 본성과 우주의 신비를 헤아리게 만들어 준다는 것을 발견하였기 때문이다. 이것은 마치 어떻게 심리치료를 잘할 수 있을지, 그리고 뜻이 안 맞는 사람들을 어떻게 하면 서로 잘 소통하도록 도와줄 수 있을지에 대한 방법을 찾으려고 노력했던 Rogers가 사랑이라는 정교한 기예 안에서 새로운 가능성을 연 것과 같다.

사랑은 공공연히 모든 주요 종교의 목표이기도 하다. 만약 Rogers의 업적이 이 목표에 도달하는 데 조금 더 수월하게 만들어 준다면, 인류의 복지 그리고 심지어 인류의 생존에 대한 그의 공헌은 막대할 것이다.

2012년 노리치 센터에서

Brian Thorne

Carl Rogers는 전 세계적으로 헤아릴 수 없이 많은 사람에게 스스로 자신감을 가질 수 있도록 힘을 실어 주었다. 그는 그동안 수많은 집필을 통하여, 그가 정립한 상담과 심리치료 학파를 통하여, 그리고 인간관계의 본질이 중심을 이루는 수많은 전문활동 영역에 미친 간접적인 영향을 통하여, 엄청나게 큰 영향력을 행사해오고 있다. 그는 여전히 힘을 추구하는 사람들을 의심하며, 자신을 권위자(guru)로 만들려는 시도는 어떤 것이든 멀리하였다. 모든 개인은 자신의 나아갈 길을 스스로 발견할 능력이 있다고 깊게 믿었기 때문에, 결과적으로 그는 그의 위대함이 덜 보이도록 감추는, 즉 스스로의 존재를 드러내지 않는 태도를 채택하였다. 그의 주장에 따르면 최고의 촉진자란, 사람들이 그것을, '그것'이 무엇이든, 자기네들 스스로 해냈다고 느낄 수 있도록 해 주는 사람이다.

이 작은 책 한 권으로, 인간의 본성 그리고 효과적인 치료 과정에서 무슨 일이 일어나는지에 대한 Rogers의 이론적 아이디어의 본질을 전달하려고 한다. 이 책은 또한 Rogers가 심리치료 시 사람들을 치료하는 정확한 방식에 대하여 어떤 통찰을 제공하고, 인간의 성장과 관계에 대한 기능적 철학이 무엇인지에 대하여 유용한 시사점을 끌어낸다.

항상 부드럽고 친절했던 Rogers가 적을 만들었다. 왜냐하면 현실에 대한 인식을 타인에게 강요하는 능력과 전문성을 통해 자기존중감을 느끼는 사람들에게 Rogers의 사고와 존재방식은 위협적인 경향이 있기 때문이다. 동료 심리학자들과 다른 학파 사람들에게 때때로 Rogers는 순진무구한, 이상적인, 그리고 인간의 잠재력에 대한 낙관적인 관점 속에 갇혀 외고집으로 오도된 사람처럼 보였다. 그에 대한 일부 비평은 그의 접근 방식에 대한 타당성에 심각한 의문을 제기한다. 4장에서는 이런 항의에 대하여 더 많은 이야깃거리를 찾아내고, 가능하면 그것들을 논박하고자 한다. 하지만 Rogers 자신은 어떤 것에 대하여 스스로가 절대적인 진리를 확립했다고 결코 주장한 적이 없었다. 실제로 그는 끊임없는 배움의 과정에 전력투구했으며 모든 지식에 대하여 임시적인 입

장을 취하였다. 그에게 있어 성숙한 사람의 특성이란, 내적
이고 외적인 경험, 비록 그 경험이 이미 갖고 있던 확신을 뒤
흔들어 놓더라도, 그 모든 경험에 대한 두려움 없는 개방성
이다.

나는 Rogers 생애의 마지막 10년 동안 그를 알고, 세상의
다른 지역에서 여러 차례의 기회를 통해 그와 함께 일할 특
전을 누렸다. 하지만 책을 시작하는 전기적인 장(biographical
chapter)은 그와 내가 직접적인 관계를 통하여 얻은 것이
아니다. 대부분의 내용은 Rogers 자신의 집필들, Howard
Kirschenbaum의 뛰어난 전기인 『On becoming Carl Rogers』
(1979), 그리고 1987년 2월 Rogers 사후 몇 년간 인간-중
심 공동체를 위하여 훌륭하게 공헌했던 『Person-Centered
Review』(2권 4호) 학술지의 편집자인 David Cain에 의하여
제공된 Rogers 생애의 요약에서 발췌하였다. 이 두 사람이
Rogers의 생애와 일에 대한 그들의 헌신적 연구를 사용한 것
에 대하여 용서해 주리라 믿는다.

어떤 점에서 이 책은 약간의 독창적인 가치가 있다. 인간-중심 혹은 내담자-중심 치료 분야에서 일하는 나의 동료들과는 달리, 나는 Rogers와 그의 업적을 구약성서 초기 저자들에서 그 기원을 찾는다. 그리고 최소한 노리치의 Julian이 아니라 내가 살고 일하는 노리치 시에서 많은 사랑과 존경을 받는 예수, 최초의 기독교 신학자들, 수많은 위대한 중세의 저자를 통해서 계속 이어지는 영적 전통의 재출현으로 본다. 이런 전통은 창조된 세상 속에 그리고 각 인간 속에 내재하는 신성을 날카롭게 알아차린다. 이것은 하나님이 그의 창조물에게 퍼붓는 사랑의 무조건성, 그리고 사랑을 내면화시키고 관계를 통해서 그 사랑을 표현해 주는 인간의 능력을 입증한다.

Rogers는 불가지론자로서 세상을 떠났지만, 말년에 그의 경험에 대한 열린 마음은 그로 하여금 신비스럽고 영적이고 초월적이라는 형용사를 붙일 수 있는 차원의 존재를 인정하도록 몰아붙였다. 여러 면에서 그는 오랫동안 줄곧 하나님

(God)에 대한 생각을 거부해 오고 관습적인 종교의 덫에 빠져 있는 이 세상 남자들과 여자들에게 자기존재의 고유함과 무한한 가치를 발견하도록 해 줌으로써 종종 영적인 경험으로 가는 통로를 제공해 준다. 더구나 다른 인간들 그리고 창조질서의 전체에 따르는 상호연결 의식은 이런 개인적 가치에 대한 인식과 더불어 온다. 간단히 말해서 Rogers가 제공한 것은, 일부 사람이 암시한 나르시스를 위한 거울이 아니라, 개인의 고유함에 대한 확인과 수용, 그리고 교감으로의 초대다. 그가 유년기와 청소년기에 다른 신학에 노출되었던 점을 감안하면, Rogers가 교회의 외관을 바꿀 만큼 사랑받는 목사이며 신학자가 되었으리라 가정하는 것은 지나친 공상이 아니다. 하지만 이 책에 깔려 있는 주제는 하나님이 신비스러운 방식으로 움직인다는 것이며, 내담자-중심 치료와 인간-중심 접근이, 만일 Rogers가 더 많은 자유를 찾기 위해 기독교와 교회에 등을 돌리지 않았더라면 어느 정도 불가능했을 인류의 심리학적 · 영적 복지에 계속 공헌하리라는 것

이다.

이 책을 쓰는 데 많은 사람의 격려가 있었지만, 특히 늘 쇄도하는 내담자들로 인해 종종 정신없이 바쁜 생활 속에 있었을 때, 이스트앵글리아 대학교와 노리치 센터 그리고 영국의 인간-중심 치료 동료들이 제공해 준 지지와 자극이 큰 도움이 되었다. 1991년 여름에 잠시 연구를 위한 시간적 배려를 해 준 이스트앵글리아 대학교에게, 그리고 센터의 수익을 위해 더 많은 내담자를 만나야 할 시간에 책을 쓴다는 것에 대한 죄책감을 느끼지 않도록 확신을 준 노리치 센터 동료들에게도 감사한다. Rogers의 절친한 친구이면서 라호야 인간연구센터의 동료인 Maria Bowen에게 받은 도움은 이루 헤아릴 수가 없다. 왜냐하면 그녀는 이 프로젝트에서 나를 격려해 준 것뿐만 아니라, 그녀가 Rogers의 업적과 열망을 통하여 오랜 기간 함께 공유한 자신의 경험에서 얻은, 값을 매길 수 없을 정도로 귀한 자료를 제공해 주었기 때문이다. 나는 Rogers가 단지 여러 심리학 교과서에 나오는 이름으로 그칠 것이 아니라, 이 책을 통하여 사람들이 Rogers의 막대한 공헌에 좀 더 쉽게 접근할 수 있기를 바란다. 또한 이 책이 작게나마 종종 사람들을 효능이나 편의 혹은 최신 시장경제의 제물로 지나치게 바치는 듯한 이 세상에서, 인간-중심 치료의 지속적인 건강과 발전에 도움을 주기를 바란다.

1991년 노리치 센터에서

Brian Thorne

| 목 차 |

1 Carl Rogers의 생애

아동기와 청소년기

Carl Ransom Rogers는 1902년 1월 8일, 시카고 근교의 오크파크에서 태어났다. 그는 5남 1녀의 형제들 중에서 넷째였으며, 그 가족의 뿌리는 미국 역사를 거슬러 올라가서 찾을 수 있다. 아버지 Walter는 대학 교육이 보편화되지 않았던 그 시절에 위스콘신 대학교를 졸업하였다. Rogers가 태어났을 무렵에 아버지는 이미 공학 분야에서 맹활약을 하는 사업가로 자리 잡고 있었다. 어머니 Julia 또한 2년간 대학에 다녔으며, 아버지의 가정과 마찬가지로 17세기에 대서양을 건너와 300년 이상 지역사회와 미국 발전에 공헌해 온 가문의 출신이었다. 그 당시 미국 심리학계에서 유명했던 학자들은 유럽계 이주민이 많았지만, Rogers는 유럽계 이주민이 아니라 순수한 미국 중서부 가문의 자손인 셈이다. 그의 타고난 유전 인자 속에는 개척적이고 실용적인 조상들의 얼이 숨겨져 있었다.

나중에 Rogers의 회고에 따르면, 자신의 가정은 가족 간의 유대가 강하면서도 엄격하고 어떤 타협도 용납되지 않는 종교적이고 윤리적인 분위기로 꽉 차 있었다고 한다(Rogers, 1961: 6). Rogers는 의심의 여지없이 부모의 사랑을 받았지만, 그 사랑에는 기독교에 대한 근본주의적 접근과 열심히 일하는 미덕의 숭배에 기초를 둔 미묘하면서도 애정적인 통제가 수반되어 있었다. 자기네 가족은 다른 사람들과 다르며, 따라서 하나님의 '선택을 받은 자'에 걸맞는 행동 기준을 준수해야 한다는 것이 Rogers 집안의 기본 가정이었다. 음주, 춤, 극장 구경, 카드게임 등 그 어떤 사교적 생활이 거의 허용되지 않았다. 대신 빈틈없이 짜인 가정생활과 언제나 생산적인 일을 해야 한다는 당위성이 강조되었다.

어린 시절에 Carl Rogers의 건강은 좋지 않았다. 그래서 다른 식구들은 그를 지나치게 예민한 아이라고 생각했다. 이런 상황은 때때로 놀림으로 이어졌고, 이는 Rogers가 스스로를 소외시키고 자기만의 공상세계로 도피하려는 성향을 한층 강화시켰다. 가족을 벗어나 밖으로 나가 친구를 사귈 기회도 거의 없었으며, 끊임없이 읽어 대는 책에서 위안을 찾는 아주 외로운 아이였다고, Rogers는 스스로를 회상하곤 했다. 정규

교육을 받기 시작했을 때 그는 이미 또래보다 몇 년이나 앞선 수준의 책을 읽고 있었고, 그런 그의 능력은 동년배와 더 멀어지게 만들었다. 친밀감을 경험하지 못하게 했던 그의 가족 문화에도 불구하고, Rogers가 얼마나 친밀감을 열망하는 양심적이고 훈련된 학자로서 첫 출발을 시작했는지는 인생 초기에서부터 엿볼 수 있다.

1914년 그의 가족은 시카고에서 서쪽으로 30마일 떨어진 커다란 농장으로 이사했다. Rogers는 그때 두 가지 이유 때문에 이사한 것이라고 회고한다. 우선, 그 당시에 성공하여 넉넉한 사업가가 된 아버지가 자신의 취미생활을 위하여 농장을 원했기 때문이었고, 두 번째로 중요한 이유는 청소년기에 처한 자녀들을 도시 주변 생활의 '유혹'으로부터 보호하려는 부모의 열망이었다고, Rogers는 믿었다(Rogers, 1961: 6).

사회적으로 고립된 생활은 중·고등학교 시절 내내 계속되었고, Rogers는 겨우 두 번밖에 데이트를 못해 보고 고등학교를 졸업한 것에 대해 아쉬움을 토로하였다. 하지만 농장 생활은 Rogers가 차후의 전문가 생활 전반에 걸쳐 중요했던 관심사를 발전시키도록 만들어 주었다. 외롭고 다소 내성적인 사춘기 젊은이는 농장 주변 숲에서 서식하며 밤새 날아다니는 거대한 나방 떼에게 완전히 매료되었다. 그는 하루하루 이 이색적인 생물의 권위자가 되어 갔으며, 이에 관련된 수많은 책을 읽었다. 이런 과정에서 중요한 것은, 그가 직접 잡은 나방을 번식시키기 시작했고 유충을 키우며 여러 해의 긴 겨울 동안 누에고치를 관찰하였다는 것이다. 이 시기에 Rogers는 자연이 그 비밀을 드러낼 때까지 인내하며 기다린다는 것이 무엇을 의미하는지를 배우면서 햇병아리 과학자의 면모를 갖추어 나가기 시작했다.

Rogers의 과학적인 성향은 새 농장을 최대한 과학의 원리에 입각하여 운영해 보고자 했던 아버지의 결심에 의해 한껏 고무되었다. 아버지는 아들들에게 작더라도 그들만의 독립된 사업을 기획하도록 요구했고, 그 결과 아이들은 닭장을 관리하고 다양한 농장 가축의 새끼가 다 성장할 때까지 키우는 법을 배워 나갔다. 이런 활동을 통하여 Rogers는 과학적 농학을 열심히 공부하는 학생이 되었고 Morison이 쓴 『사료와 사육(Feeds and Feeding)』이라는 방대한 분량의 책을 읽으면서 타당한 근거에 기초한 실험설계를 하려면 무엇이 필요한지를 배웠다. Rogers가 실험집단과 통제집단의 의미를 처음 깨닫고 무선할당실험 절차에 익숙해지게 된 것이 바로 여기에서 비롯되었다. 요컨대, 그는 과학적 방법에 관한 지식과 이에 대하여 대단한 존경심을 갖게 되었고 가설을 검증하는 것이 얼마나 어려운 것인지를 직접 경험함으로써 깨달았다. 그는 또한 나방과 다양한 농업실험 때문에 강한 기쁨과 만족을 경험할 수 있었으며, 이로 인하여 사람들과 친밀한 관계를 맺고 싶은 소망조차 어느 정도까지는 잊어버릴 수 있다는 것을 깨달았다.

학생시절

새로운 자유

이런 배경을 감안할 때, Rogers가 가족의 전통에 따라 위스콘신 대학교의 학생이 되었을 때 과학적 농학 분야에 등록한 것은 그리 놀랄 일이 아니다. 이 무렵 그의 야심은 농장을 가능한 한 최고로 현대식이면서도 과학적인 방식으로 경영하는 것이었다.

사실 그는 이때 개인적인 변화와 발전을 위한 중요한 시기에 놓여 있었다. 그는 YMCA 기숙사에서 형 Ross와 한 방을 썼고, 첫해에는 George Humphrey 교수가 지도하는 농학생의 일요조찬모임의 회원이 되었다. 여러 가지 이유에서 그 모임이 Rogers에게 끼친 영향은 지대하였다. 그 모임에서 Humphrey 교수는 학생들에게 스스로 자기결정을 하도록 격려해 줌으로써 그때까지의 전통적인 리더의 역할을 거부했다는 점에서 확실히 그는 보통 사람이 아니었다. 나중에 Rogers는 그때의 경험을 기쁘고 만족스러운 것으로 기술하였으며, Humphrey 교수의 행동을 '촉진적인 리더십의 뛰어난 실례'라고 표현하였다(in Burton, 1972: 36).

Rogers는 인자하지만 통제적이던 부모의 스타일과 매우 다른 Humphrey 교수의 자유로운 사고와 감정에 의해서 깊은 영향을 받았다. 더구나 Rogers는 난생 처음으로 가족의 품을 떠나 바깥세상의 젊은이들과 밀접하고 친밀한 관계를 발전시킬 수 있었으며, 이 경험 역시 Rogers에게 흥미진진한 가능성을 가진 완전히 새로운 세상을 활짝 열어 주었다.

지적이고 정서적으로 고조된 에너지는 새로운 통로를 필요로 했으며, Rogers에게 막 피어오르기 시작한 이상주의는 그를 기독교에 전념하도록 만들었다. 그는 2학년을 마치기 전에 기독교 목사로서의 부름을 받았다고 확신하게 되면서 전공을 농업에서 역사로 바꾸었는데, 이것은 역사학이 종교적 사역에 더 적절한 배경을 제공해 줄 것이라는 믿음 때문이었다. 그는 학교에서 가장 잘하는 과목이 과학과 영어였으며, 전 과목에서 거의 A학점을 받는 청년이었기 때문에 전과를 해도 공부에 어려움은 없었다. 더 중요한 것은 그가 경험하는 종교적 변형의 본질이었다. 그리스도 본성에 대한 인식 변화에 따라 Rogers의 가정 배경인 교리적이고 윤리적인 기독교가 좀 더 개인적인 관계로 변해가고 있었다. Rogers가 쓴 당시의 일기나 편지를 보면, 구약성경의 심판과 경외함의 대상이던 하나님이 Rogers의 경험 속에서 점차 새로운 친밀감을 제공해 주는, 복음적 근본주의 맥락에서는 생각조차 할 수 없었던 인간 자유의 가능성을 넓혀 주는 인간적인 예수로 바뀌고 있었다는 것을 쉽게 추론할 수 있다.

중국여행

종교에 대한 Rogers의 생각이 급격하게 변하고 있는 가운데, 그는 중국 북경에서 개최된 세계학생기독교연맹의 컨퍼런스에 미국 대표 12명 중의 한 사람으로 참석하였다. 6개월 이상으로 예정된 그 여행은 Rogers의 영적·지적인 발달의 분기점이 되었다. 그가 열심히 쓴 '중국에서의 일기(Cornelius-White, 2012)' 그리고 가족과 어릴 때부터 알았던 연인 Helen Elliott에게 여행기간 내내 보낸 장문의 편지가 그당시 Rogers의 경험을 상세하게 알려 준다. 여행 중의 상황은 이 젊은 청년의 자율성 개발에 두말할 나위 없이 큰 도움이 되었다. 왜냐하면 여행하면서 외국 여행 자체의 자극과 다른 문화체험만 있었던 것이 아니라, 국제모임을 통하여 상당히 지적이고 창의적인 세계의 젊은이들과 교류할 수 있었기 때문이다. Rogers의 생각은 천 갈래 만 갈래로 뻗쳐 나갔으며 또한 Rogers는 제1차 세계대전이 끝난 직후 몇 년 동안의 국민감정과 비통함의 위력이 어떤 것인지를 통렬히 직면하게 되었다. 그는 진실하고 정직한 사람들이 매우 다른 종교적 믿음과 인식을 가질 수 있다는 가능성을 깨닫게 되었다.

이 모든 경험을 돌아보면서 Rogers는 그때가 부모의 종교적 사고에서 벗어나 영적·지적·정서적 독립을 성취하기에 완벽한 상황이었다는 것을 깨달았다. 그가 여행을 지탱할 수 있었던 힘은 그리스도와의 새롭고 깊은 개인적 관계, 그리고 Helen과 편지를 주고받으며 점차 친밀해지고 있다는 사실이었다. 가족들에게 자신의 새로운 느낌과 생각을 아주 자세하게 편지로 써서 보낸 것은 그 당시 Rogers로서는 지극히 당연한 일이었다. 정직해야 한다는 강박적 사고를 가졌던 Rogers는 자신의 편지가 부모에게 어떤 영향을 미칠지 그 당시에는 미처 생각하지 못했던 것 같다. 아들의 편지를 읽으면서 그가 분명 위험천만하고 삐뚤어진 신학에 빠져있다고 판단한 Rogers의 부모는 아들에게 크게 낙담하고 심지어 분개까지 하였다. 게다가 그때는 답장도 즉시 할 수 없던 시절이었기 때문에 Rogers가 부모의 부정적인 반응을 접했을 때쯤에는 이미 새로운 사고방식으로 완전히 굳어 있었다. 그가 후에 인정했듯이, 굉장히 강력했던 종교적 끈을 Rogers가 최소한의 고통만으로 떨쳐 버릴 수 있었던 것은 바로 이런 과정의 도움 때문이었다.

이 매혹적인 동양 여행 속에서 Rogers 후기의 생애와 업적을 특징 지을만한 단서가 나타난다. 집단생활을 깊게 경험하면서 Rogers는 개인차를 이해하고 존중할 수 있게 되었다. 게다가 집단에서 경험한 수용, Helen과의 더 안정적인 관계, 그리고 하나님의 본성에 대한 인식의 변화는 진정성(authenticity)을 지키도록 해 주었으며, 이 진정성은 현실(reality)에 대한 부모의 좁은 관점의 굴레에서 벗어나는 데 결정적인 역할을 하였다. 나중에 Rogers가 공감, 수용 그리고 진실성을 핵심조건으로 제시하게 된 자취가 여기에서 엿보인다.

결혼

중국여행으로 인하여 Rogers는 건강상의 대가를 치러야했다. 그는 귀국 직후에 십이지장궤양 진단을 받았고, 이는 여행 당시 스트레스에 많이 노출되어 있었다는 것을 알려 준다. 그는 몇 주간 입원치료를 받았으며 더 많은 치료와 요양을 위하여 집으로 돌아왔다. 그에게 일어난 변화가 철통같이 강했기에 망정이지 그렇지 않았더라면 이 취약한 시기는 새롭게 쟁취한 자율성을 위협했을 가능성이 농후하였다. 하지만 건강이 회복되자마자 목재 야적장에서 일자리를 얻었고 William James의 책을 교재로 사용했던 심리학개론 통신교육과정에 등록했다는 점은 '자율성 위협'이 절대 일어나서는 안 된다는 그의 강한 결의를 나타낸다.

회복기간은 또한 위스콘신 대학교에서 예술을 전공했던 Helen과의 관계를 더 깊게 발전시킬 수 있는 멋진 기회를 제공하였다. 그는 처음으로 포드 중고차 한 대를 구입하여 Helen을 만나기 위해 25마일이나 되는 험난한 길을 직접 운전하여 가곤 하였다. Rogers는 그 당시에 의심의 여지 없이 Helen과 깊은 사랑에 빠져 있었다고 회고하였다. 그의 감정은 곧 보상받게 되어, Rogers 표현에 따르면, '세상에서 가장 놀라운 기적이 일어나' Helen으로 부터 사랑 고백을 받았다. 두 사람은 1922년 10월 22일 약혼했는데, 그는 이 사건을 생의 최고 경험 중의 한 가지로 간주하였으며 '환상적인 행복'이라고 묘사하였다. Rogers가 위스콘신 대학교의 역사학과를 졸업한 지 두 달 후인 1924년 8월에 두 사람은 결혼하였다. 두 사람이 모두 각자의 전문 분야에서 자리 잡을 때까지 결혼을 연기하라는 양가 부모의 만류에도 불구하고 결혼식은 치러졌다. Rogers는 그 당시 미국 내에서 가장 진보적이라는 평판이 있었던 뉴욕의 유니온 신학교로부터 입학 허가를 받게 되어, 결혼하자마자 두 사람은 450달러에 샀던 중고차에 살림살이를 몽땅 싣고 뉴욕으로 향하였다.

신학에서 심리학으로

유니온 신학교에서 공부를 시작했던 당시만 해도 Rogers는 여전히 기독교 목사가 되기를 열망하고 있었고, 첫해 여름에는 신학교 훈련과정을 채우기 위하여 버몬트에 있는 작은 교회 목사로 일하였다. 그의 예배가 겉으로는 충분히 박식해 보였지만, 본인은 20분 이상 설교하는 것이 무리라는 것을 알아차렸다. 으레 40분 혹은 한 시간씩 설교하던 시대에 이것은 관례적인 일이 아니었다. 자신의 의견을 타인에게 강요하는 것을 꺼리고, 타인에게 '무엇을 해라.' '무엇을 믿어라.'

라고 말하기를 싫어했던 Rogers의 특성이 이미 햇병아리 신학도 시절에 다소 가벼운 약점으로 드러나고 있었다.

Rogers는 유니온 신학교에서 보낸 2년을 결코 후회하지 않았다. 그때 그는 비범한 스승 몇 명을 만났으며, 학습 면에서나 학생의 요구와 열망에 대한 태도 면에서 상당히 진보적이었던 학교생활에 전력을 다하였다. 그럼에도 불구하고 Rogers를 포함한 일부 학생은 권위적으로 생각이 전해진다고 여겨지는 것을 참지 못하면서, 학점으로 인정되면서도 순전히 교육내용이 학생들의 질문만으로 구성된 강사 없는 세미나를 개설해 달라는 획기적인 요청을 학교 당국에 하였다. 더욱 놀라운 사실은 학생들의 요구가 받아들여졌다는 것이다. 물론 학교 당국이 수업 진행 과정에 적극적인 역할을 하지는 않더라도 젊은 강사 한 명은 강의실에 앉아 있어야 한다는 조건이 있었다. 이 '리더 없는' 세미나는 나머지 학생들을 포함하여 Rogers가 교육내용을 더 명확히 이해하도록 해 주었으며, 그들 모두에게 확실히 새로운 장을 열어 주었다. 대부분의 세미나 참석자는 그들이 제기한 문제에 정직하게 직면하였을 때, 그 결과가 너무 혼란스러워서 종교적 사역에서 벗어나는 것이 옳겠다는 생각을 스스로 하게 되었다.

Rogers는 다시 한 번 독창적인 혼란에 빠졌다. 그는 사회와 개인을 위한 삶을 건설적으로 개선하려고 전력투구할 때는 특정한 종교만 믿도록 강요받을 수 없다는 것을 차츰 깨닫게 되었다고 차후에 글로 남겼다. 자신이 고백한 신앙을 지키기 위하여 일련의 믿음을 고백해야 한다는 관점은 Rogers에게 엄청난 정서적 폭력에 해당하는 형용사를 연상시켰다. 그런 관점을 Rogers는 '끔찍한(horrible)'이라는 형용사로 표현하였다(Rogers, 1961: 8).

Rogers가 종교학에 대하여 미심쩍어한 것은 이미 유니온 신학교 2학년 때부터 분명하게 나타났는데, 그는 인접한 컬럼비아 대학교 사범대학에서 몇 개의 과목을 수강함으로써 그 탈출구를 찾았다. 단지 도로 하나를 건너는 것만으로 Leta Hollingworth가 지도하는 임상심리학 코스 한 과목을 수강할 수 있었는데, Rogers는 당시 Hollingworth가 따뜻한 인간성과 유능한 연구자로서의 자질을 겸비하고 있었다고 강조하였다. 그가 처음으로 정서장애를 지닌 아이들과 일하는 경험을 얻게 된 것도 Hollingworth 덕분이었다. William Heard Kilpatrick과의 만남 역시 중요했는데, 그는 John Dewey의 제자로서 진보주의 교육에 대한 Dewey의 견해를 강력한 힘으로 설득력 있게 설명했던 사람이다. 그러므로 Rogers가 '리더 없는' 세미나 과정을 통하여 더 이상 종교적 환경에 있을 수 없다는 결론을 내렸을 때, 다음 차례로 어디를 선택해야 할지 결정 내리는 것은 그리 어려운 일이 아니었다. Rogers는 사범대학에 자주 찾아가는 대신, 신학교를 그만두고 건너편에 있는 컬럼비아 대학교에 자신을 정식 학생으로 받아줄 것을 요청하였다. 이 결정을 내릴 때에도 다른 일을 처리할 때와 마찬가지로 Rogers는 Helen의 충분한 지지를 받았다. 그의 삶과 진로에 미친 아내의 영향력은 대단히 컸다. 기독교 목사가 되려고 시작했던 대학원 생활에서 이제 심리학자라는 경력을 쌓기 시작한 것이다. 이런 전환을 하는 데 절차가 아주 간단했다는 것은 그 당시 미국의 고등교육 시스템이 얼마나 건전하고 유연했는지를 알 수 있다.

Rogers는 사범대학에서 임상 및 교육심리학 학위를 따기 위해 공부를 시작한 바로 그 해에 첫 아이를 얻었다. David Rogers는 1926년 3월 17일 태어났는데, Carl과 Helen이 처음에 큰아들을 키우면서 Watson의 행동주의 책에서 제시하는 양육방식을 따랐다는 기록은 재미있는 일이다. Helen은 아들을 키우는 데 있어서 겉으로는 그럴싸하고 박학해 보이지만 유해하기 짝이 없는 모든 심리학 지식에 맞서 훌륭한 엄마가 되기에 충분한 그녀만의 상식이 있었는데, 그것은 그들 모두에게 행운이었다고 Rogers가 차후에 기술하였다. David는 의료제도에서 소외된 사람들을 위한 훌륭한 운동가였으며, 의사, 의학연구자, 대학 교수로서도 명성을 떨쳤다.

Rogers는 사범대학의 지배적인 관점이란 냉철하게 객관적인 통계방법론과 결부된 엄격한 과학적 접근이 특징이었다는 것을 발견하였다. 이 점이 Rogers의 과학적 측면의 성격과 어느 정도 부합되어, 그의 박사과정 연구는 9세에서 13세에 이르기까지 아이들의 성격적응을 측정하는 검사도구의 개발이었다(이 검사는 그 당시에 매우 인기가 높았으며, 1970년대에도 여전히 구매 인기가 있었다). 아동연구에 대한 관심 덕분에 Rogers는 아동지도연구소(Institute of Child Guidance)에서 성공적으로 연구비 지원을 받았으며, 1927~1928년도에 그는 사범대학과는 완전히 다른 연구소의 분위기를 경험하였다. 그 연구소는 주로 정신분석 이론과 방법에 치우쳐 있어서 Rogers는 자신이 사범대학 교수들과는 성향이 기본적으로 다른 임상치료자들에 둘러싸여 있다는 사실을 알아차렸다. 결국 Rogers에게는 양자 모두가 편한 것은 아니었지만 대조적인 접근방법을 접하면서 그 당시 그는 상당히 많은 것을 얻었던 것 같다. 그의 박사연구에서 나온 성격검사가 사범대학 심사위원들의 과학적 객관성을 아주 멋지게 만족시켰고, 또한 연구소의 임상도구로서도 유용한 것으로 평가되었다. 우리는 이미 이 검사를 통하여 내담자의 주관적 경험 속으로 들어가는 것에 대한 Rogers의 관심을 엿볼 수 있다. 왜냐하면 이 검사를 받은 아동들은 자신과 또래 그리고 가족에 대한 자신의 태도를 탐색할 수 있게 되는데, 이런 일은 아동의 백일몽과 공상 속에서 이루어지기 때문이다.

로체스터 시절

Rogers가 당시 유행했던 어떤 심리학 '정설'과도 운명을 같이 할 수 없었거나 함께하려고 시도조차 하지 않았다는 것은 그의 정신적 독립성을 시사해 주는데, 그 독립성은 Rogers가 심리학자로서 첫 번째 전문직을 선택할 때에도 여실히 나타난다. 1928년 봄, 그는 아동학대 예방을 위해 설치된 로체스터협회 아동연구분과의 직위를 수락하였다. 그 자리는 박봉에 직업적 전망조차 거의 없어 보였다. 실제로 그 자리는 Rogers가 대학시절에 누렸던 지적 자극을 단절시키고 시대의 조류에도 걸맞지 않은 일에 매달리도록 만들 소지가 다분했다. 하지만 Rogers에게 그 선택은 아주 직관적이었고 자연스러웠던 것 같다. Rogers는 그 일자리가 주는 직업적 기대를 즐겼으며 스스로 그 자리를 감당할만한 훈련도 되어 있었다. 그 정도라면 Rogers에게는 충분했고, Rogers의 특성답게 그는 자신의 본능에 따라 움직였으며, 그 행동이 옳다고 확신하는 자신의 내적 감각을 믿었다. 이런 행동양식은 차후에 Rogers가 의사결정 과정이나 정서적으로 복잡한 상황을 평가할 때, 자신의 내적 '평가소재(locus of evaluation)'에 대한 믿음을 강조했다는 점에서 예사로운 일이 아니다. 그 사건은 또한 시기적으로 Rogers의 개인적 상황과도 무관하지 않았던 것 같다. 곧 태어날 둘째 아이를 기다리고 있던 시기였다. 가족이 로체스터에 도착한지 몇 달 되지 않아서 딸 Natalie가 태어났다. 직업세계에서는 물론 가정에서도 아이들은 그에게 큰 비중을 차지하였다.

Rogers는 로체스터에서 보낸 12년을 아주 귀한 시간으로 회고하였다. 그는 일에 전념하였으며, 진단과 도움을 받기 위하여 의뢰된 부적응 아동과 때때로 심한 결손아동의 복지를 위하여 무한정 헌신하였다. 대다수의 아이는 심하게 상처받은 상태에 있었고, 종종 법정과 사회사업기관의 가혹함을 이미 경험하였다는 사실은 당시 Rogers에게 정교한 이론과 가설들을 실험해 볼 시간적 여유가 없었다는 것을 의미한다. 대신 그 시기에 그에게 필요한 것은 실제로 아이들과 그 부모들의 요구에 맞고 효과적이라고 입증된 방법들이었다. 그런 긴박한 상황 속에서 Rogers는 과거에 받아들였던 가장 고명한 이론이라는 것들이 현실이라는 시험대에 우뚝 서지 못한다는 것을 곧바로 알아차리게 되었다. 그는 점점 더 스스로를 개척자로 간주하고 도움을 청하는 사람들과의 일상적 만남의 경험을 토대로 자신의 생각을 발전시켜 나가는 모험을 할 수 있다고 깨닫기 시작하였다.

이렇게 기본적으로 실제적이고 실용적인 접근은 Rogers가 속한 분과에서 일하는 몇몇 사회사업가의 열정과 에너지에 힘입어 강화를 받았다. 그들 중에 두드러진 사람은 바로

Elizabeth Davis였는데, 그녀는 Freud와 다른 견해를 가진 Otto Rank의 제자였으며, 펜실베이니아 대학교 사회사업학부에서 훈련받았다. Rogers 또한 Rank의 제자인 Jessie Taft의 업적에 의해 많은 영향을 받았다. 그녀와 그녀의 동료인 Frederick Allen은 Rogers의 전문가 생활에 주된 영향을 미치게 되었으며, 그들 식으로 변형된 Rank의 아이디어와 실제가 Rogers의 생각과 임상행동에 점차 스며들었다. 여러 해가 지나서야 Rogers는 자신이 Jessie Taft에게 은혜를 입고 있으며, 'Rank 계열의 사상에 물들어 있음'을 공개적으로 인정하였다.

그의 전기 작가인 Howard Kirschenbaum의 기록에 따르면, Rogers가 한 인터뷰에서 '개인이 스스로 자기를 이끌어 나갈 수 있다는 가능성에 대하여 깨닫기' 시작한 것이 바로 이때라고 진술하였다. Rogers는 Rank의 영향을 자신이 이전에 접했던 Kilpatrick과 Dewey의 사상들과 계속 연관 지어 나갔다(Kirschenbaum, 1979: 95).

앞으로 나갈 길을 스스로 찾을 수 있는 개인의 능력에 대하여 Rogers가 믿게 된 것은 바로 로체스터에서였던 것 같다. 그리고 이 믿음은 기본적으로 그의 임상경험에 근거하고 있지만, Taft와 그녀의 동료들의 말과 실례를 통해 Rank의 업적을 이해하게 되면서 더욱 지지받게 되었다. 내담자의 행동을 해석하는 것이 치료적 관점에서 볼 때 상대적으로 비효과적이라는 입장을 Rogers가 취하게 된 것 또한 로체스터 시절 후반 무렵이었다. Rogers가 어느 비행청소년의 어머니를 결국 포기하려 했을 때 일어났던 유명한 사건도 이 무렵이었다. Rogers는 그 비행청소년의 어머니가 아들에게 어떤 식으로 행동하고 있는지를 친절하게 해석해 주었지만, 어머니는 그 해석을 전혀 받아들이지 않았다. 그러더니 잠시 후에 Rogers 에게 성인상담도 하느냐고 물었다. Rogers가 그렇다고 대답 하자 그 어머니는 이전에 Rogers에게 말했던 똑같은 내용을 모두 다시 반복해서 이야기했는데, 이번에는 모두 자기방식 대로 말하면서 자신이 얼마나 절망적인지, 그리고 자신의 결혼생활이 얼마나 심각한 문제에 처해 있는지에 대하여 늘어 놓았다. 결론적으로 이 사건은 어떻게 진행해야 되는지를 아는 사람은 바로 내담자 자신이지 치료자가 아니라는 것과 치료의 진행방향에 대하여 내담자에게 의지하는 것이 바로 치료자의 과제라는 것을 Rogers에게 입증해 주었다.

Rogers는 로체스터에 있을 때 그의 첫 전공서적인『문제아동에 대한 임상적 치료(The Clinical Treatment of the Problem Child)』를 썼는데, 이 책은 1939년에 출판되었다. 이 책의 원래 취지는 당시의 아동지도 분야에 대한 개관 정도를 제시하는 것이었지만, 지금은 오히려 Rogers의 개인적·전문가적인 성장에 이 책이 어떤 통찰을 제공하였는지에 더 관심이 모아지고 있다. Kirschenbaum이 지적한 것처럼 이 책은 차후에 추구해야 할 많은 씨앗을 담고 있으며, 특히 Rogers가 이 책에서 많은 주의를 기울이고 있는 부분은 치료자의 역할과 과학적 연구의 위치에 대한 고찰이었다(Kirschenbaum, 1979: 96).

Rogers는 로체스터에서 연구했던 다양한 치료 유형을 고찰한 후, 그 유형들이 어느 정도까지는 치료자의 태도에 집중된다는 결론을 내렸다. 그는 모든 치료자의 기본적 속성을 네 가지로 규명하고, 다음과 같이 열거하였다.

(1) 객관성: Rogers는 이 속성 안에 '지나치지 않은 공감 능력, 진정으로 수용적이며 관심 어린 태도, 그리고 도덕적 평가를 받거나 충격을 받고 두려움에 떨 만한 일은 일어나지 않는다는 것을 알게 할 정도의 깊은 이해'를 포함시켰다.

(2) 개인에 대한 존중: '이 목표는 한 개인으로서 독립을 향해 나아가는 아이에게 중요한 책임을 맡기는 것이다.'

(3) 자기에 대한 이해: Rogers는 치료자의 자기인식과 자기수용 능력을 이 속성과 결부시켰다.

(4) 심리학적 지식: Rogers가 말하는 심리학적 지식이란, '인간행동에 관한 지식, 그리고 인간행동을 결정하는 신체적·사회적·심리적 요인들에 대한 지식'에 기초한다(Rogers, 1939).

그 당시, 위의 속성들 중에서 처음의 세 가지가 네 번째 것보다 Rogers에게 훨씬 더 중요하게 여겨졌다는 것은 의미심장한 일이다. 뛰어난 지적 능력과 관련 지식이 결코 치료 효과를 보장하지 않으며, 치료자의 필수 능력을 결정하는 것은 '태도, 정서 그리고 통찰'의 영역에 있다는 것이 바로 Rogers의 생각이었다. 다시 한 번 우리는 공감, 무조건적 긍정적 존중, 그리고 일치성, 즉 조력관계의 이해에서 Rogers의 가장 중요하고 혁신적인 공헌으로 남겨진 개념의 뿌리를 알 수 있게 되었다(Rogers, 1939: 279-284).

과학적 연구의 중요성에 대한 Rogers의 관심은 결코 당시에 널리 퍼져 있던 견해가 아니었다. Kirschenbaum이 시사하는 바에 따르면, 그 당시에는 치료 자체가 아직 유아단계에 머물러 있었기 때문에 치료자들 사이에서 연구라는 것은 아직 무르익지 않았다고 한다. 게다가 설득력 있는 Taft를 포함하여 수많은 사람은 과학이 치료에 유용하게 적용될 수 있다는 사실 자체를 의심하였다. Rogers는 이런 견해를 강력하게 부인하면서, 치료의 과정이 실제로 측정될 수 있는 날이 온다는 것은 자신이 받아들이기에도 물론 '끔찍한 생각'이라고 고백하였다. 그럼에도 불구하고 치료가 일종의 신비스러운 추상적 영역으로 비약하는 것을 막는 것은 심리학자들의 의무이고, 치료는 과학적 연구의 영역에 굳게 닻을 내려 지상에서 다시 자리를 잡아야 한다고 주장하였다(Kirschenbaum,

1979: 98).

여기에서 Rogers가 사용한 '끔찍한'이라는 형용사는, 이전에 Rogers가 어떤 신념구조에 복종해야 하기 때문에 한 직업 (기독교 목사)의 덫에 걸려 있다는 생각을 하면서 연상했던 그 혐오감을 떠올리게 만든다. Rogers는 비록 분명한 의식을 가진 과학자였지만, 여전히 또 다른 종류의 덫, 즉 언젠가는 모든 것이 과학적 용어로 설명될지도 모른다는 가능성에 대하여 두려워했던 것 같다. 이것은 마치 그가 심리학자로서 반드시 이런 일이 실현되도록 노력해야겠지만, 만약 이런 일이 정말 실현된다면 그것은 비극의 날이 될 것이라고 믿었던 것 같다. 과학적 연구의 궁극적 효용성에 대하여 근본적 양가감정과 결부된 그의 입장은 그의 생애 동안 어느 정도 지속되었으며, 그가 사망한 후에도 인간-중심 치료자에게서 관찰된, 약간은 거북한 긴장의 원인이 되고 있다.

로체스터에 이어 얻게 된 일자리는 전적으로 『문제아동에 대한 임상적 치료(The Clinical Treatment of the Problem Child)』라는 책의 출판 덕분이라고 Rogers는 확신하였다. 바쁜 임상 생활 중에서도 수시로 틈을 내어 빠르고 설득력 있게 써 내려가는 그의 글쓰기 능력이 없었다면, 가이던스 센터의 책임자로 임명받은 로체스터에서 몇 년 더 있었을지도 모른다. 그는 오하이오 주립대학교 정교수직의 제안에 실제로 너무나 놀라고 기뻐서 1939년 12월 그의 가족 Helen과 David 그리고 Natalie와 함께 눈보라를 헤치며 새로운 터전으로 향했다.

오하이오 주립대학교 교수

Rogers는 차후 논평에서 학문적 세계는 교수급 수준에서 출발할 것을 진심으로 충고하였다(Rogers, 1961: 13). 서열을 밟아 승진해야 하는, 운이 좀 덜 좋은 교수들은 승진 보장을 위해서 언제나 대학 당국에 잘 보일 필요가 있다. Rogers는 이런 식의 압박을 받지 않았으며 오하이오 주립대학교에서 처음부터 굉장히 적극적이고 혁신적일 수 있었다. 그는 강의를 많이 했고, 첫해에 논문을 많이 발표했으며, 수많은 위원회에서 봉사했고, 상담과 심리치료 실습과정을 개설했는데, 이는 대학 캠퍼스에서 처음으로 지도 감독을 받는 치료가 이루어졌다는 것을 의미했다. 이렇게 자극을 주는 상황 속에서 수많은 열성 학생의 격려를 받으며, Rogers는 자신의 독특한 견해가 자신이 겪은 광범위한 경험에 의해서 빠르게 발전되고 있다는 사실과 그 견해는 좀 더 정교한 방식으로 표현될 필요가 있다는 사실을 곧바로 깨닫게 되었다. 그는 1940년 12월 11일, 미네소타 대학교의 초청으로 '심리치료의 새로운 개념'이라는 제목으로 강연을 했고, 이후에 그는 이 날을 내담자-중심 치료의 생일로 간주하게 되었다. Kirschenbaum은 자신이 쓴 Rogers 전기에서 이 강연의 내용과 강연이 이루어졌던 배경에 대하여 관심을 도출해 내고 있다(Kirschenbaum, 1979: 112-113). 비록 내가 그 강연에 대한 Kirschenbaum의 평가에 확실하게 동의하는 것은 아니지만, 강연이 이루어진 배경이 Rogers의 성격을 잘 나타내고 있다는 점에서는 관련성을 인정한다.

미네소타 대학교에서는 학생지도 담당직원들을 위하여 유명한 상담 프로그램을 개발하였는데, 이는 Williamson 학장의 지도하에 이루어졌다. Williamson은 심리검사의 활용과 충고에 초점을 둔, 분명히 지시적 접근의 신봉자였다. Rogers가 강의한 대상은 Williamson의 제자와 동료들이었다. 발표 논문의 대부분은 전통적 치료법에 대한 비판이었으며, 그는 특히 충고 치료법에 대하여 냉혹하게 비판하였다. Rogers는 강의의 한 부분에서 자신의 논지를 예증하기 위하여 충고 치료법을 사용한 상담자에 의해 이루어진 상담기록을 인용하였다. 그러나 그 문제의 상담자가 바로 그 강연 모임의 의장이라는 사실을 청중에게 말하는 것을 잊어버렸다. 간단히 말해서 Rogers는 지시적 치료의 핵심 근거지에서 바로 그 모임 의장의 상담사례를 주요 타겟으로 활용하여 '홈팀'의 이론과 실제에 맹공격을 가했다는 것이다. Kirschenbaum은 이런 인간적이고 전문가다운 용기의 표출에 대하여 Rogers가 '고지식하게' 논문을 발표하러 갔다고 기술하고 있다. Rogers는 자신의 논문이 불러올 엄청난 파장에 대비할 준비가 전혀 없었던 사람처럼 보였으니까 아마 그의 말이 맞을지도 모른다. 그러나 나는 Rogers 자신이 그때 얼마나 혁신적인 행동을 하고 있는지 스스로도 전혀 몰랐다고 믿지 않는다. 이후에 그가 일구어 낸 업적을 보면, 그가 효과적인 전략을 위해서라면 확실한 후각을 지닌 능숙하고 정치적인 동물적 감각을 소유하고 있다는 것을 알 수 있다. 그래서 비록 그는 스스로 '조용한 혁명가'로 보이고 싶다고 하더라도, 나는 그가 자신의 서류가방에 일종의 시한폭탄을 넣고 있다는 것을 알면서 1940년 12월에 미네소타에 갔다는 것을 의심치 않는다.

종전의 치료방법에 대한 비판을 시작으로, Rogers는 그 논문에서 '새로운 치료'에 대하여 설명하고 있다. 그는 Rank, Taft 그리고 Allen의 영향에 대한 믿음을 보이면서 또한 Karen Horney의 업적 그리고 놀이치료와 집단치료라는 새롭게 등장하는 분야도 언급하고 있다. 그리고 새로운 접근법은 문제해결이 아니라, 오히려 개인이 성장·발전하여 삶 전반에서 좀 더 완전한 반응을 하도록 돕는 데 관심이 있다고 Rogers는 강조한다. 더 나아가서 그가 탐구한 핵심 쟁점에서는 상황에 대한 인지적 측면보다는 느낌과 정서를, 그리고 과거보다는 현재를 강조하며, 내담자 성장의 주요 요인으로 치료관계 자체에서 일어나는 결정적 경험을 강조한다.

논문에 대하여 열광적인 찬성에서부터 다소 공격적인 비판에 이르기까지 다양한 반응을 접하면서, Rogers는 자신이 뭔가 새로운 것을 말하고 있으며 다른 사람의 업적을 단순히 요약·종합하고 있는 것이 아니라는 사실을 확신하였다. 그는 두 번째 저서를 위한 작업에 들어갔으며 그 결과 1942년, 『상담과 심리치료: 치료의 새로운 개념(Counseling and Psychotherapy: Newer Concepts in Practice)』이 출판되었다. 이 책에서 '내담자'라는 용어가 처음으로 등장하였으며, 또한 치료과정의 기록이 처음으로 완전하게 실려 출판되었다. 녹음을 하려면 3분마다 교체해야 하는 분당 78회전 디스크가 들어가는 두 개의 녹음기를 설치했다는 당시의 상황을 감안한다면, 치료과정 기록을 위한 녹음과정이 얼마나 기술적으로 복잡한 일이었는지 충분히 추측된다.

이 두 번째 저서에 대한 반응은 미네소타 대학교 강연에서 야기된 반응과 여러 면에서 유사했다. 이 책이 아주 매력적이라고 생각한 사람들이 있었으며, 오하이오 주립대학교의 수많은 대학원생은 종종 이 책을 '성서'라고 불렀다. 그러나 심리학계 전체라는 좀 더 넓은 차원에서 볼 때, 이 책은 거의 영향력이 없었던 것 같다. 사실 그 어떤 주요 전문 학술지에서도 이 책에 대한 논평을 하지 않았다. Rogers는 이 책이 자신의 내담자가 그들 내면의 심리적 자아에 대하여 모든 전문적 경험과 지식을 겸비한 치료자보다 더 많이 알 수도 있다는 사실을 인정하기 어려운 치료자들에게 특히 위협적일 것이라 생각했다. 이것은 아마도 자기의 진가를 전문지식이나 직업적인 지위에 심히 의존하는 사람들에게는 내담자-중심 치료가 받아들여질 수 없다는 최초의 중요한 실례였을 것이다. 내담자-중심 접근의 역사 속에는 이런 적대적인 비평이 자유롭게 자리 잡고 있다.

Rogers가 오하이오 주립대학교에서 재직한 연수는 단지 4년뿐이었다. 그는 혁신을 갈망하고, 학생들을 많이 사랑하며, 무궁무진한 에너지를 지닌 사람으로 알려졌기 때문에 이 짧은 기간 동안 그의 명성은 크게 높아졌다. Rogers가 학생들에게 크나큰 애정을 지니고 있었다는 점은 그가 끼친 비범한 영향력의 일부를 설명해 주기 때문에 대단히 중요하다. 학생들에게 그는 항상 격려하고 존중하는 태도를 보였다. 또한 학생들을 동등하게 대했으며, 종종 학생들 스스로 자기업적을 평가하도록 하였다. 그가 만들어 준 학습여건 속에서 학생들은 급속도로 자신감을 얻었고, 학생들 역시 Rogers에게 가장 훌륭한 지지자이면서 동료가 되었다. 아마 젊은 학생들과 관계를 맺는 Rogers의 비상한 재능이 다음 직장으로 옮기는 데 큰 도움이 된 것 같다. 1945년 그는 상담센터를 설립해 달라는 특별한 요청을 받고 시카고 대학교로 자리를 옮겼다.

시카고 시절

　Rogers는 시카고 대학교에서 12년을 보냈는데, 이전의 어느 때보다 이 시기가 가장 창의적이었다고 평가한다. 상담센터는 학생과 공동체 주민 모두에게 매우 귀중한 자원으로 급속하게 자리 잡아 나갔다. Rogers는 주변 사람들 중에서 동기 수준이 높고 혁신적인 동료들과 대학원생들을 불러 모아 다시 한 번 개개인이 발전하고 결실을 맺을 수 있는 분위기를 조성하였다. Rogers가 전통적인 방식으로 상담센터를 '이끌어 가는 것'에 대하여 거부함으로써 대학 당국은 어려움을 겪었다. 그는 자신의 원칙에 입각하여 집단 스스로 앞으로 나아가도록 집단의 능력을 믿었으며, 일반적인 방식의 권위 행사를 거부함으로써 힘의 공유가 현실화되는 진정한 민주주의 풍토 조성을 위하여 도왔다. 그러나 민주주의 체제가 반드시 통일성이나 응집력을 생산하는 것은 아니기 때문에 어려움이 없지 않았다. 날카로운 갈등과 의견 차이가 종종 있었지만, Rogers는 그것을 누르기 위하여 어떤 일도 하지 않았다. 대신 개방적인 감정 표현이 장려되었으며, 이런 방식에 의하여 센터의 스텝들은 자신들이 스스로 영향력을 발휘하고 있으며 자신들의 의견이 무시되지 않는 일에 참여하고 있다는 것을 인식하게 되었다. 연구가 전보다 훨씬 더 활발해졌으며, 임상적인 혁신도 많이 이루어졌다. Rogers는 치료 업무에 깊이 관여하였는데, 시카고에서 2년 동안은 어떤 여성 내담자 때문에 엄청난 스트레스를 받았다. 이 내담자는 특별히 요구하는 게 많고 정서적으로 매우 불안했다. Rogers의 회고에 따르면, 이 내담자와의 관계에서 비롯된 개인적인 위기는 Rogers를 완전히 무너뜨리려고 위협하였지만, 그동안 Rogers가 치료자들을 잘 훈련시킨 덕분에 그들로부터 절대적으로 필요한 유형의 도움을 받을 수 있어 다행이었다고 한다. 그는 이 암흑의 시기에서 빠져나와 자신을 받아들이고, 예전에는 불가능했던 방식의 사랑을 주고받을 수 있게 되었다. 이것은 마치 내담자-중심 치료의 창시자가 드디어 자기 앞에 놓인 수많은 내담자에게 도움을 줄 만한 상태에 이른 것 같았다. Rogers 자신이 내담자-중심 치료방식의 치료를 그 당시에 너무 절실하게 필요로 했기 때문에 그런 치료를 창시하게 되었다고 주장해도 지나치게 터무니없는 말은 아닌 것 같다.

1951년, Rogers의 세 번째 주요 저서『내담자-중심 치료 (Client-Centered Therapy)』가 출판되었는데, 다시 한 번 심리학계의 냉담한 반응에도 불구하고, 이내 수많은 열광 독자층을 확보하였다. 이 책은 많은 점에서 상담센터의 활동에 대한 개관적 성격을 띠고 있다. 이 책은 내담자-중심 접근을 개인치료뿐만 아니라, 놀이치료, 집단연구, 리더십과 관리자

역할, 그리고 교수법과 훈련에 어떻게 적용할 것인지를 탐구하고 있다. 1956년에 미국심리학회로부터 Rogers는 '학술 공로상'을 받게 되는데, 이 순간을 자신이 성취한 최고의 순간으로 꼽았다. Rogers가 이 공로상을 그동안 동료들과 함께 치료과정에 대하여 수행했던 많은 연구의 대가로 여겼다는 것은, 동료 심리학자들이 Rogers 때문에 당혹스러워한다기보다 오히려 Rogers의 업적에 분명히 어느 정도 탐복하고 있다는 표시로 받아들였다는 것을 의미한다. 차후에 그는 자신이 얻은 모든 명예 중에서 1956년에 받은 이 공로상이 개인적으로 가장 의미가 컸다고 평가하였다(Kirschenbaum, 1979: 222).

그 수상에 앞서 Rogers는 1954년 Rosalind Dymond와 공동 편집하여 『심리치료와 성격변화(Psychotherapy and Personality Change)』를 출판하였다. 이 책은 전반적으로 내담자-중심의 가설을 지지하는 많은 연구로 이루어졌는데 드디어 심리학 학술지들이 호의적인 반응을 나타내었다. 이 시기에 이루어진 Rogers의 연구 노력이 차세대의 상담과 심리치료 분야 전체에 막대한 영향을 미쳤으리라는 점은 의심의 여지가 없다. 이때부터 점차 치료자들은 연구조사에 대한 엄격한 검증을 피하기가 어려웠을 것이다. 다른 영역에서도 그랬듯이, Rogers는 치료관계에서 비롯될 만한 신비감을 없애고 과학적 연구자뿐만 아니라 언젠가 치료자를 찾아갈 일반 대중까지도 쉽게 접근하도록 만드는 데 큰 역할을 하였다. 이런 활동 때문에 비밀의 베일을 유지하고 인간의 성격에 관한 복잡한 이론 뒤에 숨으려는 사람들에게 Rogers는 사랑받지 못하게 되었다. 1957년, Rogers가 소위 '치료적 성격변화의 필요충분조건'을 전개하는 데 충분한 확신에 차 있던 당시, 그때까지 심리치료 분야에 알려져 있던 방대한 경험적 배경과 엄격한 연구적 배경에서 볼 때, Rogers의 이론은 너무 상반되는 것이었다(Rogers, 1957a). 이 이론은 평생 연구 한 번 안 해 본 사람들과 치료관계의 문제는 너무 섬세하여 과학적 방법으로 탐구될 수 없다고 주장하는 사람들에게 Rogers가 호감 받지 못하도록 만들었다.

만약 Rogers가 은퇴할 때까지 시카고 대학교에 있었다면 어떤 일이 일어났을지 추측해 보는 것은 흥미로운 일이다. 많은 이득이 있었을 것이고, 내담자-중심 치료의 미래가 더 밝았을 것이라고 생각해 볼 수 있다. 시카고 대학교에서만큼 자극적이고 헌신적인 동료집단과 함께 일할 기회가 Rogers에게 다시는 없었으며, 1957년에 조금 갑작스럽게 그가 모교인 위스콘신 대학교에서 자리를 맡기 위해 떠난다는 의사 표명을 했을 때, 거의 모든 사람이 놀라움을 금치 못했다. 흥미롭게도 Rogers는 자신의 결정을 해명하기 위하여 직원들에게 장문의 편지를 쓸 정도로 자리 옮기는 것에 대하여 매우 불안해했다(Kirschenbaum, 1979: 243-244).

이 편지는 그의 성격에 대해 매우 흥미로운 견해를 제공해 주기 때문에 자세히 분석해 볼 만하다. 자리를 옮긴 가장 중요한 첫 번째 이유는 새로운 직장이 그에게 훨씬 '더 큰 영향력'을 창출할 기회를 제공할 것이라는 Rogers의 믿음이었던 것 같다. 이 편지는 Rogers가 정신건강 전 분야에 영향을 미치는데 관심이 많았고, 전파할 만한 중요한 이론을 본인이 가지고 있다고 생각했다는 것을 분명히 보여 준다. 내가 그에게서 위스콘신 대학교 교수직을 통하여 메시지를 전파하는 것이 불가항력의 기회라고 여긴, 일종의 십자군 정신을 감지한 것은 지나친 생각이 아니다. 이제 비록 그 목적은 좀 다르지만, 어린 시절 경험했던 복음주의적 전통은 여전히 그의 혈관 속에 흐르고 있었다. 위스콘신 대학교에 대한 특별한 매력은 Rogers가 심리학과 정신의학 분야 모두에서 일할 기회를 갖게 될 것이라는 점이었다. 그는 훈련받기 위한 심리학자들과 정신의학자들이 동일한 세미나에 참석하고, 그와 함께 동일한 연구 프로젝트에 참여하는 것을 상상하고 있었다. 이 점에 관하여 Rogers가 열렬하게 고양되어 있었다는 것은 그 당시 시카고 동료들에게 쓴 편지에 나타나 있다. 그는 또한 편지에서 자신이 '대학에 좀 더 일반적인 방식으로 영향을 미칠' 기회를 갖게 될 것이라는 점까지 시사하였다. 그는 '아름다운 곳(시카고)'에서 사는 매력을 겸손하게 인정하였지만, 그 점은 '내가 은퇴하기 전 13년에서 15년 동안 새로운 상황에서 의미 있는 영향'을 미칠 것에 비하면 사소한 일이라고 하였다. 편지의 수신에 그때의 상태가 잘 드러나 있다. Rogers는 새로운 지점에 반쯤 들어가서 과거의 근거지를 뒤로 하고 간절히 떠나고 싶어 하는 '옛날 변방의 개척자에 가깝다.'로 묘사되어 있다. Rogers는 새로운 영역을 정복하고 새로운 문제를 해결하고자 열망하는 모험가로 스스로를 묘사한다. Rogers가 자신의 새로운 계획이 시카고 사람들에 대한 애정과 바꾸지 못한다고 아무리 강력하게 주장하더라도 시카고 대학교 사람들은 그 편지를 받고 많은 위로를 받지 못했을 것 같다. 아마 Rogers의 그런 모습, 즉 친구들과 헤어지고 자신의 도움에 의지해 온 사람들을 실망시키는 일인데도 불구하고 영향력을 행사하기 위하여 의지를 굳혔던 맹렬한 야심가로서의 모습을 처음 본 사람들이 많았을 것이다.

위스콘신에서의 환멸

위스콘신 대학교로 옮긴 것은 여러 면에서 불행이었다. 심리학과 정신의학이 손을 맞잡는 Rogers의 꿈은 결코 이루어지지 않았으며, 그는 곧 새로운 동료들, 특히 심리학과 동료들과 대립하게 되었다. 심리학과는 베일에 싸인 공포의 규칙이 지배하고 있어서 계속되는 시험과 낙제의 두려움에 대학원생들이 꼼짝 못하는 곳이었다. 그 갈등이 지나치게 커서

Rogers는 정신의학연구소 일은 계속 했지만, 학과는 결국 사임했다.

그러나 위스콘신 시절이 그에게 한 가지 중요한 연구 프로젝트를 수행하도록 이끌어 주었다. 왜냐하면 Rogers는 한동안 성격변화의 필요충분조건에 대한 그의 가설이 심한 정서장애자들에게도 유효한지가 매우 궁금했는데, 정신의학과 내에서의 그의 지위가 이를 검증해 볼 이상적인 기회를 제공했기 때문이다. 수많은 연구 인력이 투입된 아주 복잡한 프로젝트가 시작되었는데, Rogers는 평소 스타일대로 그들에게 많은 책임과 자율성을 부여하였다. 결과도출 과정이 전혀 만족스럽지 못했고, 많은 어려움과 갈등이 있었다. 나중에 Rogers는 이 프로젝트가 '나의 전문가 인생 전반에 걸쳐 두 말할 나위 없이 가장 고통스럽고 괴로운 경험'이었다고 기술하였다(in Burton, 1972: 62). 그 연구결과가 특별히 흥미로운 것도 아니었다. 비록 높은 수준의 일치성과 공감이 내담자의 진전과 상관이 있기는 했지만, 치료집단과 통제집단 간에 의미 있는 차이는 발견되지 않았다. 간단히 말해서, 그 프로젝트가 Rogers 주요이론들에 대하여 어느 정도 확실하게 지지하였지만, 결과는 전반적으로 설득력이 약했다.

Rogers를 위스콘신으로 이끌었던 열망, 즉 좀 더 영향력을 발휘하고자 했던 강렬한 열망은 거기서 이루어진 일상적 연구를 통해서 전혀 충족되지 않았다고 보는 것이 합당하다.

그러나 그를 거의 하룻밤 사이에 각광 받게 하고 그때까지의 기대 이상의 명성과 영향력을 얻게 한 것은 1961년 출판된 다섯 번째 저서『진정한 사람되기(On Becoming a Person)』였다. 이 책은 내담자-중심 원리들이 심리학 전문영역을 넘어 일상생활 거의 모든 국면에 적용될 수 있다는 것을 보여 주었다. 이 책이 특별히 위스콘신에서의 경험에 의존하고 있지는 않지만, Rogers는 이 책에서 아주 강력하고 감동적인 언어로 자신의 생각과 감정을 표현함으로써 최고 수준의 의사전달자로 자리 잡게 되었다. 교육자, 치료자, 철학자, 과학자, 예술가 그리고 헤아릴 수 없는 '거리의 선남선녀' 수천 명이 이 책을 구하려고 몰려들었고, Rogers는 거의 모든 계층의 사람들에게서 받은 감사편지에 압도당할 지경이었다. 그는 영향을 주기 위하여 위스콘신에 갔으나 확실히 실패하였다. 그는 책을 썼고, 갑작스럽게 자신의 무모한 포부를 뛰어넘는 그 이상의 영향력을 미치게 된 자신을 발견하였다. 1963년, 그는 대학에 사임하기로 결정했음을 밝혔다. 그에게는 더 이상 전통적인 학문적 환경이 필요하지 않았고, 오히려 그 환경이 자신에게 더 많은 제약을 주고 스스로를 소원하게 만든다는 것을 깨달았다.『진정한 사람되기』의 엄청난 성공은 그가 한층 더 위험한 길에 용감하게 들어갈 수 있는, 그리고 이미 자리 잡은 기관이 주는 안전감을 뛰어넘을 수 있는 자신감을 가져다주었다. 1963년 여름, 그의 제자 Richard Farson이 서부행동과학연구소를 새로 설립하여 함께 일하자고 Rogers를 초청하였을 때, 그는 자신이 직업적 갈림길에 서 있다는 것을 인식하였다. 처음에는 머뭇거렸지만, 그는 그 제안을 수락하여 서부행동과학연구소에 합류하기 위하여 캘리포니아의 라호야로 향했다. 서부행동과학연구소는 인간상호관계에 대한 인도주의 성향의 연구에 주된 관심을 가진 비영리 기관이었다. 그 '변방의 개척자'는 다시 한 번 모험의 길에 접어들었는데, 이번에 뛰어든 새로운 영역에는 특히 위험이 도사리고 있었다. Rogers 집안의 부모세대 같았으면 그런 모험의 길을 떠날 때 당연히 짐 꾸러미 속에 성경책 한 권을 넣고 갔을 것이다. 물론 Rogers에게는 자신의 경험과 명성이라는 안전판이 있었지만, 그도 역시 짐 가방에 그 한 권의 책이 없었다면 과연 그런 용기를 가질 수 있었을지 의심스럽다.『진정한 사람되기』는 Rogers가 대학이라는 조직을 떠나는 데 필요한 도전이자 길잡이였다. 다른 사람들을 위하여 책을 썼지만, 그것을 통해 그는 다시 한 번 자신이 필요로 했던 자원을 스스로에게 공급한 셈이다.

캘리포니아 시절

서부행동과학연구소

Rogers는 대학교수 생활에서 벗어남으로써 기분이 아주 명

랑해졌다. 그와 아내 Helen은 태평양 일대의 장관이 보이는 멋진 집을 구했으며, 새로운 환경에 이내 정착해서 열정적으로 일을 시작하였다. 학문적이고 제도적인 생활의 속박에서 벗어나 그는 자유롭게, 많은 친구와 가족까지 놀랄만한 발전을 직업과 개인 모든 면에서 성취하였다. 무엇보다 그는 참만남집단운동(encounter group movement)에 깊이 관여하였고, 라호야에 온지 1~2년 만에 이미 미국 전 지역에서 참만남 문화의 식견 높은 원로 정치가로 인정받았다. Rogers는 위스콘신에서 심한 정서장애자들을 중심으로 일하고 난 직후라서 그런지, 좀 더 '정상적인' 집단과 일할 기회를 기꺼이 받아들였던 것 같다. 그는 이전에 개인 내담자들에게 대했던 것과 똑같은 확신으로 소집단의 지혜를 신뢰하기 시작했다. 동시에 그는 자기발전을 위하여 집단상황을 활용할 수 있다는 것을 알게 되었고, 자신의 감정을 훨씬 더 잘 표현하게 되었으며, 인간관계에서 취약한 자신의 상태를 내보일 수 있는 위험까지 감수할 수 있게 되었다. 이와 같이 자신의 행동에서 변화가 일어나자, 그는 내담자-중심 원리를 치료실 밖의 상황에 적용하는 것에 점점 더 매력을 느꼈다. 1970년 『참만남 집단에 관한 칼 로저스(Carl Rogers on Encounter Groups)』가 출판되었을 때, 25만 부 이상이 팔렸는데 그것은 『학습의 자유: 교육이 어떻게 이루어져야 할지에 대한 한 가지 관점 (Freedom to Learn: A View of What Education Might Become)』

에 이어 나온 책이었다. 1969년 처음 출판된 이 책 역시 결국 30만 부 이상이 팔렸다. Rogers는 이제 '유명인사'가 되었고, 널리 영향력을 미치고자 했던 자신의 포부를 실현할수록 개인적 자유의 영역이 넓어지고 타인에게 새로운 방식으로 그리고 더 깊게 마음을 열고 반응하는 것이 가능해졌다.

인간연구소

1968년, Farson이 새로운 일자리를 찾아 서부행동과학연구소를 떠났는데, 이로 인해 변화된 연구소의 행정정책이 Rogers의 마음에 들지 않았던 것 같다. 그는 그 변화에 맞서 싸우는 데 시간을 낭비하는 대신, 몇몇 사람과 함께 인간연구소(The Center for Studies of the Person)를 설립하기 위한 조직에 합류하였다. 그 연구소는 아직도 존재하며, Rogers는 사망할 때까지 그 연구소의 '연구생(Resident Fellow, 본인이 스스로 선택한 직함)'으로 남아 있었다. 그 연구소는 이내 각 분야로부터 모여든 40여 명의 구성원을 거느리게 되었고, 같은 마음을 지닌 사람들로 이루어진 지지적인 환경 속에서 자유롭게 자신의 관심을 발전시키는 방식으로 업무가 수행되었다. 모든 구성원은 인간에 대하여, 그리고 주관적 경험의 본질적 가치에 대하여 깊은 관심을 지니고 있었다. 이런 것을 근간으로 Rogers는 향후 20년 동안 적극적으로 전문가 생활을 지속하였고, 인간연구소는 여러 가지 어려움과 갈등에도 불구하고 그에게 풍부한 교제관계의 연결망을 제공해 주었으며 특히 생산적이고 에너지 넘치는 노년을 즐길 수 있을 만한 자극을 주었다.

세계공동체

Rogers는 이 마지막 기간 동안 비록 워크숍이나 학회 등에서 영상으로 자신의 접근법을 보여 주거나 치료에 관한 인터뷰를 하는 데는 종종 행복감을 느꼈지만, 개인치료에 관한 이슈나 도전에 대하여는 지속적 관심을 보이는 것이 아니라, 단지 한꺼번에 관심을 확 쏟다가 다시 말아버리는 식이었다. 반면, 그의 흥미는 점점 더 일상생활의 관심사와 세계공동체가 직면한 문제들에 이끌렸다. 1972년에 출판된『배우자가 되어 가기(Becoming Partners)』는 결혼제도와 그 대안을 탐구하기 위한 시도였다. 1977년『개인의 힘에 관한 칼 로저스(Carl Rogers on Personal Power)』를 저술하였는데, 이 책에서 그는 가족에서부터 교육, 사업, 국가생활의 광범위한 생활 국면에 대하여 자기의 사상이 지니는 정치적 함의를 표현하였다. 이 시기에도 Rogers는 딸 Natalie의 격려에 힘입어 대집단 워크숍을 자주 개최하기 시작하였는데, 거기에서 75명에서 800명에 이르는 집단사람들에게 자신의 접근법을 적용해 볼 수 있었다. 이 일에서 종종 Natalie의 도움을 받았는데,

Natalie는 일찍이 아내로서 그리고 세 아이의 어머니로서 막중한 책임을 지고 있었음에도 불구하고, 브랜다이스 대학교에서 석사학위과정을 이수하였으며, 이때 Abraham Maslow의 지도를 받았다. Rogers가 청년 시절 기독교를 포기하면서 등을 돌렸던 영적인 미지의 세계를 향해 다시 한 번 모험하도록 Rogers를 격려하는 데 막강한 영향력을 행사한 사람이 바로 Maria Bowen과 Natalie였다. Rogers는 Natalie와 Maria가 중심으로 관여한 대집단 경험을 묘사하기 위해 처음으로 '인간-중심(person-centered)'이란 용어를 만들었으며, 그는 자신의 접근법이 상담과 심리치료 이외의 맥락에서 적용될 때 점진적으로 이 용어를 사용했다.

처음에는 소집단, 나중에는 대집단에 관여하게 된 것은 Rogers로 하여금 자신의 접근법을 세계공동체가 직면한 문제에까지 적용해 보도록 유도하였는데, 이는 아마도 필연이었던 것 같다. 말년에 그는 세계평화, 문화 그리고 인종의 경계를 넘나드는 일에 몰두해 있었다. 70대와 80대에도 그는 계속 놀라운 활력을 보여 주었고, 자신의 사상을 알리기 위하여 세계, 특히 긴장과 갈등이 일상적 현실로 나타난 지역으로 여행을 하였다. 그중에서도 특히 북아일랜드, 남아프리카, 폴란드, 러시아가 당시 그의 여행 스케줄에서 중요한 국가들이었다. 그는 각 나라에서 자신의 연구에 대하여 이야기할 뿐만 아니라, 그 나라 사람들이 간략하게나마 서로에게 인간-중심 방식의 반응을 경험해 보도록 워크숍과 세미나에 적극 참여하였다. 1980년 출판된 저서 『칼 로저스의 사람-중심 상담(A Way of Being)』은 변화하는 그의 관점을 보여 주는 다른 논문들과 더불어, 다가올 미래에 대한 강력한 비전을 담고 있다. 50년간 함께 결혼 생활을 했던 아내 Helen이 이 책의 출판 바로 전 해에 사망했다. 아내의 죽음에 대한 슬픔과 결혼의 책임감에서 벗어난 자유라는 두 가지 결합된 감정은 Rogers가 차츰 더 영적이고 정치적인 이슈를 탐색하는 데 뛰어들도록 만들었다. 1985년 말쯤, 그는 오스트리아에서 열린 '중앙아메리카의 도전'에 관한 합숙회의에서 17개국의 영향력 있는 지도자들을 한자리에 모이게 함으로써 마음에 품고 있던 포부를 이루었다. 이 회의는 그가 생애 말년에 세계평화의 보존과 핵 갈등의 회피에 철저하게 관여했음을 보여 준 가장 두드러진 실례였다. Rogers는 쓰러진 다음 1987년 2월 4일 사망했으며, 그 당시 본인은 몰랐지만 그 즈음에 그가 노벨평화상 후보로 지목되었는데, 이는 아주 적절한 일이었던 것 같다.

영적인 차원

Rogers의 생애와 업적에 대한 입문적 탐구를 마무리하기 위해서는 한 가지를 더 논해야 한다. 원래 농부가 되려 했다가 나중에 기독교 목사로 방향을 바꿨던 한 젊은이는 점차 세계적으로 유명한 심리학자, 치료자, 평화운동가로서 죽는 날까지 머나먼 길을 걸어온 것 같다. 그러나 나는 그것이 전부가 아니고, 그가 인간으로서의 발전을 계속할 수 있었던 실마리는 그의 영적 순례라는 비밀 속에 있다고 믿고 싶다. 이제부터 알아보고 싶은 것이 바로 이 점이다.

젊은 시절의 Rogers가 철저하게 종교적인 사람이었다는 사실에는 의심의 여지가 없다. 중국 여행 이전과 여행 당시의 편지와 일기 내용은 분명 신학적 혼란을 보여 주고 있지만, 그것은 언제나 강력한 이상주의와 관련이 있었고 또 점차 그리스도의 인격에 대한 깊은 흠모와 끌림과 관련이 있었다. 마찬가지로 Rogers가 일단 기독교 목회훈련을 포기하기로 결정한 다음에는 기독교 교회뿐만 아니라 기독교에 대한 그 어떤 명백한 신앙에 대하여도 등을 돌렸다는 사실 또한 의심의 여지가 없다.

나는 예전에 어떤 글(Thorne, 1990)을 통해서 Rogers 자신의 기독교적 과거에 대한 전격적인 거부가 적어도 어느 정도는 어린 시절 근본주의적 복음주의의 잘못된 신앙 탓으로 설명될 수 있다는 것을 보여 주려 하였다. 치료자 그리고 심리학자로서 그의 경험은 인간이란 본질적으로 자신의 창조적 속성을 만족시키면서 진리를 추구하고 사회적 책임을 다하기 위해 앞으로 나아가는 유기체라는 사실을 확신하도록 하였다. 그런 확신은 Rogers 집안에서 믿었던 신학의 특징인 원죄교리의 엄격한 해석 속에 담긴 인간본성에 대한 부정적이고 죄의식을 유발하는 관점과 정면 대립된다. 이런 시각 속에서는 오직 구속하는 '어린양의 피'만이 죄의 부정함을 씻어 버리고 사람들을 위한 구원의 가능성을 보장할 수 있었다. 회개와 개종을 요구하는 위와 같은 작용 없이는 본질적으로 부패하고 타락한 인류에게 희망이 있을 수 없었다. Rogers에게 이런 시각은 점차 받아들일 수 없었고 맞지 않는 것이 되어 버렸는데, 그런 시각이 치료자로서의 그의 경험과 창조된 질서 속에서 이루어지는 진화론적 발전과정에 대한 그의 이해에 역행하는 것이기 때문이었다. 심리학자 그리고 과학자로서 그는 본래적 판단주의에 내포된 죄악과 타락에 대한 개념들이 모순이며, 궁극적으로 삶을 부정하는 것이고, 인간 영혼에 깊은 상처를 준다는 것을 발견하였다.

　Rogers가 시카고 시절에 겪었던 내적인 동요와 '쇠약'은 어린 시절과 청소년기에 깊은 내면에서 자신도 모르는 사이에 조건 지어진 것들에서 결코 자유롭지 못했다는 것을 보여 준다. 정신병에 걸린 여자 내담자로 인하여 거의 파국을 경험한 후에 스스로의 치료기간을 거치면서 그는 자신이 얼마나 스스로를 거부하고 있는지, 그리고 스스로 무가치하다는 생각을 얼마나 뿌리 깊게 하고 있는지를 직면하게 되었다. 일단 이런 부정적 신념의 지배로부터 해방된 후에야 그는 자기수용과 친밀감을 위한 깊은 능력을 경험할 수 있었다. Rogers는 이미 수많은 내담자에게 이런 경험이 일어나도록 도왔다. 이 시기에 드러난 자신의 영혼에 가해진 깊은 상처를 생각하면서 Rogers는 기독교 신앙과 모든 제도화된 종교적 국면으로부터 아주 단호하게 등을 돌렸다. 상처가 너무 깊었던 반면에 그 회복은 너무 점진적이었기 때문에, Rogers가 다시 한 번 영적 실재의 세계로 다가갈 수 있었던 것은 그의 생애 말년에 가서야 가능했다. 1979년 아내 Helen의 죽음은 보이지 않는 세계에 대한 그의 관심을 다시 불러일으킨 계기가 되어 그는 심령현상들의 신비적 함의에 한동안 깊게 몰두하게 되었다. 그가 다시 한 번 어떤 형태로든지 사후 삶의 가능성에 대하여 관심을 갖고 동양종교적 경험의 특정 국면들에 대한 관심을 심화시키기 시작한 것도 이 무렵이었다.

그러나 Rogers가 기독교를 포기했을 때, 의식 수준에서 닫아 버렸던 차원을 자기인생의 마지막 시기에 다시 발견한 것은 치료적 관계를 통해서였다. 치료적 만남에 관해 피력한 마지막 저서에서 그는 다음과 같이 썼다. "나는 이런 설명이 신비한 축에 낀다는 것을 안다. 하지만 분명한 것은 우리의 경험 속에 초월적이고, 설명할 수 없는 영적인 것들이 포함되어 있다는 것이다. 나 역시 다른 많은 사람처럼 이 신비하고 영적인 차원의 중요성을 과소평가해 왔다고 생각하지 않을 수 없다"(Rogers, 1986b: 200). 다시 한 번 그리고 마지막으로,

치료자 Rogers는 인간 Rogers가 가장 필요로 했던 진리를 발견하였다. 그는 인생을 관조하는 시기에 그에게 큰 기쁨과 위안을 주는 여성들과 온정어린 관계를 형성함으로써 다가올 죽음을 평온하게 바라보았다. 그가 말년에 경험한 영적인 차원은 친밀감과 상호성의 능력을 향상시키는 것과 연관되어 있다.

여러 측면에서 자주 감춰졌던 Rogers의 영적 순례길의 이정표는 시카고 대학교 상담센터의 구성원 중의 한 사람이었던 Elizabeth Sheerer의 1990년 인터뷰에서 엿볼 수 있다. Phillip Barrineau가 그녀를 인터뷰했는데, 인터뷰 중반부의 한 질문에 대한 Sheerer의 답변에서 이례적인 점이 발견된다.

당신은 [인간-중심] 접근이 아주 많은 영역으로 파급되었다는 사실에 주목해 오셨습니다. 당신이 평가하기에 그 접근이 파급되지 않은 영역이나 쟁점이 남아 있습니까?

Elizabeth Sheerer의 답은 매우 흥미롭다.

- 예, 저는 인간의 영적인 측면에 좀 더 주목하고 싶습니다…….
- 물론, 내담자-중심 치료에 영적인 측면이 빠져 있는 것은 아니지만, 공식적으로 언급되어 있지가 않아요. 단지

공식적으로 인정되고 있지 않아요. 인간의 영적인 측면과 접촉하지 않으면서 치료를 할 수는 없습니다.

Barrineau: 그것이 왜 공식적으로 언급되고 있지 않은지에 대해 설명해 줄 수 있습니까?

Sheerer: 예, 그럼요. Carl Rogers 때문입니다. 그 측면은 Carl에게 어려운 영역이었습니다. 우린 처음부터 종교에 관해서는 서로 말하지 않는 분위기였습니다. 그것은 금기시되는 주제였는데, Carl이 그것을 불편해했기 때문입니다. 저는 Carl이 중국에 있었을 때, 공개적으로 혹은 출판물을 통해서도 말해본 적이 없지만, 그에게 어떤 일이 일어났었다는 생각을 늘 갖고 있었습니다……. 그가 이론을 발전시키는 세월동안에 그는 어떤 공식적인 종교도 아니, 제가 말할 수 있는 한, 어떤 종교도 원하지 않을 따름이었습니다. 그러나 물론 그의 업적은 그의 기독교적 배경에 의해 깊이 영향을 받았습니다. 그 배경 없이 그가 발전할 수 있었다고는 생각지 않습니다(Barrineau, 1990: 423-424).

2 이론 측면에서 Rogers의 주요한 공헌

경험에서 도출된 이론

　Rogers는 여러 이론에 상당히 의구심이 많은 편이었다. 신학교리에 대한 초기경험과 정신분석 및 행동주의 견해에 대한 후기의 경험을 토대로 Rogers가 내린 결론은 이론적 모델을 성급하게 적용하는 것이 개인의 고유한 지각과 직관에 근거한 자료를 신뢰하는 데 방해가 된다는 것이다. 초기단계의 임상연구를 통하여 Rogers가 찾아낸 중요한 발견은 치료자가 이론에 의존할 때 따르는 문제점이었다. 치료자가 이론에 의존하면, 내담자의 경험세계와 고리를 맺기 보다는 치료자가 이미 설정해 놓은 인지적 틀 속에 내담자를 짜 맞추려는 상황이 벌어진다는 것이다. 우리도 알다시피 Rogers는 과거의 이론이 아무리 정교하고 설득력 있게 표현되었어도 과감히 제쳐 두고, 대신 내담자들과 깊게 이야기하고 그들과 함께 무엇이 효과적인지를 찾아내는 데 전력투구하는 선구자로 스스로를 생각했던 때가 있었다.

Rogers가 과거 이론들의 구속에서 벗어나 자기 경험이 타당하다고 믿게 된 일련의 결정 과정에는 중심역할을 할 만한 이론적 기초가 이미 마련되어 있었다. 그 기초는 Dewey와 그 동료들의 연구에 대한 이해, 그리고 Taft와 그녀의 동료들을 통하여 알게 된 Rank의 영향이었다. 기본적으로 Rogers는 개인의 객관적 현실이 무엇이든 그것이 문제가 아니라 개인이 현실을 지각하는 방식이 문제라는 것을 믿었다. 간단히 말해서, 개인의 행동을 이해하려면 그 개인이 자기 자신과 자신이 존재하는 세계에 대하여 어떤 주관적 인식을 지니고 있는지를 알아야 한다는 것이다. 그런 접근의 기본 가정은 개인의 주관적 경험이 비록 다른 사람에게는 기괴하고 오인될 소지가 있더라도 가장 깊이 존중될 가치가 있다는 것이다. 따라서 Rogers가 치료자로서 자기 자신의 경험을 신뢰하는 것과 내담자의 경험을 신뢰하는 노력은 모두 평행선상에 있었다. Rogers는 치료자 자신이나 내담자를 신뢰하지 못하게 하는 이론이나 치료절차라면, 그 어떤 것이라도 치료과정에 걸림돌이 되어 결국 건강한 치료관계를 잠재적으로 파괴하는 요인으로 작용한다고 주장하였다.

이론적 관점에 대한 혁신적 본질이 처음에는 분명한 것 같지 않지만, 치료자가 특수한 지식을 가진 전문가라는 견해를 단번에 흔들어 놓은 것임에는 틀림없다. Rogers는 치료자가 전문가 역할을 수행하려 하면 권위적인 존재로 인식되고, 곧바로 내담자와의 관계에서 힘의 불균형이 생기게 된다고 하였다. 이 힘(power)의 문제는 Rogers가 치료관계를 이해하게 된 핵심이다. 따라서 로체스터 시절, Rogers는 치료자의 이론적 지식이야말로 내담자의 내적 기능에 대하여 내담자 자신보다 치료자가 더 많이 알고 있는 것처럼 추측하게 만든다고 결론 내렸다. 일단 그와 같은 위험한 환상이 설정되면, 내담자는 자기 스스로의 경험을 신뢰하고 스스로의 지각에 타당성을 부여하는 것이 더욱 힘들어진다. 그리고 그와 같은 신뢰가 없다면, 내담자의 주관적 세계가 치료학계에서 업적으로 남을 만큼 중요하게 다루어지지 않았을 것이다.

주관적 경험의 중요성을 강조하는 Rogers는 우리 각자가 자신과 자신이 사는 세계에 대한 주관적 인식에 따라 행동한다는 믿음에 기초한 현상학적 전통의 주류에 있다. Rogers는 이런 믿음을 치료과정에 일관성 있게 적용하였다는 점에서 높이 평가된다. 내담자에게 상처를 주는 것이 무엇이며, 그 상처를 치료하는 방향이 어떤 것인지를 아는 사람은 바로 언제나 내담자 자신이라는 것을, Rogers는 임상실습을 통하여 확신하게 되었다. 치료자의 기능은 내담자 자신의 자원을 탐색하고 발견하도록 도와주는 것이다. 아무리 따뜻하게 접근

해도 형식적인 해결책이나, 전략, 해석 또는 설명을 부과하는 것은 치료자의 기능이 아니다.

개인의 '내적 자원'에 대한 Rogers의 확신은 인간의 본성에 대한 낙관적인 관점에서 비롯된 것임에 틀림없다. 이러한 낙관적 관점은 또다시 Dewey와 그의 동료들 그리고 Kilpatrick과 같은 진보주의 교육자들에 의해 지지받았다. 그들은 어린이가 무엇을 배워야 하는지, 필요한 지식을 어떻게 잘 습득할 수 있는지를 어린이 스스로 기본적으로 알고 있다고 믿었다. 그와 같은 낙관적 입장은, 예를 들면 인간의 본성에 대하여 비관적이며 인류의 미래에 대하여도 우려할 만큼 불신하였던 Freud의 입장과 대조를 이룬다. 이런 낙관론은 흥미롭게도 비록 Rogers가 유니온 신학교에 다니던 시절 당시에 자기 가문에서 선호했던 '전적으로 왜곡된' 사고학파와는 현저히 다른 신학적 견해에 의하여 영향받았겠지만, 그의 가족이 신봉했던 복음주의 기독교파를 통해 받아들였을 관점과도 대조를 이룬다.

Rogers에게 주관적 경험에 대한 신뢰와 인간본성의 기본적 가치에 대한 믿음은 서로 관련된 개념이다. 임상수련을 받던 초기단계에 Rogers는 자신이 내담자의 주관적 세계를 깊게 이해하려 전력투구하고 내담자도 그것을 알아차릴 때, 내담자는 항상 기꺼이 스스로에게 긍정적이고 진보적인 방식으로 행동하기 시작한다는 것을 발견하였다. 일단 그들의 주관적 경험이 존중받고 이해받고 있다고만 깊이 느끼게 되면 신뢰할만한 존재가 된다는 Rogers 생각의 개념적 틀 전체가 Rogers 자신의 경험에만 근거한다고 단언한다면 그것은 성급한 판단이다. Rogers는 50년간 전문적인 활동을 하면서 이런 믿음에서 벗어난 적이 없었을 뿐만 아니라, 오히려 이런 믿음을 더 확고히 할 만한 자료를 더 많이 발견하였다. 이제부터 Rogers의 기본 신념이 어떻게 발전해 왔는지를 살펴볼 것이다. 물론 이와 같은 이론적 틀이 시간을 거듭하면서 진화하고 발전한 것이고, 실제로 어떤 부분은 특정한 시기에 더 많은 관심을 받기도 했지만, 이 장에서는 그 전체를 지식의 한 묶음으로 간주하여 다룰 것이다.

실현경향성

Rogers는 인간에게 단 하나의 기본적 동기가 있다고 믿었는데, 이를 '실현경향성(actualizing tendency)'라고 이름 붙였다. Rogers가 이해한 바에 따르면 다른 창조질서와 마찬가지로 인간은 스스로를 유지하고 건설적인 방향으로 잠재력을 성취하려는 기본적이면서도 선천적인 성향을 지니고 있다. 마치 튤립이 본능적으로 자신을 완전하고 완벽하게 꽃 피우려는 방향으로 나아가듯이 인간도 성장과 완성을 향하여, 그리고 '인간-존재성(human-beingness)'의 최상급 수준의 성취를 향하여 나아간다. 실현경향성을 구속하는 단 한 가지는 바로 개인이 속한 환경 안에 있다. 황폐한 땅에서, 그리고 적절한 보살핌과 수분이 없을 때 튤립이 꽃을 피울 수 없는 것과 마찬가지로, 인간도 실현경향성을 격려해 주는 호의적인 여건이 조성되지 않는다면 성장이 가로막힐 것이다.

Rogers의 청소년 시절과 농학적 배경을 회상해 볼 때, 그가 자연 질서 전체에서 일반적인 타당성을 지니는 법칙의 단순성에 매료된 것은 그리 놀랄 일이 아니다. 하지만 실현경향성의 개념은 인간의 고유성(uniqueness)을 완전히 설명하지는 못한다. Rogers는 항상 이런 성장의 특수성은 개인마다 다양하고 또 다를 수 있다는 점을 지적하였다. 실현화는 기관, 기능 그리고 자율성을 향한 발달의 분화를 포함한다. 이런 식으로 실현화의 과정은 인간 차이의 미묘함과 복잡성에 매우 민감하다.

이 기초적인 실현경향성은 Rogers 이론 체계의 전체에서 나타나는 유일한 동기다. 이 경향을 명백히 보여 주는 것은 오로지 '전체로서의 유기체(organism as a whole)'이며, Rogers는 그 유기체의 '부분들(특히 자기지각과 관련된 부분들)'이 근본적으로 전체 유기체의 일반적 경향을 방해하거나 왜곡시킬 수 있다는 사실을 정확히 인지했음에 틀림없다. 실현화는 욕구-감소나 긴장-감소와 같은 동기 부여의 추동을 포함하며, 또한 고통스러운 노력이 수반될지라도 창조적인 도전을 찾거나 배우고 싶은 욕구처럼 '성장동기'라 이름 붙일 수 있는 것을 통합한다. 내담자-중심 치료에 대한 그의 마지막 논문(Rogers & Sanford, 1989)에서 Rogers는 실현경향성이 그의 이론적 관점에서만 나타나는 유일한 것이 아니라고 공공연하게 인정하였다. 그는 그 개념이 Maslow의 글 전반에서 나타나고 있음을 인지하였으며, 모든 살아 있는 생명에는 완전을 향한 추동이 분명히 존재한다고 주장한 생물학자 Szent-Gyorgyi의 글에서도 반영되고 있음을 알아차렸다. 이 마지막 논문에서 Rogers는 실현화를 방해하는 것은 신체적·심리적인 모든 주변 환경에서 부정적으로 영향을 받은 인간 유기체의 하위 부분에서 비롯된다는 것 역시 분명히 하였다. 그는 심지어 실현경향성이 위축되거나 멈춰질 수 있다고 말하였다. 그것은 또한 때때로 "뒤틀리고, 기이하며, 비정상적인 모습으로만 힘을 쓸 수 있으며, 건설적이라기보다는 사회 속에서 파괴적인 방식으로 달성될 수 있다."고 하였다(Rogers & Sanford, 1989: 1492).

단일 개체로서의 인간유기체에 대한 개념과 이 개체가 실현경향성을 증명해 준다는 믿음은 자기(self)에 대한 Rogers의 이해, 그리고 그 자기의 발달이 실현경향성을 돕거나 방해할 수 있는 방식에 대한 Rogers의 이해에 결정적으로 중요하다. 만약 자기가 경험하는 것과 유기체의 전체적 경험이 비교적 조화를 이룬다면, 실현경향성은 꽤 통합된 모습으로 남게 된다. 그러나 만약 자기와 유기체적 경험이 불일치하다면, 실현경향성은 해로울 정도로 좌절될 것이다. Rogers에게 있어 자기를 실현하려는 경향은 본질적으로 실현경향성의 '하위체계'인 동시에, 전체로서의 유기체의 타고난 추동과 심각하게 어긋날 수 있다. 이제 우리가 살펴볼 것은 인간발달을 위해 결정적 중요성을 지닌 바로 이 '하위체계'다.

자기실현과 자기개념

1959년, Rogers는 지나칠 정도로 자랑스러워하며 그의 이론적 입장에 대하여 장황하고 자세하게 설명한 논문을 출판하였지만, 그 글은 확실하게 인정받을 만한 주목을 받지 못하였다(Rogers, 1959). 주요 이론적 구성개념뿐만 아니라, 그 개념들의 발달사에 너무 많이 치중한 74쪽에 달하는 이 논문을 이해하기 힘들었던 것은 이 책에 대한 무관심 때문이었다고 할 수 있다. 실제로 그는 '자기(self)'라는 개념을 설명하면서 '구성개념의 사례 발달사에 관한 여담'을 첨가하는 것이 적절하다고 여겼으며, 따라서 몇 쪽에는 그의 중심이론들의 형태가 어떻게 갖춰져 나갔는지의 과정을 보여 주는 사례들을 포함시켰다. 그는 이것을 '임상적 관찰, 초기의 개념화, 관련 가설들의 검증을 위한 초기의 미숙한 연구, 추후 임상적 관찰, 구성개념과 그것의 기능적 관계에 대한 더 정밀한 공식, 구성개념에 관한 더 정밀한 조작적 정의, 더 확정적인 연구'(Rogers, 1959: 203)라고 정리하였다. 이처럼 정성을 들여가며 이론 정립을 위하여 임상경험과 인지적 반추를 반복하고, 과학적인 연구가 이루어질 때까지는 공식화시키지 않는, 그런 연구방식은 상상하기 어려운 일이다.

Rogers는 '자기'라는 개념이 심리학 용어집에 포함되지도 않은 쓸모없고 의미 없는 용어라는 확신을 가지고 전문가 일을 시작했다고 인정하면서 여담을 시작하고 있다. 그는 항상 그랬듯이 이 확신을 임상경험을 통하여 검증하고자 하였다. Rogers는 일단 내담자들이 상담자로부터 어떤 방해도 받지 않고 자기만의 언어로 스스로의 관심사를 표현할 기회를 갖게 되면, 거의 대부분이 '자기'라는 말을 사용한다는 사실을 발견하였다. 종종 자기에 대하여 정확히 표현할 방법을 찾지 못해서 혹은 자기에 대한 현재의 평가에 매우 불만족스러워하는 경우가 있었다. 내담자들은 "나는 진짜 내 모습 같지가 않아요." "나는 진짜 내가 누구인지 궁금해요." "나는 지금의 나 자신이 좋아요." "나는 아무도 나의 진짜 모습에 대하여 아는 것을 원치 않아요."라는 말을 하는 경향이 있었다. 그런 말은 '자기'라는 개념이 내담자의 경험에서 분명히 매우 중요한 요소이며, 종종 당황스럽게 혹은 고통스럽게 만드는 존재라는 것을 보여 준다. 더 나아가 거기에는 종종 '진짜(real)' 자기에 대한 발견 혹은 '이상적인(ideal)' 자기에 대한 열망, 이들과 관련된 암묵적인 목적이 있는 것 같았다. 많은 내담자에게 이 두 가지 존재의 상태는 한결같이 얻기가 불가능한 것처럼 보였다.

임상의 실제에서 다른 또 하나의 측면이 분명해진다. 자기라는 개념은 크게 동요받기 쉽고, 치료의 과정은 이 동요와 상당히 관련이 있어 보인다. 내담자들이 치료기간 동안 꽤 긍정적인 입장에서 스스로를 경험하고 인생에서 부딪히는 여러 가지 문제를 이겨 나갈 수 있는 자신감을 느끼게 되는 것은 특이한 일이 아니다. 하지만 며칠 지나지 않아 스스로 인식할 수 없을 만큼의 변화된 자기개념으로 인하여 스스로에 대한 무가치감, 미성숙한 느낌이 크게 상승하여 치료자에게 돌아올 수도 있다. 이런 자기개념의 변화를 관찰하면서 Rogers는 '자기'라는 것이 고정된 것이 아니라, '나'라는 특성에 대한 지각, 타인 그리고 인생의 여러 가지 측면과 나와의 관계에 대한 지각, 이 두 가지 지각으로 구성된 개념적 형태(gestalt)라는 결론을 내렸다(Rogers, 1959: 200). 덧붙여서 '형태'란 유동적이며 변화하는 것이지만, 그럼에도 불구하고 어느 정도 조작적 용어로 정의될 수 있는 어떤 주어진 순간의 특수한 개체다. 더 간단히 말해서, 일반적으로 내가 존재로서의 나 자신을 개념화하는 자기다. 그러나 이 개념화는 수많은 경험과 나의 과거를 구성하는 조건화에 의존될 뿐만 아니라, 어떤 상황에라도 일어날지 모르는 예측불허의 사건과 상호작용하여 결정되기도 한다. 즉, 나는 어떤 한 순간에는 행복한, 자신 있는 그리고 확신에 찬 나의 '자기'를 경험하지만, 다음 순간에는 절망한, 무력한 그리고 사기가 꺾인 나의 '자기'를 경험하는 것이 가능하다. 그런데 이런 놀라운 변화를 불러일으킨 사건은 단지 동료의 강력한 말 한마디일 수도 있다. 이렇게 인간의 실존만큼이나 불확실한 맥락에서 자기실현의 과정이 복잡함과 불안함으로 가득 차 있다는 사실은 그리 놀랄 일이 아니다. 그렇게 위험하고 예측불허한 과정이 유기체의 실현경향성과 종종 모순된다는 것 또한 크게 놀랍지 않다. 상담자를 통하여 자신의 길을 찾는 사람들에게는 자기실현을 향한 분투와 인간유기체의 기본경향성 사이에서 야기되는 충돌이 견디기 힘들 만큼의 긴장을 야기시킬 수 있다. 이제 떠오르는 질문은 왜 어떤 사람들에게는 자기실현을 위한 분투가 유기체적 통합과 거리가 멀어져야만 하는가의 문제다.

가치의 조건

인간본성에 대한 Rogers의 낙관적인 관점은 그가 상정한 유아의 기본 특성에서 잘 나타난다. Rogers는 유아기 초기단계부터 사람은 자기유기체를 실현해 가는 선천적 경향이 있으며, 자신이 경험하는 것이 바로 현실인 것처럼 인식한다고 보았다. 따라서 현실과 실현경향성의 상호작용에는 어떤 갈등도 일어나지 않는다. 오히려 이 두 가지는 잘 조화를 이루며 상호작용하는 것처럼 보인다. 왜냐하면 유아 스스로가 실현경향성에 준거한 유기체적 과정에 가치를 두기 때문이다. 이런 과정에서 유아는 자신의 경험이 자기유기체에 득이 되는지, 해가 되는지를 결정하는 데 어려움이 없다. 따라서 유아는 궁극적으로 자신에게 긍정적인 영향을 줄 만한 경험을 추구하고, 부정적인 영향을 줄 만한 경험을 피하게 된다. 간단히 말해서 유아는 타고난 동기체계와 유기체에게 필요한 것에 가치를 느끼게 되는 조정체계를 지니고 있다.

어떤 사람들에게는 큰 문제가 될 수 있는데, 실현경향성이 존재의 자각 속에서 상징화되는 개인경험의 일부분으로 귀결되는 분화로 이어질 때 문제가 시작된다. 즉, 유아는 타인과는 다르고 분리된 자기로 자신을 경험하기 시작한다. 점차 유아는 주로 중요한 타인들과의 관계를 통하여 양육과 보호를 요구하는 자기에 대한 개념이 생기기 시작한다.

자기에 대한 인식 혹은 의식이 발달하면서 극단적일 수 있는 새로운 욕구가 일어난다. 이 욕구는 1954년 Rogers의 동료인 Standal에 의해 처음으로 공식화되었다. Standal은 이것을 '긍정적 존중에 대한 욕구(need for positive regard)'라고 정의하였다. Standal은 이 욕구가 학습된 것인데, 학습된 것인지 아닌지가 중요한 게 아니라고 한다. 문제는 그 욕구가 많은 사람에게서 공통적으로 나타나고, Rogers의 말을 빌리자

면, '구석구석 스며 있으며, 집요하다(pervasive and persistent)'
라는 것이다. Rogers의 관점에 따르면, 이 욕구의 강도가 너
무 커서 성장하는 아이에게는 그 욕구를 빨리 만족시키는 것
이 곧바로 가장 큰 관심이 되기 시작한다. 사실 그 욕구는 너
무나 커서 이제 유기체 전체의 실현에 도움을 주는 경험보다
이 욕구를 만족시키는 것이 더 우선과제가 된다. 어떤 아동
은 운 좋게도 일관성 있게 주변 사람들의 보살핌을 받게 되어
이런 긍정적 존중의 욕구가 자연스레 충족된다. 그런 아동은
타인의 긍정적 존중을 받기 위하여 본인이 스스로의 유기체
적 욕구를 '무시할' 필요가 없다.

긍정적 존중에 대한 욕구와 결탁하여 시간이 지남에 따라
자기존중(self-regard)에 대한 욕구가 발달한다. 그런데 이
때 우리는 어느 정도까지 그리고 어떤 방법으로든지 자신
에 대하여 최소한의 좋은 느낌을 갖는 것이 필요하다. 이 욕
구가 충족되지 않으면 세상에서 제대로 살기가 힘들어진다.
Rogers와 그 동료들이 발견한 바로는 의미 있는 타인에게
서 긍정적 존중을 선택적으로만 받고 자란 사람들은 불행히
도 자기존중을 유지하기가 매우 힘들어진다. 평가적이고 인
정하는 데 인색한 사람들 혹은 모호하거나 갈등적인 신호를
주는 어른 밑에서 성장한 아이들은 고통스러울 만큼 심한 혼
란을 겪는다. 그들은 평생 불안해하고, 작은 사랑이나 애정
의 신호라도 구할 방법을 찾느라고 평생을 매달린다. 부모의

인정을 받을 수 있는 영역이 어떤 것인지를 알게 되고, 그 개인은 제한된 인정을 얻는 행동을 발달시키기 위한 방법을 알게 될지도 모른다. 예를 들면, 만일에 여자아이의 경우 자기가 책을 읽거나, 전혀 화를 내지 않거나, 옷을 먼지 하나 없이 깔끔하게 입는다면, 부모의 사랑을 얻을 수 있다는 걸 알아차릴지도 모른다. 이렇게 매우 제한된 틀 속에서만 긍정적인 존중을 받을지도 모르지만, 이 아이가 특별히 책 읽기를 싫어하거나, 심하게 화가 나거나, 진흙에서 구르고 싶다는 것을 알아차릴 때, 이런 것들은 허약하고 불안정한 자기존중으로 바뀔 가능성이 농후하다. 우리가 자신에 대하여 긍정적으로 느낄 수 있는 능력은 타인이 나에게 보여 주는 긍정적 존중의 질과 일관성에 달려 있다. 이것이 선택적일 경우(정도의 차이는 있지만, 우리 모두에게 적용될 것임에 틀림없다.) 우리는 Rogers가 말하는 가치의 조건(conditions of worth)의 희생자가 된다. 즉, 타인에게서 받는 존중이 크지 않다면, 우리 스스로 느끼는 자기존중도 선택적으로 된다. 우리는 사랑받고 존중받을 만한 가치가 있다고 타인이 일러 주는 방식대로 우리가 생각하고 느끼고 행동하는 조건에서만, 우리 눈에도 우리 스스로가 가치 있어 보인다. 이 전체적으로 유감스러운 과정은 결국 사람들에게 평가적이고 처벌적인 부모 혹은 대리부모에게서 배운 가치의 내면화를 유도하고, 실현을 위한 인간 유기체의 욕구와는 거의 혹은 전혀 관계가 없어진다. 다른 한편, 물론 소수에게 국한되기는 하지만, 긍정적 존중을 위한 고통스럽고 혼란스러운 추구는 자기존중이 완전히 결여된 개인적 무가치감으로 인한 심리적 불구자, 자신의 유기체적 뿌리로부터, 그리고 자기의식이 생기기 전에 접촉했던 가치 부여 과정으로부터 완전히 멀어진 사람을 낳게 된다. 자기에게 맞지 않는 가치를 지속적으로 받아들이게 될 때, 진정한 삶이 거의 불가능하도록 가치의 조건을 내면화시키는 결과를 초래한다.

긍정적 존중에 대한 욕구가 지나쳐서 사람들에게 나타나는 증거가 바로 지각된 자기(perceived self)와 전체 유기체의 실제경험(actual experience of the total organism) 간의 커다란 간격이다. 이렇게 큰 간격이 발생하는 것을 Rogers는 자기와 경험 간의 불일치라고 말한다. 이런 불일치는 심리적 유약함을 야기시킨다. 이런 개인은 자기의 실제경험을 인식할 때마다 혹은 자기 경험이 자기구조와 현재의 자기개념과 불일치한다고 예감할 때마다 불안과 혼란스러움을 겪게 된다. 이런 유형의 심리적 유약함을 지닌 개인은 자기개념을 위협하는 경험 앞에 놓였을 때, 방어적인 반응을 보이게 된다. 방어적인 행동에는 여러 형태가 있는데, Rogers는 왜곡 혹은 부정 방어반응이 가장 보편적이라고 하였다. 예를 들면, 긍정적 존중을 추구하는 아동은 이미 부모로부터 주입된 신념, 판단, 태도를 갖게 되는데, 대체로 그런 것들이 자기 경험에 대한 유기체의 자연스러운 반응과 상당히 거리가 먼 경우가 많다. 부모에게서 인정받는 경험이 특정 행동에만 국한되는 한 그런 아동은 가치의 조건들에서 자유롭지 못하고 종속되기 쉽다. 이런 상황에서 자기개념은 차츰 부모에게 수용되고 인정받을 만한 것들에 동조하는 형태를 띠게 된다. 예를 들면, 어떤 사람은 자기 스스로를 인내심 많고, 논리적이고, 침착하고, 편견이 없다고 평가할지도 모른다. 왜냐하면 그런 특성은 모두 부모가 높은 가치를 두는 특성들이기 때문이다. 이런 자기개념은 타인으로부터 인정받고 인생을 인내하게 만들어 줄지 모르지만, 그 사람의 자기존중은 그런 자기개념을 유지하는 데 매달려 있을 것이다. 참을 수 없거나 분노의 감정을 느끼게 될 때, 자기존중은 위협받게 될 것이다. 만약 그런 상황에 처한 개인이 스스로에게 위협적인 감정을 없애려고 다음과 같이 합리화한다면, 즉 비현실적으로 높은 자기기대 때문이었다거나, 타인의 행동이 난폭했기 때문에 그에 대응하기 위한 적절한 반응이었다고 생각한다면, 그것은 왜곡이라는 방어가 작동한 것이다. 부정은 타인에게는 그 사람의 말과 행동에서 뻔히 들여다보이는데도 불구하고, 자기내부에서 일어나는 견딜 수 없는 마음의 동요상태를 그 가능성조차 완전히 부인할 때 일어난다. 자기개념이 왜곡과 부정으로 한몫을 하는 수많은 가치의 조건에 의하여 둘러싸여 있으면, 그런 사람의 내면에는 분명히 심리적 장애가 출현할 기미가 있다. 그런데 동시에 확실한 것은 그런 혼란에 빠진 개인이 자신의 심리장애를 거의 혹은 전혀 인식하지 못한다는 것이다. 다른 사람들에게도 그들의 장애가 반드시 들킨다는 보장이 없다. 왜냐하면 그들은 '자기기만'이라는 엄격한 행동을 유지하고, 심지어 그런 행동을 부추기는 데 막대한 관심을 쏟기 때문이다.

평가의 소재

긍정적 존중을 추구하는 사람들은 그들 자신의 평가를 전혀 신뢰하지 않는 수많은 가치의 조건을 내면화시키도록 강요받아 왔다. 더구나 어떤 성공적인 모습으로 세상에 비추어지든 상관없이 그들은 낮은 자존감을 붙들고 있는 것처럼 보이며, 적절한 결정을 내리거나 만족스런 행동을 선택할 수 있는 자신의 능력을 믿지 못한다. Rogers의 용어에 따르면, 그런 사람들은 평가하는 역할을 수행할 내면화된 소재지가 결핍된 상태라고 한다. 이렇게 다소 세련되지 못한 용어는 가치와 의미에 관한 증거나 평가의 출처를 나타낼 때 사용된다. 왜곡된 자기실현 때문에 실현경향성과 접촉하지 못한 개인은 더 이상 본인 스스로가 가치 부여 과정의 중심에 있지 못한다. 그런 사람은 자신의 감각이 알려 주는 증거는 믿지 못하고, 대신에 어떤 대상이나 경험에 가치를 매길 때 끊임없이 타인의 평가에 의존하다.

여러 면에서 평가에 대한 외부소재의 의존도가 심리장애의 출현을 측정하는 신뢰할 만한 준거가 된다. 심리장애를 겪는 사람들은 내부소재의 결핍을 끊임없이 드러내고, 필사적으로 외부의 힘 있는 사람에게 향하거나 혹은 결정의 마비상태에 갇혀 있는 자신의 모습을 발견한다. 간단히 요약하면, Rogers는 타인으로부터의 긍정적 존중, 그리고 그에 따른 자기존중에 대한 기본적 욕구의 부적절한 만족으로 인하여 유발된 크고 작은 정도의 소외를 장애라고 개념화하였다. 불행하게도 주변에서 인정해 주는 데 매우 평가적이고 인색한 중요 타인들에게서 키워진 사람들은 대개 부정적이고 거짓된 자기개념을 발달시키게 되며, 그들은 당연히 자율적인 사람으로서 갖춰야 할 내부의 평가소재를 유지시키고 키워 나가지 못할 것이다.

충분히 기능하는 사람

Rogers는 성격이론을 중요시하지 않으며, 인간발달에 관하여 모호한 관점을 제공하고 있다는 비난을 종종 받아 왔다. 하지만 그와 같은 비난은 단지 오해에 불과하다. 전적으로 임상경험에 기초한 그의 이론은 분명할 뿐만 아니라 오히려 호소력이 있다. Rogers의 이론은 비교적 덜 복잡하고, 검증조차 힘든 무의식의 개념을 심리학적 가정에서 엄격하게 배제시키고 있다. 그가 제시하는 성격이론은 적절한 심리적 조건만 갖춰지면 개인은 자신이 어떻게, 왜 불편한지를 알게 된다는 확고한 신념의 산물이다. 이와 같은 발견은 진정한 인간이 된다는 것이 어떤 의미인지, 그리고 최상의 기능을 위하여 자신과 타인의 내면에 있는 자원을 개발하고 소중히 여기는 가장 좋은 방법이 무엇인지를 이해하게 해준다.

Rogers는 진정으로 자신의 내담자에게서 새로운 존재방식을 향한 움직임을 종종 목격하였다. 이런 움직임은 적어도 얼마간이라도 운 좋게, 자신의 가장 깊은 경험과 느낌에 접촉하도록 하여 자기개념의 출현을 촉진시키는 환경 속에서 살아온 심리적으로 건강한 사람의 행동을 엄밀하게 반영하고 있다고, 그는 믿었다.

Rogers가 살펴본 바에 따르면, 그런 사람들은 성숙한 행동을 보이는 것이 어떤 의미인지를 보여 준다. 1959년에 Rogers가 내린 정의에 따르면, "'성숙한 행동'이란 현실적으로 인식하는 능력, 자기행동에 대한 책임을 수용하는 능력, 자신의 감각으로 부터 얻은 증거에 따라 경험을 평가하는 능력, 경험에 대한 평가를 새로운 증거가 생기면 바꾸는 능력, 타인을 자신과 다른 독특한 개체로 받아들이는 능력, 자신과 타인을 존중하는 능력"이다(Rogers, 1959: 207). 더 나아가서 Rogers는 이런 성숙의 개념을 '충분히 기능하는 사람(fully functioning person)'의 관점에 포함시켰다. 비록 사람이 결코 도달할 수 없는 이상적인 형태일수도 있지만, Rogers는 기능하는 인간의 모습을 결코 가공적인 공상의 세계에서 찾은 것이 아니다. 심리치료자로서 언제나 임상경험에서 자신이 직접 수집한 자료에 근거하여 찾아낸 개념이다. 그는 다음과 같이 기술하였다.

> 이런 관점들은 …… 경험적 혹은 실험적 근거에 기초하고 있다. 나는 좋은 삶이란 과연 어떤 것인지를 실제로 장애와 문제를 겪는 사람들이 그런 좋은 삶을 얻기 위하여 분투하는 과정에 직접 참여하고 관찰하면서 배우게 되었다(Rogers, 1961: 184).

'충분히 기능하는 사람'의 첫 번째 특성이면서 가장 중요한 것은 경험에 대한 개방성의 증가다. 그런 사람들은 자신과 타인에게 귀를 기울일 수 있고, 어떤 일이 일어나고 있는지 경험하기 위하여 두려움 없이 자신을 그 경험에 그대로 노출시킬 수 있다. 두 번째로, 그들은 현재에 충실히 살 수 있고, 자신이 사는 매 순간에 주의를 기울이는 능력이 있다. 이런 식으로 그들은 경험을 두려워하기보다 오히려 자기 경험을 믿을 준비가 되어 있다. 그 결과, 방어벽으로 두꺼워진 자기개념에 혹은 예상된 현실구조에 맞추기 위하여 자기 경험을 어떤 식으로든 왜곡시키는 것이 아니라, 오히려 자기 경험이 성격형성의 기본 바탕이 되도록 만든다. 세 번째 특성은 유기체에 대한 신뢰다. 이것은 타인의 부정적 평가의 희생양이 된 사람에게는 결정적으로 결여되어 있다. 충분히 기능하는 사람은 주어진 상황에서 어떻게 반응하고 어떤 행동을 할 것인지 결정할 때, 자신의 유기체적 경험, 즉 자신의 느낌을 최우선 자료로 간주한다. 그들은 어떤 행동을 결정할 때, 권위 있는 외부지침의 영향을 덜 받으며, 타인에게 의사결정을 맡기는 일이 드물다. 그와 같은 자기신뢰는 개인적 자유감을 경험하도록 만들며, 자신의 행동과 결과에 대하여 책임지는 능력으로 이끈다.

　Rogers의 관점에서 보면, 성숙한 사람은 높은 수준의 자율성을 경험하며, 운명이나 주변 여건 혹은 심지어 유전인자에 갇힌 느낌을 갖지 않는다. 오히려 자유로운 주체라는 느낌을 지니며, 이런 느낌은 종종 변화하는 상황에 적응하고 대처할 창의적인 아이디어를 내거나 상상력이 풍부한 과제를 시작할 수 있는 능력으로 이끈다. 그 특성상 충분히 기능하는 사람은 전통적이고 순응적인 역할에 갇혀 있지 않으며, 동시에 그들은 눈에 띄게 기이하거나 진보적인 특성 때문에 사회에서 배척당하는 방식이 아닌, 오히려 사회와 조화를 이루는 방식으로 관계 맺어 나간다.

　Rogers의 인간발달에 대한 관점과 충분히 기능하는 사람에 대한 개념, 이 두 가지는 모두 임상실제로부터 발전한 것이며, 그 내용은 모두 분명하게 인간본성의 발달과 과정 이론에 속한다. 많은 실존주의 사상가와 마찬가지로 Rogers는 어떤 측면에서, 인간은 자신이 경험하는 모든 것과 잘 조화를 이루기 위하여 자기개념을 재구조·재조직할 수 있는 자연스러운 성향과 능력을 소지하고 있다고 믿었다. 바로 이 능력이 개인을 심리적 부적응 혹은 적응장애 상태에서 벗어나게 만들어 준다. 앞서 언급한 충분히 정교해진 심리치료와 성격이론에서 Rogers는 자신이 이 개념들을 어떻게 이해했는지 정확한 용어로 정의하였다. 심리적 부적응은 유기체가 중요한 경험의 자각을 부정하거나 왜곡시킬 때 일어난다. 결과적으로, 자기구조의 전체 속에 정확히 표상되지 않거나 혹은 조직되지 않아서 결국 자기와 경험 간에 부조화가 일어나게 된다(Rogers, 1959: 204). 한편, 심리적 적응은 '모든 경험을 자기구조의 전체 속에 상징적 수준으로 흡수시켰을 때, 그런 상태의 자기개념을 지니고 있을 때 일어난다. 따라서 최적의 심리적 적응은 자기와 경험 간에 완전한 일치 혹은 경험에 대한 완전한 개방을 의미한다'(Rogers, 1959: 206).

Rogers가 지각한 바에 의하면, 부적응상태에서 적응상태로 향하는 움직임은 치료관계 속에서 일어나며, Rogers는 이것을 경외하는 마음으로 자주 언급하였다. 점점 더 기적 같고 예언 가능한 과정으로 여겨지면서 빠져든 흥분 때문에 결국 그런 움직임을 가능하도록 만드는 치료관계가 무엇인지를 찾아내지 않고는 못 배기게 되었다. 과학자 성향이 강한 그는 반드시 찾아내야만 했다. 더구나 심리치료의 실제가 직관적인 일에서 벗어나 목적 있는 노력으로 발전할 수 있는 길은 오직 그런 지식을 통해서 뿐이었다. 사건의 순서가 중요하다. Rogers는 치료자 자신의 경험과 내담자의 경험에 대한 신뢰에서 출발하였다. 그리고 그 신뢰가 내담자를 더 창의적인 존재로 바꾸어 가는 과정에서 어떤 역할을 하는지를 밝혀내었다. 그렇게 하면, 과학적 접근을 하는 학자들은 단지 그 과정의 특성이 무엇이며, 그 중요요인이 무엇인지를 찾아내기만 하면 되는 것이다. 이와 같은 발견은 심리치료 전반에 지대한 영향을 미치게 되었으며, 아마도 Rogers의 가장 위대한 업적은 우리가 치료관계를 이해하도록 도와준 것이 아닌가 생각한다.

핵심조건

과거에 심리치료 분야에서 이루어졌던 그 어떤 연구물보다 더 많은 연구의 연구를 거듭한 후인 1959년, Rogers는 치료의 변화를 증진시키는 심리적 · 촉진적 분위기의 구성요소가 무엇인지에 대한 결론을 제시하였다. Ruth Sanford와 공동 저술하여 출판된 글을 보면(Rogers & Sanford, 1989), Rogers는 자신의 초기이론을 끝까지 믿었다는 것을 알 수 있다. 그 이론은 사실 특이할 정도로 간결하였으며, 이로 인하여 Rogers는 이론을 지나치게 단순화시켰다는 비난을 받았다.

첫 번째 요소는 내담자와 관계있으며 그것은 확실히 명확한 것 같다. Rogers 주장에 따르면, 내담자는 스스로를 불안하게 만드는, 적어도 어느 정도의 불일치를 경험한다. 이렇게 분명히 드러나는 조건이 내담자를 심리치료에 임하게 만드는 결정적 준거가 된다. 이 조건은 적어도 내담자 입장에서의 불편함, 자신의 경험과 자기개념 간의 불일치, 이 두 가지에 대한 최소한의 자각을 필요로 한다. 반대로, 심리치료자는 내담자와의 치료관계에서 일치성을 지니면서 자기 자신에 대한 상, 즉 자기를 표현하는 방식과 자기 스스로를 보는 방식, 그리고 외부현실 간의 조화를 경험한다. 둘째로, 치료자는 내담자를 수용하고 존중하는 태도를 지니며, 그것을 드러낸다. 셋째로, 치료자는 내담자의 내적 · 외적 현실을 마치 내담자의 눈을 통해 바라보듯이 공감적인 이해를 한다. 마지막으로, Rogers는 또 하나의 분명한 조건에 관심을 표명하였다. 그는 치료자의 일치성, 수용 그리고 공감적 이해를 내담자가 조금이라도 인식할 필요가 있다고 말한다. 심리적 촉진관계를 간단히 분석함으로써 Rogers는 40년 전부터 오늘에 이르기까지 치료관계에 대한 혁신적이면서 여전히 논란의 여지가 있는 관점을 제공하고 있다. 일치성, 수용 그리고 공감이라는 '핵심조건'은 말하기는 간단하지만, 설명하려면 더 복잡하고, 실제치료에 적용하려면 훨씬 더 어려워진다.

일치성

Rogers는 일치성(congruence) 혹은 꾸밈이나 거짓 없는 진실성(genuiness)이 치료적 성장을 높이는 태도 중에서 가장 기본조건이라 하였다. 일치성이란 치료자가 전문가의 역할을 가장하여 역할 뒤로 자신을 숨기려 하지 않고, 치료관계에서 꾸밈없이 자신의 있는 그대로의 모습으로 존재하는 것을 의미한다. 그런데 그와 같은 일치성은 치료자가 최상의 자기인식을 유지할 수 있는 능력에 달려 있다. 치료자는 경험적 혹은 직관적(visceral: Rogers가 매우 좋아했던 단어) 수준에서 느껴진 것과 끊임없이 접촉하기를 바라며, 적절한 때 내담자와 직접적인 의사소통을 하기 위하여 분명히 인식 속에 존재하는 이런 감정을 잡고 싶어 한다. 이런 의미에서 치료자는 내담자에게 투명하게 비추어지고, 치료자 마음속에 흐르는 생각, 감정 그리고 태도를 소유하며, 필요하면 표현할 수 있다. 이런 조건에 도달하는 것이 결코 쉬운 일은 아니다. 왜냐하면 치료자는 비록 자기개념에 위협적인 경험을 하게 되더라도 자기내면에서 일어나는 경험을 끊임없이 개방적으로 인식할 수 있어야 가능하기 때문이다. 사실 치료자는 일치성을 유지하는 데 도전을 받게 되는데, 이는 치료자가 달갑지 않고 이질감이 느껴지는 감정과 생각까지 자기개념 속에 정확하게 넣어 표상시킨다는 것이 쉽지 않기 때문이다. 치료자는 특히 어떤 경우에도 내담자의 행동과 어조에서 종종 추론될 수 있는 부정적인 생각, 느낌 그리고 태도를 알아차릴 필요가 있으며, 그것은 긍정적인 것만큼이나 표현이 용이한 것으로 여겨져야 한다. 솔직함(realness)에 대한 강조는 치료관계에 대하여 전통적 관념에 사로잡혀 있던 그 시대의 치료자들에게 정말 기이하게 보였을 뿐만 아니라 종종 오해의 소지가 있었다. 이 솔직함의 의미는 치료자가 느끼고 염려하는 것을 내담자에게 모두 쏟아 놓는 것도 아니고, 그냥 지나칠 수 있는 태도나 직관적인 생각을 내담자에게 충동적으로 불쑥 말해 버리는 것도 아니다. 여기서 의미하는 솔직함이란, 치료자가 자기 내면에 흐르고 있는 경험과 항상 접촉하고, 때로는 불편하고 혼란스러운 경험을 자각하게 되더라도 이를 부정하지 않으려 애쓰는 것이다. 일치성은 치료관계에서 끊임없이 일어나는 다양한 감정을 막지 않고, 있는 그대로 소유하고 표현하려는 의지를 요구한다. 일치성은 치료자가 전문가로서의 역할 혹은 치료과정을 신비스럽게 만들어 대단히 전문적인 것처럼 나타내고자 하는, 즉 전문성이라는 가면 뒤에서 은신처를 찾으려는 유혹과 항상 맞서는 것이다.

수용

인간에게 보편적이면서 구석구석 스며 있으며 집요하다고 Rogers가 믿었던 긍정적 존중에 대한 기본욕구는 치료받으러 오는 대다수의 사람에게는 아주 약간 채워졌거나 혹은 거의 채워져 있지 않다. 따라서 그런 개인이 자신을 받아들이기 위해서는 치료자에게 긍정적 존중을 받는 것이 결정적으로 중요하다. '무조건적 긍정적 존중'이라는 용어로 부가 설명된 Rogers의 수용(acceptance)이라는 개념은 내담자의 생각, 느낌 혹은 행동에 대한 어떤 판단이나 평가로 인하여 전혀 오염되지 않은 치료자의 돌봄을 의미한다. 치료자는 내담자의 어떤 측면을 수용하지 않거나 혹은 어떤 측면을 거부하기도 한다. 치료자는 내담자에 대하여 외향적, 긍정적, 비소유적인 따뜻함을 경험하는데, 이 경험은 흉내 낼 수 있는 것이 아니다. 이와 같은 수용은 내담자의 감정과 태도를 적대감과 무감동에서부터 사랑과 기쁨에 이르기까지 전 영역으로 확장한다. 신기하게도 어떤 치료자에게는 내담자의 부정적인 감정보다 긍정적인 감정을 무조건 수용하는 것이 더 어려운 것 같다. 이런 이상한 현상에 대하여 Rogers는 다음과 같이 말한다(Rogers & Sanford, 1989).

내담자를 무조건적으로 수용하지 못하는 유형의 인간-중심 치료자가 추구하는 배려는 단지 '속임수' 관심에 불과하다. 치료관계에서는 내담자가 어떤 사람인지에 대하여 내담자 스스로가 말하는 그대로 받아들여져야 한다. 치료자는 그들이 말하는 게 사실이 아닐지도 모른다는 의구심에서 벗어나야 한다. 이렇게 순수하게 받아들이는 태도는 치료자가 바보라는 표시가 아니다. 그것은 내담자와 신뢰를 구축하고, 내담자의 더 깊은 탐색을 도와주고, 잘못된 생각을 내담자 스스로 바로잡도록 도와주는 태도다. 이런 일련의 단계를 거치는 수용은 치료관계에서 결코 쉽게 일어나지 않는다. 왜냐하면 이런 수용이 일어나려면 치료자가 바라는 모습으로서의 내담자가 아니라, 하나의 인간으로서 있는 그대로의 내담자를 치료자가 정말 마음속 깊은 곳에서부터 받아들일 수 있는 능력이 요구되기 때문이다. 만약 방어적이고, 공격적이며, 쉽게 상처받을 만큼 유약하면서 갈등을 겪고 있는 사람들이 성장하기 위한 잠재력을 자기내면으로부터 끌어내려면(아마 어린 시절에 접촉할 기회를 놓쳤을 가능성이 농후한데), 무조건적 긍정적 존중이라는 치료적 에너지가 필요하다.

공감

Rogers는 공감(empathy)에 관한 글을 광범위하게 남겼으며, 공감은 앞의 세 가지 '핵심조건' 중에서 가장 훈련 가능한 것임을 암시하였다. 내담자의 주관적 지각세계에 대한 Rogers의 지대한 관심은 내담자들이 자신과 자기세계를 바라보는 방식 그대로 치료자가 내담자를 이해하는 것이 절대적으로 필요하다는 것을 강조하게 만들었다. 왜냐하면 오직 그런 이해를 통해서만이 치료자는 내담자가 자기개념 안에서 일어나는 미묘한 변화를 긍정적인 발달로 촉진시킬 수 있기 때문이다. 이런 이해가 일어나려면 두려움 없이 내담자의 개인적인 지각세계에 들어가 온전히 대화 나눌 수 있는 치료자의 의지와 능력이 필요하다. Rogers는 공감에 대하여 다음과 같이 기술하였다.

공감은 그것이 공포, 분노, 아픔, 혼란, 그 무엇이던 간에 타인의 내면에서 순간순간 변화하는 느낌에 민감해지는 것을 포함한다. 그것은 그/그녀의 삶 속에서 판단 없이 세심하게 따르면서, 그/그녀가 가까스로 인식하는 것의 의미를 감지하면서, 하지만 그 사람이 전혀 인식 못하는 감정은 들춰내면 너무 위협적일 수 있으니 들춰내지 않으면서 일시적으로 사는 것을 의미한다. 공감은 그/그녀의 세계에 대한 당신의 느낌을 나누는 것도 포함하는데, 왜냐하면 당신은 그 사람이 두려워하는 요소들을 두려움 없이 새롭게 바라볼 수 있기 때문이다. 그것은 당신이 감지하는 것이 얼마나 정확한지 그/그녀에게 자주 확인하고, 당신이 받은 반응에 의해 방향 지워지는 것을 의미한다. 당신은 그 사람에게 그/그녀의 내면세계 안에서 확실한 동반자다(Rogers, 1980: 142).

만일에 어떤 치료자라도 기이하거나 심지어 무시무시한 영역으로 드러날지도 모르는 예측 불허한 타인의 세계에 길 잃을 두려움 없이 덥석 들어갈 만큼 충분히 안정된 정체감을 지니고 있지 않다면, 이런 치료의 변화과정에 '자신 있는 동반자'가 될 수 없다. Rogers가 말했듯이, 공감은 항상 '마치 ~일 것처럼'의 특성이 있다. 치료자는 자신의 정신적 지주로 되돌아갈 능력을 상실하지 않은 채 '마치 자신의 세계에 들어가는 것처럼' 내담자의 세계로 들어간다.

Rogers가 작고하기 직전인 1986년, 그는 공감이라는 주제로 다시 되돌아갔다. 정신분석가인 Heinz Kohut이 말하는 공감과 자신이 사용하는 공감을 비교하는 글에서 Rogers는 Kohut이 공감을 단지 환자의 내면생활에 대한 '정보수집'의 수단으로 차갑고 비인격적으로 사용하는 데 혐오감을 표시하였다. 이에 반하여 Rogers는 공감은 그 자체로 강력한 치료인자가 들어 있다는 자신의 확신을 최대한 강한 어조로 재차 강조하였다. Rogers의 글에 따르면, '공감은 치료의 가장 강력한 국면 중의 하나다. 왜냐하면 공감은 내담자를 해방시켜 주고, 확인시켜 주고, 심지어 가장 공포에 질린 내담자라 할지라도 다시 인간으로 되돌려 주기 때문이다. 만일 어떤 개인이 이해받을 수 있다면, 그/그녀는 이미 소속해 있는 것이다'(Rogers, 1986c: 129). 이는 Rogers의 신념을 드러내기에 충분히 강력한 표현이다. 그의 관점에서 볼 때, 수많은 치료자의 전문가 준비과정에서 훈련 가능한 공감이 소홀히 다루어지는 것에 대하여 Rogers가 종종 애석해했던 것은 어찌 보면 놀랄만한 일이 아니다.

추가적인 '특성'

만일 치료자가 일치성, 수용, 공감이 모두 포함된 촉진적인 분위기를 제공할 수 있고, 내담자가 그런 분위기를 조금이라도 알아차릴 수 있다면, 치료의 움직임이 일어나리라는 것이 바로 Rogers가 40년 이상 확고하게 지켜온 주장이다. Rogers에 따르면, 이 세 가지 조건은 효과적인 치료를 위한 필요조건일 뿐만 아니라 충분조건이기도 하다. 그 분위기에서 내담자는 자기이해를 위하여 점차 자기내면의 자원과 접촉하게 될 것이며, 자기개념을 변화시켜 삶의 방향을 이어가게 될 것이다. 치료적 변화를 위한 필요충분조건에 대한 그의 관점은 앞서 언급했던 Rogers 유고논문에서도(Rogers & Sanford, 1989) 크게 벗어나지 않았다. 다만, 흥미로운 사실은 Rogers가 새로 착수하여 2년 전에 이미 출판되었던 논문이 그 유고논문에 인용되지 않았다는 것이다.

그 논문 1장의 마지막 부분에서는 신비롭고 영적인 차원의 존재에 대하여 인정하고 있다(Rogers, 1986b). 이런 맥락에서 우리가 이미 잘 알고 있는 핵심조건 세 가지를 신속하게 살펴본 후에 Rogers는 '또 하나의 특성'에 관해 잠정적으로 말하였다. 이것은 두말할 여지 없이 Rogers가 또 하나의 특성을 일치성, 수용, 공감과 비교될 만큼 중요하게 간주하고 있다는 뜻이다. 그 내용을 그대로 인용하면 다음과 같다.

나는 내가 집단상담의 촉진자 혹은 심리치료자로서 최상의 역할을 수행하고 있을 때, 또 다른 특성을 발견한다. 내가 나의 내면의 직관적 자기와 가장 가까워질 때, 나에게도 알려지지 않은 미지의 세계에 접하게 될 때, 아마도 치료관계에서 약간의 의식전환 상태(altered state of consciousness)에 처하게 될 때, 나는 내가 무엇을 하든 굉장히 치료적으로 되는 것 같다. 그때는 오직 나의 존재(presence) 자체가 자유로워지면서 내담자에게 도움이 된다. 이런 경험을 강제로 이끌어 내기 위하여 내가 할 수 있는 것은 아무것도 없다. 단지 내가 충분히 이완되어 있고 나 자신의 초월적인 중심과 가까워질 수 있으면, 나는 치료관계에서 좀 생소하지만 감정이 흐르는 대로 행동하는 것 같다. 뭔가 이성적으로 설명할 수 없는 방식, 사고의 흐름과는 전혀 무관한 방식으로 행동하는 것 같다. 그러나 이런 생소한 행동은 이상하게도 결국은 적절한 것으로 밝혀진다. 그런 순간에 내 안의 영혼이 상대 안의 영혼에 닿아서 접촉하는 것 같다. 우리 관계가 그 자체를 초월하여 더 큰 영역의 일부가 된다. 그때 심오한 성장, 치유 그리고 에너지가 실재한다(Rogers, 1986b: 198).

이 글은 아마 Rogers가 쉽게 흘러가듯이 쓴 것 같지는 않다. 이 글 속에서 그는 몇 년 전까지만 해도 거의 믿지 않았을 법한 실재(reality)의 영역에 대하여 언급하고 있다. 아마 그는 작고하기 전에 경험적 연구를 수행할 수 없었기 때문에 그 개념을 더 발전시키지는 못한 것 같다. 하지만 나는 그가 만일 좀 더 살았더라면, 앞의 글에서 언급했던 '존재(presence)'의 본질에 대하여 Rogers로부터 더 많은 것을 들을 수 있었으며, 그 결과로 인간-중심 치료의 이론과 실제, 두 영역에 중대한 수정작업이 뒤따라 일어났을지도 모른다고 믿는다.

치료의 과정

핵심조건들의 존재는 비록 그것이 항상 똑같은 속도로 일어나거나 혹은 같은 심리적 거리감을 해결해 주는 것이 아닐지라도 Rogers가 예측 가능하고 필요불가결하다고 본 방향성 있는 과정을 준비시킨다. 결국 자신의 발달과정에서 얻고 싶은 것이 무엇인지를 판단하는 장본인은 바로 내담자 자신이며, 모든 내담자가 동일한 영역의 목표를 설정하지도 않을 것이다. 어떤 내담자는 견디기 힘든 심리적 고통을 줄이는 것만으로도 충분하지만, 이에 반해 어떤 내담자의 궁극적인 목적은 치료의 초기단계에 제안된 기대보다 훨씬 더 높은 수준으로 기능하는 것일 수도 있다. 보통 치료의 시작단계에서는 내담자의 자기개념이 빈약하고 자기에 대하여 부정적인 평가를 강화하는 행동을 나타내는데, 통상적으로 치료가 잘 진행될 때 내담자는 자기개념이 바뀌기 시작하면서 전체 유기체의 본질적 가치에 좀 더 가까이 접근하는 상태로까지 변화해 간다. 자기개념이 더 긍정적인 관점으로 바뀌면서 내담자의 행동은 개선되고 자신에 대한 인식은 훨씬 더 커지기 시작한다.

　Rogers는 그 핵심조건들의 영향력에 대하여 너무나 확신하기 때문에 '만일 ~하면'이라는 문장을 자주 사용하였다. 만일 그 조건들만 존재하면, 치료과정은 뒤따라 일어난다. 한때, Rogers는 직접 내담자와의 경험에서 확인한 과정의 단계들을 대표하는 실례를 제시하기도 하였다. 그의 마지막 논문은 그런 내용을 제공해 주고, 치료과정에 내재하는 변화들을 명확하게 설명해 준다. 결정적으로 중요한 것은 내담자가 일치성 능력을 향상시키는 것이다. 왜냐하면 그 능력이야말로 경험에 좀 더 개방적으로, 그리고 더 많은 자료를 더 정확하게 받아들일 수 있도록 해 주기 때문이다(Rogers & Sanford, 1989: 1493). 또한 일치성은 내담자를 더 자신감 넘치고, 자기주도적 · 자기활력적인 사람이 되도록 선택의 소재지를 점차 내부에 위치하게 해 준다. 무엇보다 중요한 것은 일치성의 능력이 형성되면, 수많은 가치가 유기체에 정말 이로운 경험 혹은 해로운 경험인지를 구별할 수 있는 유기체적 가치 부여 과정에 의하여 평가된다. 비록 경험하고 있는 것이 고통스럽고 좌절감을 안겨 주더라도, 결국 긍정적이며, 건설적이며, 유용한 안내자로 간주될 수 있는 것은 경험, 그 자체다. 이런 점에서 자신의 경험을 신뢰할 때만 개인은 더 성숙해지며, 자기통제력이 생기고, 타인과 효과적이고 친밀한 관계를 맺을 수 있다는 것은 의심의 여지가 없다.

결론

지금까지 살펴본 것처럼, Rogers는 단지 반복된 경험을 통하여 이론적 틀에 도달하였으며, 그는 연구를 통하여 그 이론적 틀의 타당성을 검증할 수 있었다. 각각의 경우, 상담과정에 대한 모니터링과 명료화를 거쳐 이론이 발전되었다는 것은 정말 놀라운 일이다. Rogers가 경험에 대한 개방성을 거듭 강조한 이유는, '왜'라는 질문보다는 '무엇을' '어떻게'를 추구하고자 했기 때문이다. Rogers는 내적 경험의 본질을 탐색하고, 개인의 내면과 개인 간의 관계에서 무슨 일이 일어나고 있는지를 알아내는 데 관심이 있었다. 그에게는 무엇을 느끼고, 어떤 상호작용을 경험하는지를 밝혀내는 것이 왜 그런 과정이 일어나는지를 밝혀내는 것보다 훨씬 더 중요하였다. 실현경향성과 자기실현과 같은 개념들은 단지 Rogers와 그 외 동료들이 인간본성과 인간발달에 대한 선입견 없이 그들 스스로와 내담자를 신뢰할 수 있을 때 반복적으로 경험할 수 있었던 주관적 과정에 설명을 제공하기 위한 시도였다.

Rogers는 1959년에 이론을 자세히 공개하면서 주관성이 근본적으로 우세하다는 자신의 믿음을 강조하였다. 더 나아가서, 물론 객관적인 진실이라는 것이 존재할 수도 있겠지만 그것은 실상 우리가 결코 알아낼 수 없다고 덧붙였다. Rogers는 계속해서 "과학적 지식 같은 것은 존재하지 않는다. 단지 그런 과학적 지식이 특정한 개인에게 어떻게 보이는지, 즉 개인의 인식만이 존재할 뿐이다."(Rogers, 1959: 192)라고 부연하였다.

주관적 경험의 가치와 이해를 깊이 있게 다루면서 조심스럽게 이론적 틀에 접근한 것은 시사하는 바가 크다. 본래 Rogers는 치료적 관계의 과정 안에서 자신과 내담자의 경험을 가능한 한 개방하는 데 관심이 있었다. 그것은 치료자인 자신의 관점보다 내담자의 관점에서 내담자의 내면세계를 이해하려는 커다란 노력이 숨어 있었다. 따라서 치료의 기본 자료는 치료자와 내담자가 그들 스스로의 틀 속에서, 그리고 상호작용하는 과정에서 그들이 경험하는 주관적 세계라고 묘사될 수 있다. 성격변화와 심리치료 이론은 기본적으로 상처받기 쉽거나 불안한 내담자가 기본적으로 통합된 치료자에게 도움을 청하여 두 개(치료자와 내담자)의 주관적 세계가 만나는 과정 속에서 일어난 경험적 자료에 근거하여 구축되었다. Rogers는 이 경험적 자료를 치료현상으로 묘사했고, 그의 이론은 이 현상들에 대한 규칙과 설명을 부여하기 위한 시도였다. 이론은 어떤 현상이 일어나고, 그 현상이 어떻게 일어나는지를 묘사하려 한다. 인간성격의 본질과 인간행동의 역동에 관한 현상 뒤에 따른 가설들은 경험적 자료를 이해하고자 한 추가적인 노력이다. 그 가설들은 '왜'라는 질문에 대한 임시답변이다. 간단히 말해서, 치료관계의 본질과 그 관계 속에서 일어나는 성격변화 과정에 대한 Rogers의 이론은 인간의 성격과 행동의 본질에 대한 가설을 성립시킨다. 그는 처음부터 인간이 자신의 유기체 전체를 실현하려는 경향이 있어 앞으로 나아가고자 하는 창조물이라고 말한 것은 아니다. 대신 Rogers는 치료관계에서 치료자와 내담자가 그들의 주관적 경험과 지각을 중요시할 때 그들 스스로 발견하게 됨에 따라, 자연 질서의 다른 영역에서 관찰되는 것처럼 인간유기체에서도 실현경향성이 나타난다는 가설을 지지하게 된다고 조심스레 주장한다. 그는 한걸음 더 나아가서 가정하기를, 그런 경향성은 종종 정확히 감지할 수 없는데, 그 이유는 바로 최상의 치료적 관계가 가능해질 수 있는 방식으로 주관적 경험의 가치가 평가되고 소중히 여겨지는 것이 아니라, 오히려 주관적 경험이 적대적인 평가를 받기 때문이다. 비평과 적대적인 평가는 전체 유기체의 실현경향성을 거스르는 가치조건들과 자아실현 과정으로 이어진다. 중요한 문제는 출발점이 경험이라는 것인데, Rogers에 따르면, '잠재적으로 인식 가능한 어떤 순간에 유기체라는 봉투 안에서 진행되는 모든 것이 경험이다'(Rogers, 1959: 197).

Rogers는 Freud가 그의 추종자들에게서 받은 무례한 대우에 대하여 여러 차례 심심한 유감을 표현하였다. 그는 Freud의 연구를 읽으면서, Freud는 새로운 인식과 경험에 개방적이라고 결론 내렸으며, 그의 이론이 창의적이지만 임의적인 개념에 불과하며 그 이상은 아니라고 보았다. 그런데 Freud의 불안정한 제자들은 Freud의 이론을 움켜쥐고 놀라우리만큼 경직된 교리로 재빨리 전환시켰다. Freud의 이론을 그렇게 경직되게 만든 것은 결국 Freud에게 큰 해가 되는 일이며, 뿐만 아니라 어떤 이론도 새로운 경험에 대한 개방적인 대응을 방해하거나 익숙한 경험이라도 새로운 방식으로의 인식을 저해한다면 위험의 소지가 있다고 Rogers는 강조하였다. Rogers는 단지 한 개의 문장이면 모든 이론에 정확하게 적용될 수 있으리라 믿었다; 그는 이론으로 일단 공식화되면, 각 이론은 수많은 엉터리 혹은 잘못된 추론을 중시하게 된다고 믿었다. Rogers는 진정으로 위대한 학자였지만, 경험의 신비 앞에서는 절대적으로 겸손한 입장을 취하였으며, 거미줄같이 가는 실 이론이 추종자들에 의하여 '독단적인 학설'로 짜

여 변형되었던 Freud의 운명을 밟지 않게 되기를 바란다는
말을 남겼다(Rogers, 1959: 191).

3 실제 측면에서 Rogers의 주요한 공헌

『인간-중심 리뷰(Person-Centered Review)』에서 내담자-
중심 치료 15주기 기념 특집호를 발간하였는데, David Cain
은 편집논평에서 "Rogers가 심리학, 심리치료 그리고 교육과
인간관계 전반에 걸쳐 미친 영향은 중대하고, 설득력 있으며,
간접적 혹은 알기 힘든 것으로 다양하게 묘사될 수 있다."라
고 비평하였다(Cain, 1990: 357). Rogers의 여러 가지 이론적
개념은 그 기원(예: 자기개념, 긍정적 존중)에 대한 아무런 인식
도 없이 일상적인 심리적 말투 속에 흡수되어 온 것은 사실이
며, 내담자-중심 치료의 초기단계에서 혁신적이라고 간주되
었던 것들은 지금 여러 유형의 치료학파로서 활동하는 전문
가들에게 외관상으로는 당연하게 받아들여지고 있다. 이러
한 사실은 일부 치료자로 하여금 전혀 다른 이름으로 활동하
는 치료자들까지도 누구나 그들이 진짜 치료의 전 단계로서

치료관계를 시작할 때 사용하는 것이 인간-중심 치료라고 믿도록 암암리에 영향을 미치고 있다.

그런 터무니없는 오해는 Rogers를 심히 화나게 만들었다. 왜냐하면 그런 오해는 Rogers 생전에 많은 사람이 그의 접근을 인간존재와 인간발달의 본질에 대하여 철저한 확신에 기초한 기능적 철학이라기보다 단지 하나의 관계기술로 이루어진 치료로 간주했다는 비위에 거슬리는 증거를 제공했기 때문이다. 반면에 다소 만연하게 그릇된 오해 속에는 긍정적인 측면도 있었다. 즉, 치료에서 일차적 치유인자로서 치료관계가 매우 중요하다는 것을 상담과 심리치료 분야에서 거의 보편적으로 수용하게 된 것은 Carl Rogers 덕분이다. 하지만 여전히 'Rogers 방식'이라고 종종 언급되는 '기법'은 단지 경청과 이해의 기술에 지나지 않는 것으로 돌려 버린다. 믿기지 않겠지만, Rogers와 그의 동료들이 선구적인 연구를 시작하기 전까지는 치료자가 내담자의 말을 주의 깊게 듣고 내담자의 내면세계를 이해하려 노력하는 것은 말할 것도 없고, 치료자가 내담자와 친밀한 관계를 맺는다는 것은 결코 일반적인 일이 아니었다. 치료자의 그런 행위는 때때로 정신장애를 진단하고 치료하는 것과 무관하게 여겨졌다. 더구나 그들의 논리에 따르면, 아픈 사람인 환자들은 비록 단어들의 남용에 불과한 해석이나 충고에 불과하더라도 무언가를 해 주는 것이 필요하다. Rogers는 '내담자'라는 용어를 처음으로 사용하였으며, 그렇게 함으로써 도움이 필요한 사람들에게 존중과 힘의 올바른 분배를 부여하였다.

관계 맺기, 경청하기, 이해하기

치료적 변화를 위한 필요충분조건으로 '핵심조건들'을 확립한 것은 Rogers와 그의 동료들에게 중요한 실제적인 함의를 지닌다. 그러나 이 핵심조건들을 내담자-중심 치료에서 '기법'의 발전과 관련짓는 것은 옳지 않을 것 같다. '기법'이라는 단어는 내담자에게 자동적으로 반응해야 하는 것으로 훈련 중에 있는 치료자들이 배워야만 하는 거의 기계적인 행동양식을 의미한다. 그러나 핵심조건들은 치료자가 무엇을 하기 때문이 아니라 치료자가 내담자에게 갖는 태도의 결과로 인하여 조성된다. 간단히 치료자는 기법의 완벽한 수행이 아니라 주어진 관계 속에서 태도의 표현에 관여한다.

Rogers는 인간은 스스로를 아무리 무가치하거나 부적절하다고 느낄지라도 또는 인간의 행동이 아무리 비정상적이라 하더라도 그 존재만으로도 가장 깊게 존중받을 가치가 있다고 믿었다. 또한 Rogers는 내담자의 내면세계를 가능한 한 정확하게 이해하려고 노력해야 하고, 허울뿐이거나 교활해서도 안 되며, 직업적 권위라는 보호막 속에 안주하지 않는 것이 치료자의 과업이라 믿었다. 이러한 신념과 태도의 마음가짐은 내담자를 만날 때 내담자중심 치료자의 존재방식을 결정한다. 그러나 이 신념과 태도를 실제로 표현하는 방식은 치료자에 따라 상당히 다양할 수 있으며, 이것은 성격의 차이와 다양성의 범위를 반영할 것이다. 간단하게 말하면, 내담자-중심 치료자들은 인간에 대한 신념과 치료관계의 바람직한 특성을 동일하게 지녔다고 하더라도 치료 스타일은 매우 다를 수 있다는 것이다.

내담자-중심 치료에서 제안하는 관계 맺기 모형은 지난 20년 동안 거의 모든 전통적인 치료자에게 도전의 기준점이 되었다. 어떤 사람들은 이 관계 맺기 모형을-단지 치료의 초기단계에서만 반응하는 '기법들'로 적용하여-모방하고 싶어 할지도 모른다. 또 어떤 이들은 일부는 거부하지만 일부는 받아들이려 할지도 모르며, 또 어떤 이들은 이 모형을 전면 거부할 수도 있다. 그 반응이 어떻든지 전 세계적으로 다양한 전통을 따르는 치료자들에게 핵심조건의 특성을 갖춘 관계는 감화를 주기도 하지만, 위험한 이단 혹은 짜증스러운 것으로 존재하기도 한다.

치료자의 진실성을 강조하며 직업적 권위를 포기하게 만드는 일치성의 개념은 대부분의 전통치료에서 냉대받는 데 비해, 공감과 무조건적 존중, 이 두 가지 태도는 적어도 수정된 형식으로 수용 가능한 것 같다. 오늘날 대부분의 치료자는 내담자에게 수용적이며, 기본적으로 비평가적이고, 바람직한 공감적 이해를 적어도 입으로라도 실천하고 있다고 믿고 싶어 한다. 게다가 다른 전통에서 훈련받는 치료자들을 통하여 수용과 공감에서 나온 반응이 변화를 초래하는 데 강력한 효과가 있다는 것을 흔히 발견하였으며, 이는 더더욱 철저한 인간-중심 관점으로의 '전환'을 예고하는 것이었다. 예를 들면, 인간-중심 치료자를 훈련시키는 사람으로서 나는 다른 치료적 전통의 환상에서 깨어나 수용이나 공감, 혹은 둘 다의 힘을 발견함으로써 새로운 전문가로서의 정체성을 추구하는 데 박차를 가하는 예비훈련생들을 지켜보면서 큰 충격을 받았다.

치료의 신비성 제거하기

치료에서 관계를 제1의 치유인자로 믿었던 Rogers의 확신은 어떤 면에서 전적으로 인간다워지는 것이야말로 영광된 일이며, 치료자가 심리학적 지식과 전문성이라는 거만한 모습 이면에 그들의 인간성을 숨긴다면 많은 것을 잃게 된다는 믿음에서 비롯된 논리적 결과다. 전문가로서의 길에 들어선 초창기부터 Rogers는 심리치료를 신비스럽게 포장하고, 의학, 정신의학 혹은 심리학 분야에서 특권층의 자격을 갖춘 권위자들만 활동할 수 있는 영역으로 구축하려 했던 사람들로부터 심리치료를 구출하고자 결심하였다. Rogers는 매우 중요한 활동인 심리치료를 가장 엄격한 조사가 이루어지도록 개방할 것을 요구하였으며, 비밀스러움과 신비스러움을 악용해서는 안 되며, 모든 관찰 가능한 차원에서 밝혀져야 한다고 믿었다. Rogers는 치료관계가 일종의 평가 대상이 되어야 하며, 오직 이러한 방법만이 치료과정에 대한 완전한 이해를 이루어서 한층 더 효과적인 상담이 가능하기 때문이라는 것이다. Rogers는 치료관계가 괴로워하는 환자와 전지전능한 전문가 간의 개인적이고, 난해하며, 신비스러운 과정이 아니라, 오히려 진짜 인간들 간의 생기발랄한 상호작용으로 연구·경험될 수 있도록 치료관계의 신비성을 제거하는 과업에 자신의 인간으로서의 특성과 과학자로서의 특성을 잘 통합시켰다.

녹음과 녹화

치료회기와 치료과정 전체에 대한 녹음기록은 Rogers의 선구적인 업적인데, 이것은 바로 치료과정의 신비성을 제고하고자 했던 Rogers의 사고방식이 낳은 중요한 산물이다. 오늘날은 오디오 녹음과 비디오 녹화가 일반적인 일이지만, 치료의 상호작용 한마디 한마디를 모두 기록한다는 생각 자체가 당시의 상황에서는 상상조차 할 수 없는 혁신적인 일이었다. 많은 사람이 이러한 절차를 가장 신성한 것에 대한 침해라고 여겼으며, 차후에 Rogers가 막상 내담자와 상담하는 과정을 녹화했을 때 이런 절차는 치료의 상호작용을 완전히 은밀하고 비밀스런 베일에 숨기고자 했던 치료자들에게 심지어 더 위협적인 혁신이었다.

1940년대 초반, Rogers가 상담내용의 녹음을 시작할 당시에는 기술적인 어려움이 만만치 않았다. 한 마디의 상담내용이라도 놓치지 않으려면, 하나의 음반이 뒤집어지거나 삭제될 경우 곧바로 다른 기계로 녹음할 수 있도록 두 대의 녹음기가 필요했다. 1942년 무렵, Rogers는 거의 100회에 이르는 면담기록을 매 회기마다 모두 녹취했기 때문에 이를 책으로 펴낼 수 있었다. 오늘날도 그렇지만 당시 그 기록들은 여러 면에서 매우 귀중한 자료로 평가되었다. 이런 기록들은 내담자의 태도에 대한 생생하고 직접적인 그림을 제공해 주었고, 내담자의 저항과 자기지각의 변화와 같은 주제들을 아주 잘 설명하고 있었다. 또한 이런 기록들은 치료자의 촉진적 반응을 부각시키는데, 치료과정을 중지시키거나 방해할 수 있는 금기시된 행동들을 확인하는 데 효과적이었다. 치료자를 훈련시키는 데 이런 기록들의 가치는 말할 나위 없이 큰 것으로 드러났으며, 슈퍼비전의 과정은 측정할 수 없을 정도로 향상되었다. 녹음기술을 상담실로 도입한 것은 연구와 훈련 방법론에 완전히 새로운 영역을 탄생시켰을 뿐만 아니라, 많은 내담자와 예비내담자에게 막대한 이익을 줄 수 있는 치료과정을 공개적으로 조사할 수 있는 길을 열어 주었다 해도 과장이 아니다. 오늘날 수백만 명의 사람이 텔레비전 화면을 통하여 치료회기를 관찰할 수 있는 것은 흔한 일인데, 이런 기회는 50년 전에 Rogers가 혁신적인 절차를 통하여 일구어 낸 직접적인 결과다.

녹음과 녹화가 주는 더 커다란 이점은 Carl Rogers가 직접 내담자와 작업했던 많은 예를 후대에까지 보존할 수 있었다는 것이다. 이것의 중요성은 아무리 강조해도 지나치지 않다. 그 이유는 인간-중심 전통의 치료자만이 아니라, 말 그대로 수천 명에 이르는 치료자들이 이미 영상이나 비디오 스크린을 통하여 내담자와 대화를 나누는 Rogers를 듣거나 본 경험이 있기 때문이다. Rogers는 이렇게 자신을 '남김없이 내보일'만큼 용기 있는 사람이었고, 그러한 용기의 결과로 발휘한 영향력은 이루 헤아릴 수 없다.

의미심장하게도 녹음과 녹화필름의 존재는 일치성, 무조건적 긍정적 존중, 그리고 공감의 개념이 단지 그 지적인 정밀함과 간결함에 감탄할 만한 이론적 구성개념으로만 남아 있지 않다는 것을 의미한다. 끊임없이 Rogers는 테이프와 비디오에 나타난 이 개념들을 구체화했으며, 기능적 철학으로서의 인간-중심 접근을 실천하는 것이 무엇을 의미하는지에 대하여 수없이 많은 사례를 제시하였다. 공감하고, 진실하며, 무조건적으로 수용하는 Rogers를 듣거나 본 경험은 잊을 수 없으며, 전 세계 곳곳으로 퍼져 있는 그가 만든 테이프와 필름이 지난 30년간 상담심리학의 이해와 발달에 주요한 공헌을 했는지는 논쟁거리가 될 수 있다.

Rogers와 그의 유명한 내담자들

허버트 브라이언(Herbert Bryan)

1942년에 출판된 Rogers의 『상담 및 심리치료(Counseling and Psychotherapy)』만큼 미국의 상담 및 심리치료의 실제에 영향을 준 단행본은 없다고 알려져 있다(Kirschenbaum & Henderson, 1990a: 61). 그것은 아마도 이 책이 역사상 처음으로 녹음되고, 완전 녹취되고, 출판된 심리치료 사례들의 수록이라는 특징 때문인 것 같다. Bryan은 녹음이나 녹화 기록을 통해 Rogers의 책에 등장함으로써, Rogers의 내담자들 중에서 세계 전역에 걸쳐 첫 번째로 유명해진 인물이다. 다른 유명한 치료자들의 사례집에 소개된 내담자들과는 달리, Bryan은 심리치료자의 시각으로 소개되지 않았다. 그는 독자들이 그에게 직접 몰입할 수 있도록 자신의 언어로 등장하고 있다. Rogers 역시 치료를 끝낸 후에 회상하면서 걸러 낸 것이 아니라, 내담자와 매순간마다 관계를 맺으면서 했던 반응과 말로 등장하고 있다. 이 사례집에서는 감추어진 것이 아무것도 없으며, 그들의 대화에 관한 논평에서 Rogers는 자신이 한 작업에 관하여 전혀 방어적인 자세를 취하지 않는다. 그는 자신의 실수에 관하여 공개적으로 언급하고 있으며, Bryan과의 첫 번째 상담시간에서 발췌한 두 가지 내용은 특히 노골적이다. 두 가지 경우 모두에서 Rogers는 내담자의 감정흐름이나 감정인식을 방해한 것과 매 상황마다 직접적인 질문을 함으로써 뭔가를 흐리고 있는 것에 대하여 스스로를 심하게 꾸짖고 있다. 그는 Bryan이 완전히 감정에 젖어있을 때, 그를 가로막은 첫 번째 개입에 대하여 "왜 상담자가 여기서 가로 막았을까? 이것은 감정의 흐름을 깨뜨린 정말 불필요한 직접적인 질문인 것 같다."라고 논평하였다.

두 번째 경우에서 Rogers는 더욱 자기 비평적으로 보인다. Bryan은 동기와 에너지에 관한 문제를 알아보고 있었으며, 그의 부정적인 힘이 우세하지 않기를 소망하고 있었다. 그는 어떻게 해야 자신의 내부에 있는 '힘의 균형'을 변화시킬 수 있을지 궁금해하였다.

음, 다른 비유를 들어볼게요. 나는 내가 많은 에너지, 그러니까 많은 양의 축적된 에너지를 가지고 있다고 느껴요. 자, 이제 내가 원하는 것은 나의 부정적인 에너지를 긍정적인 쪽으로 보내는 거예요. 그것은 두 가지 이득을 얻는 일이 될 테죠. 당신도 보다시피 일단 한번 시작만 되면, 아마도 매우 빨리 일어날 거예요. 그러나 부정적인 것들이 우세할 때, 어떻게 시작하도록 할 수 있죠?

이어서 Rogers가 즉각 반응한다.

　당신은, 아…… 오늘은 말고, 그러나 당신이 계속 생각해
보고 싶은 질문은 이 부정적인 역할들이 무엇인가 하는 거죠?

　Rogers는 자신의 반응에 대하여, '그 시간에 일어난 두 번
째 실수'라고 논평하였다. 그렇게 비평적 평가를 한 이유는
전과 동일하다. '상담자가 내담자의 감정을 온전하게 인지하
는 것에서 벗어나고 있다.'라는 것이다. "당신은 다른 어떤 누
군가가 그 일을 시작해 줘야 한다고 느끼는군요."라고 반응
하지 않고, 내담자의 상황에 깊게 들어가는 직접적인 질문을
하고 있다.[1] 만약 Bryan이 자신의 '부정적인' 쪽의 힘이 왜 우
세한지를 온전히 이해하고 있었다면, 도움이 별로 필요하지
않았을 것이다. 여기서 상담자는 내담자에게 '혼란스럽고 다
소 방어적인 답변'을 유도한 것밖에 되지 않는다.
　이러한 두 가지 반응이 부적절하다고 강조한 Rogers의 관
심은 내담자를 이끌기보다 함께 동행해 주는 것과 내담자

---

1) 역자주: 내담자의 느낌에 반응하지 않고, 내담자의 상황에 반응한
　것에 대하여 자기비평을 하고 있다는 의미

가 자기감정을 탐색하고 접촉하는 데 요구되는 공감적 반응을 해 주는 것의 중요성에서 비롯된다. 그가 녹화한 면담에서 Rogers는 치료자가 내담자의 내면세계를 깊이 이해하려면 무엇이 포함되어야 하는지를 재차 보여 주고 있다. 감정을 알아주고, 그들이 자유롭게 감정을 표현하도록 허용하는 것은 공감하는 일에 결정적이며, 치료자의 어떤 반응은 이런 과정을 촉진시키는 반면, 어떤 반응은 이런 과정을 방해한다. 직접적인 질문은 거의 도움이 되지 않는 반면, 다른 종류의 반응은 상담과정을 촉진시키고, 내담자가 더욱 자신의 경험과 만날 수 있도록 돕고 있다. 면담의 또 다른 부분에서 Bryan은 복잡하고 이해하기 어려운 감정을 묘사하려 애쓰고 있다.

Bryan: 음, 제가 그 감정을 더 정확하게 묘사할 수 있을지는 잘 모르겠어요. 그것은 마치 저의 배 전체를 압박하는 도끼와 같이 강렬하고 고통스러운 중압감이고, 저는 거의 음, 저는 거의 이런 증세를 감지할 수 있을 뿐 아니라, 그것이 저를 매우 과격하게 억누르고 있는 것처럼 느껴요. 그러니까 그것은 저의 역동적인 에너지의 근원으로 곧 이어지고, 그래서 저는 제가 아무리 어떤 노력을 해도 막혀 있는 것을 알게 되죠.

Rogers: 어떤 생각을 해도 그것은 당신을 무력하게 하는군요.

Bryan : 네, 음. 그리고 그것은 신체적으로도 일어나죠. 제가 걷고 있을 때, 그러니까 다시 말하면 제가 기분이 안 좋을 때, 저는 등을 구부리고 걷죠. 또한 일종의 복통도 있어요. 그리고 실제로 정말 저는 심리적인 복통이 있어요.

Rogers : 음, 그것은 당신을 다소 불완전한 사람으로 만드는 것 같군요. 맞나요? 그리고 당신의 반쪽 부분만 일을 수행할 수 있군요.

Bryan : 그래요. 당신도 알 수 있겠지만, 그것은 정말 문자 그대로 제 속에 도끼가 있는 것과 같아요. 저는 그것이 제 에너지의 핵심에 자리 잡고 있는 것처럼 느껴요. 그것은 고통스러운 방식으로 차단되어 있고 억압되어 있어요. 그것은 정말 깊이 자리 잡고 있어요. 왜냐하면 역으로 말하면, 제가 그것들로부터 해방될 때 저는 정말 뿌리 깊은 에너지의 흐름을 느낄 수 있거든요.

Rogers : 당신이 모든 것이 올바르다고 느낀다면, 당신은 정말 모든 것이 괜찮다고 느끼는군요.

Bryan : 그래요! 그래요! 아주 역동적이죠. 저의 마음은 정말 더욱, 아주 재빠르게 움직이고, 모든 것이 올바르게 가요. 제가 어떤 것을 시도하든지 성공적으로 할 수 있죠.

Rogers : 그리고 당신이 원하는 것은 그렇게 역동적인 자아를
　　　　갖는 시간을 늘리는 방법을 찾는 것이죠, 그런가요?
Bryan : 아, 네! 항상 그렇게요. 저는 제가 왜 그렇게 될 수 없
　　　　는지 알 수가 없어요. 모든 것은 심리적인 것이네요.
　　　　저는 그런 상태에 도달하길 바라요(Rogers, 1942: 265-
　　　　287).

　Rogers는 분명히 힘들이지 않고도 편안하게, 앞의 두 경우
에 하지 않았다고 자기비평했던 것을 이 장면에서는 정확하
게 하고 있다. 그는 Bryan의 감정을 알아주고, 그 감정이 깊
어지고 세분화되도록 도와주고 있다. 그는 다소 권위적인 심
문자의 모습이 아닌, 섬세한 친구로서의 모습을 보여 주고 있
다. 그런 분위기 속에서 Bryan은 자신이 항상 되고 싶어 했던
'역동적인 자기'의 어떤 것을 내보이고 있다. 이 짧은 공감반
응의 예는 Rogers가 상담하면서 녹음한 모든 면담의 여러 장
면에서 수없이 반복적으로 나타나며, 한때는 공감이 감정을
반영해 주는 능력으로 정의된 것이 있었다. 실제로 1986년에
하버드 대학교의 John Shlien은 Rogers에게 보낸 편지에서
다음과 같이 쓸 수 있었다. "그것(감정의 반영)은 진술하고, 이
해력이 빠르며, 공감적인 청취자의 손에서 나온 예술적 기교
의 도구다. 그것은 철학이 홀로 해낼 수 없을 때, 내담자-중
심 치료를 발전 가능하도록 만들었다."

의미심장하게도 Rogers 자신은 '감정의 반영'이라는 용어에 훨씬 덜 만족했으며, Rogers의 심한 불편함은 Shlien이 용기 있는 변명을 하도록 재촉하였다. Rogers는 설득되지 않았으나, Shlien의 열정은 Rogers에게 '이중적 통찰'이라는 것을 가져다주었다. 1986년, 『인간-중심 리뷰』의 11월호에서 그는 이렇게 쓰고 있다.

치료자로서의 관점에서, 나는 '감정을 반영'하려고 노력하지 않는다. 내담자의 내면세계에 대한 나의 이해가 정확한지, 그 순간에 내담자가 경험하고 있는 것을 내가 정확하게 감지하는지를 확인하기 위하여 노력한다. 내가 하는 각각의 반응은 '이것이 당신이 경험하고 있는 그대로인가요? 당신이 지금 경험하고 있는 당신만의 색깔과 질감과 맛을 내가 제대로 이해하고 있나요? 만약 그렇지 않다면, 나는 나의 지각을 당신의 지각과 일치시키고 싶군요.'와 같은 무언의 질문들을 내포한다. 다른 한편, 내담자의 현재 경험을 비추어 주는 거울을 우리가 쥐고 있다는 사실을 나는 내담자의 견해를 통해서 알고 있다. 그 감정들과 개인적인 의미들은 다른 이의 눈을 통해 비춰지고 반영될 때 더욱 명확해진다.

그래서 나는 이런 치료자의 반응이 '감정의 반영'이라는 이름 대신에 '이해의 검증' 혹은 '지각의 확인'이라고 명명할 것을 제안한다. 내 생각에는 이런 용어들이 더 정확하다. 그것들은 '반영하려는' 의도 대신에 묻고 싶은 것을 건전한 동기에 의하여 반응하도록 도와줄 것이다(Rogers, 1986d: 375-377).

우리가 이런 유형의 치료자 반응을 '감정의 반영' 혹은 '이해의 검증'이라고 부를 것인지 아닌지는 중요하지 않다. 공감이라는 개념을 치료의 실제에 옮기는 것이 Rogers에게 어떤 의미인지를 상징적으로 나타내 준다는 사실에 그 중요성이 있다. 그것들은 상담자 쪽에서 질문하고자 하는 욕구 및 감정의 흐름과 표현을 촉진시키는 능력 없이는, 결코 타인의 내면세계가 이해될 수 없다는 것을 깨달은 치료자의 섬세한 예술성을 보여 준다. Bryan과의 관계 또는 나중에 녹화된 많은 사람과의 관계에서도 마찬가지로 Rogers는 타인의 지각세계에 들어가기 위하여 어떤 것이 포함되어야 하는지를 보여 주며, 그는 그 작업이 치료자가 방향 제시를 못하거나 혹은 선도하고자 하는 충동을 참지 못하거나 그런 역할 능력이 없을 때 쉽게 그르칠 수 있다는 것을 알고 있다.

앞에서 인용된 논의에서 Rogers가 '이해의 검증'과 같은 용어의 유용성을 치료자 훈련과 관련하여 주의를 기울였다는 사실은 흥미롭다. 여러 면에서 Rogers는 어쩔 수 없는 교육자였다. 그는 자신의 녹음기록과 영상자료들을 통하여 치료의 실제에 영향 미치길 원했으며, 그런 자료들이 훈련프로그램에서 중요한 역할을 하는 것을 깨달았다. 치료자 훈련에 대하여 그가 느낀 환멸은 이미 잘 알려져 있으며, 그는 특히 치료자 훈련생들에게 공감능력 발달을 덜 강조하는 것에 대하여 종종 반감을 느꼈다. 그러나 어느 누구라도 Rogers가 공감적 반응의 강력한 효능에 대한 깊은 인식 없이 내담자 반응에 개입한 치료회기의 녹취를 읽을 수 있다거나, 실제로 그런 인식 없이 치료에 임했다는 것은 상상하기 힘들다. Rogers는 공감이란 치료자에게 내담자를 이해하고, 그 이해를 전달하기 위한 정서적·인지적 능력을 총체적으로 동원하려는 의지를 요구한다는 사실을 보여 주었다. Rogers의 녹음기록들은 공감의 효력을 보여 준 유력한 증거들이며, 마찬가지로 그 기록들이 다른 사람을 치료하는 실제에서 얼마나 큰 영향을 미쳤는지는 말로 다 할 수 없다.

글로리아(Gloria)

1964년, Rogers는 30세의 매력적인 이혼녀 Gloria와 30분간 면담한 내용을 녹화하였다. 그것은 놀라운 만남이었다. 그 짧은 시간동안 Rogers는 내담자-중심 치료의 핵심요소의 표본을 보여 주는 데 성공하였다. 이 면담이 가진 힘은 그 후 Gloria가 사망할 때까지 몇 년간 Rogers와 간간이 만남을 계속해 왔다는 사실에서 나타난다. 그녀는 심리치료의 역사상 가장 유명한 내담자들 중의 한 사람으로 평가되며, 그녀가 전 세계적으로 내담자-중심 치료의 이해와 실제에 공헌한 바는 상당하다. 치료에 대한 그녀의 준비상태는 Rogers로 하여금 단 30분 내에 핵심조건을 갖춰 성장할 분위기를 조성할 수 있도록 했을 뿐만 아니라, 그녀가 매순간 자기감정을 경험하고 인간 대 인간의 깊이 있는 관계로 들어가는 지점까지 치료자가 함께 따라가도록 해 주었다. 이 Gloria 필름은 내담자-중심 치료의 효과를 보여 주는 중요하고 명백한 증거로 공헌하고 있다. 이것은 또한 치료관계에서 수용, 공감 그리고 일치성이 실제적이고 경험적인 용어로 무엇을 의미하는지를 보여 준 놀라운 증거이기도 하다.

물론 Rogers가 Gloria와 상담한 필름을 실제로 보는 경험보다 더 좋은 대용물은 없다. 필름은 대체로 여러 가지 방법 중에서 태도로 포착되지 않는 속성을 전달해 주는 데 가장 좋은 매체다. 또한 분명하게 Rogers는 수용적이며 공감적이고 진실한 것이 무엇인지를 분명하게 보여 주며, 그런 점에서 그 필름은 치료관계 내에서 한 사람의 특별한 존재방식이 어떻게 나타나는지를 기록으로 보여 준다. 그럼에도 불구하고 상호작용에 관한 보편타당성이 존재하는데, 왜냐하면 '성장을 위한 분위기'를 조성하는 데 참여한다는 것이 어떤 것인지를 너무나 통렬하게 보여 주기 때문이다. 더욱이 Gloria의 관심사는 가령 그녀가 자기를 실현하려는 욕구와 존중과 인정에 상응하는 자기개념을 유지하려는 욕구 간의 갈등 속에서 유기체의 본질적인 실현경향성을 발견하게 될 때 일어나는 고통의 예를 잘 보여 주고 있다.

이 고통의 깊이는 면담을 시작한 지 채 몇 분이 안 되어 Gloria가 Rogers에게 그녀의 독신생활에 적응하며 느끼는 심각한 어려움을 토로할 때 드러난다. 성적인 표현을 통해서 자기욕구를 충족시키려는 그녀의 본능적인 노력은 자신은 결코 거짓말 안하는 '정당한' 성적 행동을 지닌 사람이라는 자기개념과 직접적인 갈등을 빚는다. 자신의 개방적인 생활양식 때문에 딸이 부정적 영향을 받을까봐 9세가 된 딸에게 자신의 성적 행동에 대하여 거짓말하고 있는 자신을 발견하면서 그 갈등은 극에 달한다.

Gloria의 죄책감은 면담을 시작하자마자 맨 먼저 떠올랐으며, 면담 내내 그녀는 현재의 자신을 달게 받아들이고, 자신과 딸 모두에게 정직할 수 있는 자기수용을 이루려 애쓴다. 처음에 그녀는 자기행동이 딸에게 미칠 잠재적 영향에 초점을 맞추고, Rogers에게 조언을 구하려고 문제를 꺼냈다. 그러나 면담이 시작되면서 그녀는 자신의 불일치성(실현경향성의 분기점)에 직면하고, 그 순간의 자기감정에 살며, 평가의 기반이 반드시 자기내면에 있어야 한다는 것을 인식할 용기를 얻는다. 그 과정은 놀라운 속도로 진행되고, 관객들의 눈시울을 적실 정도로 깊어지는 감정의 심화, 그리고 치료자와 내담자, 서로에 대한 개방성으로 이루어진다.

면담 내내 Rogers는 그의 모든 치료 작업의 총체인 공감반응을 반복해서 보여 준다. 그러나 또 어떤 면에서 그 필름은 그의 수용의 질과 그의 존재 자체에서 비롯되는 완전한 진솔함을 더 크게 전달하고 있다. 죄책감으로 고통 받고 자기 외부에서 헛되이 권위를 추구하는 Gloria에게 Rogers의 수용과 '전문가'라는 외관의 부재는 결정적으로 중요하다. 따뜻하고 섬세하게 그녀의 감정과 함께하며, 부정적인 평가를 전혀 하지 않으면서 한 인간으로서의 자신을 드러내려는 그의 의지는 그녀로 하여금 자신의 내면세계를 어느 때보다도 더 깊이 탐색할 수 있도록 도왔으며, 그녀 자신의 '평가소재'를 발견할 용기를 얻게 해 주었다. 면담에서 발췌한 두 가지 내용은 특별한 힘을 지닌 내담자에 대한 Rogers의 강한 '동반자 정신'을 조명해 준다. 첫 번째 것은 면담의 처음 몇 분에서 발췌되었고, 두 번째 것은 면담의 거의 끝부분에서 가져온 것이다.

그녀의 딸 Pammy와의 관계에 많은 초점을 두면서 Gloria는 딸이 만약 엄마의 성적 행동에 관한 진실을 알게 되면, 어떻게 반응할지에 대하여 계속 고심하고 있다. Rogers는 그녀의 갈등을 사려 깊게 요약하고 있다.

Rogers: …… 만약 따님이 정말 당신을 알게 된다면, 따님이 당신을 받아들일지, 아니, 받아들일 수 있을까요?

Gloria: 바로 그걸 모르겠어요. 나는 그 애가 내게서 멀어지는 것을 원하지 않아요. 나는 심지어 내가 그것에 대해 어떻게 느끼는지도 잘 모르겠어요. 왜냐하면 나에게는…… 그러니까 내가 남자를 집에 초대했을 때 느끼는 심한 죄책감이 나에게 있기 때문이죠. 심지어 나는 내가 그 남자와 계속 같이 있었더라도 아이가 전혀 그런 것을 눈치 채지 못하게 하기 위해 특별한 몸가짐을 하려고 노력해요. 왜냐하면 나는 이 일에 대해 정말 조심스럽기 때문이죠. 그럼에도 불구하고, 나는 내가 이런 욕구를 가지고 있는 것 또한 알고 있어요.

Rogers: 그리고 그것이 오직 딸만의 문제라든가 딸과의 관계에서의 문제가 아니라는 것 역시 명백하네요. 그것은 역시 당신 안에 있네요.

Gloria: 나의 죄책감이죠. 나는 정말 죄책감을 자주 느껴요.

Rogers: '어떻게 해야 내가 이렇게 행동하는 나 자신을 수용할 수 있을까?' 그리고 당신은 당신의 행동이 들키지 않았고, 어떤 이상한 것이 아니라는 것을 분명히 하기 위해서 그런 종류의 속임수를 사용하죠. 그리고 당신은 죄책감 때문에 지금 이렇게 행동하고 있다는 것을 알고 있어요, 그런가요?

Gloria: 네, 맞아요. 그리고 나는 이러고 싶지 않아요……. 그러니까 내가 무엇을 하든, 나는 편안함을 느꼈으면 좋겠어요. 내가 Pammy에게 부담을 주지 않기 위해 진실을 말하지 않는 쪽을 선택한다고 하더라도 여전히 마음이 편하지는 않아요. 사실 나는 솔직하고 싶어요. 그렇지만 나 자신조차 받아들이지 못하는 부분들이 있어요.

Rogers: 그러면 당신 자신이 받아들이지 못한다면, 당신이 딸에게 그것을 말한다고 해서 어떻게 편안해질 수 있을까요?

Gloria: 맞아요.

Rogers: 그러나 당신이 말한 대로 당신은 당신의 욕구를 가지고 있고, 당신의 감정을 가지고 있지요. 하지만 당신은 이에 대해 좋지 않게 느끼네요.

Gloria: 그래요. 당신은 그냥 거기 앉아 있으면서 내가 그런 감정 속에서 조바심치게 내버려 두고, 나는 더 많은 것을 원하는 것 같이 느껴져요. 나는 당신이 내 죄책감을 없애도록 도와주면 좋겠어요. 만약 내가 거짓말을 하든, 남자와 잠자리를 함께하든 간에 그런 것들에 대한 죄책감을 없앨 수 있다면, 더 편안해질 수 있을 것 같아요.

Rogers: 나는 이렇게 말하고 싶네요. "아니요. 나는 당신이 감정 속에서 조바심치게 내버려 두고 싶지 않습니다." 라고요. 그런데 다른 한편으로는, 이것은 내가 당신을 위해 쉽게 대답할 수 없는 굉장히 사적인 일이라고 느껴지네요. 그러나 나는 어떤 것이든, 당신이 당신만의 답을 향해 갈 수 있도록 도울 거라는 건 확신해요. 그것이 당신에게 이해가 될지 안 될지는 모르겠지만, 나는 그렇게 생각해요(Shostrom, 1965).

이 대목에서 Rogers는 Gloria가 그녀 내면의 갈등에 직면할 수 있도록 도우면서, 그녀의 고통스러운 감정을 함께 나누고 있다. 그는 그녀의 고민에 관한 염려와 이해를 표현하며, 그녀의 해결방안을 그녀의 능력으로 찾을 수 있다는 그의 믿음을 보여주고 그녀 안에서 해답을 찾도록 돕겠다고 약속하면서, 그녀의 도움에 대한 직접적인 요청을 무시하지 않고 있다. 그녀와 함께하려는 그의 심오한 욕구는 그의 존재 전체에서 발산되며, 어떤 전문적인 용어나 냉철한 분석에 의지하지 않고 있다. "나는 당신 자신이 가진 답을 찾기 위해 작업하는 것은 무엇이든 도울 것입니다."라는 말은 내담자가 자신의 삶을 통해서 자기만의 길을 찾을 수 있는 능력을 가지고 있음을 열렬하게 믿는 한 사람의 의지가 담긴 열정적인 말이다.

면담의 끝부분으로 갈수록 Gloria는 자신에 대해 '옳다'고 느낄 때, 그리고 행동에 대한 정확한 안내로서 마음속에 떠오르는 내면의 감정을 신뢰할 수 있을 때 경험하는 '이상적인' 순간에 대하여 말하고 있다. Rogers는 그녀가 자신의 유기체적 조화를 인식하고 있다는 사실에 매우 감동받고 있다.

Rogers: 나는 당신이 그런 이상적인 순간에 정말 완전체로 느껴지는 것을 알겠어요. 당신은 정말 하나의 완전함을 느끼고 있지요…….

Gloria: 네. 나는 당신이 그것에 대해 말할 때, 정말 숨이 막힐 것 같은 느낌이 들어요. 왜냐하면 나는 그런 감정을 내가 원하는 만큼 그렇게 자주 느껴본 적이 없었으니까요. 나는 이 완전한 느낌이 좋아요. 그것은 나에게 정말 소중한 거예요.

Rogers: 나는 우리 중의 어느 누구도 우리가 원하는 만큼 그런 감정을 자주 느낀다고 생각하지 않아요. 하지만 나는 그 감정을 잘 이해할 수 있어요. (잠시 멈춘다. 그녀의 눈에서 눈물이 흐른다.) 그것은 정말 당신을 감동시키는 거네요, 그렇죠?

Gloria: 네. 그리고 이외에도 방금 내가 어떤 생각을 했는지 아세요? 나는…… 그러니까 바보 같은 일이지만, 갑자기 당신에게 말하는 순간, 이런 생각이 들었어요. '세상에, 내가 당신에게 말할 수 있다는 게 정말 얼마나 멋진 일인지, 그리고 내가 당신의 인정을 원하고 있고, 내가 당신을 존경하고 있구나. 그런데 내 아버지는 나에게 당신처럼 말해 줄 수 없었다는 게 정말 섭섭해요.' 내 말은, 그러니까 내가 하고 싶은 말은, '세상에, 당신이 내 아버지였으면 좋겠다.'는 거예요. 왜 이런 생각이 들었는지는 나도 모르겠네요.

Rogers: 당신은 정말 나에게 귀엽고 멋진 딸 같아요. 그런데 당신은 아버지에게 마음을 열 수 없었다는 사실에 대해서 정말 안타까워하고 있군요.

이 대목은 악평을 듣기도 했으며, Rogers가 제대로 '전이를 다룰' 능력이 없다는 등의 많은 터무니없는 소문을 낳았다. 그 개념에 대한 이런 식의 언급은, 이 관계에서 어떤 일이 일어났는지를 전혀 이해하지 못하고 있음을 보여 준다. Gloria는 치료자와 형성한 신뢰가 매우 깊어서 Rogers를 그녀가 단 한 번도 가져 보지 못한 아버지로 드러내는 것과 같은 강한 감정으로 변화시켜 갈 수 있다. Rogers는 그의 편에서 그 깊은 감정을 피하거나 거부하려 하지 않고 있다. 오히려 그는 자기 내면의 감정에 밀접하게 주의를 기울이면서 회답하고 있다: "당신은 정말 나에게 귀엽고 멋진 딸같아요." 이런 반응은 그 둘의 관계를 더욱 견고하게 하였고, 면담의 끝부분 몇 분 동안에 Gloria는 아버지를 향한 그녀의 감정과 함께 그녀가 갈망했던 사랑과 이해를 보여 주지 않았던 아버지의 무능력함에 대해 느끼는 깊은 슬픔을 반영할 수 있었다. Rogers는 사려 깊게 그녀의 상처의 깊이를 이해해 주었다.

Rogers: 당신은 '나는 항상 속아 왔어.'라고 느끼고 있군요.

Gloria: 이것이 내가 대리자들을 좋아하는 이유예요. 내가 당신에게 말하는 것을 좋아하는 것과 내가 존경할 수 있는 남자들을 좋아하는 것 같은 거죠. 박사님들이죠. 그리고 나는 우리가 정말 가까운 것 같은, 즉 대리아빠같은, 그런 느낌이 내 마음속에 있어요.

Rogers: 나는 그것이 가짜라고 느끼지 않는데요.

Gloria: 글쎄요, 당신이 진짜 나의 아버지는 아니잖아요.

Rogers: 아니요. 나는 정말 가까운 관계에 대해 말하는 거예요.

Gloria: 글쎄요, 보세요. 나는 그게 가짜라는 느낌을 여전히 갖고 있는걸요. 왜냐하면 나는 당신도 나와 매우 가깝다고 느끼고 있을 거라고 기대하지 않으니까요. 당신은 나를 잘 모르잖아요.

Rogers: 내가 느끼는 것이 내가 아는 모든 거예요. 그리고 그것은 지금 이 순간에 내가 당신과 가깝다고 느낀다는 거죠(Shostrom, 1965).

이 마지막 대목은 가장 진솔한 Rogers의 모습을 보여 주고 있으며, 그 순간에 그 자신 외에 다른 어떤 것이 되기를 거절하는 그의 모습을 보여 준다. 분명히 그는 Gloria가 말한 명백한 사실, 즉 그는 그녀의 아버지가 아니며, 그들이 고작 30분 정도만 안 사이라는 것을 잘 알고 있었을 것이다. 대신에 면담이 끝나 간다는 사실에도 불구하고, 그는 자신이 Gloria에게 느꼈던 좋은 감정과 친밀함을 그녀에게 확인시켜 준다. 그는 자신이 경험한 것에 관해 그녀에게 솔직하게 말해 주었으며, 그 순간에 그는 심리학 전문가로서가 아니라, 온전한 인간이 되는 능력에 기초한 인간-중심 치료자의 진정한 전문성의 초석인 진실성을 위하여 '전문가 기질'을 멀리하고 있다.

얀(Jan)

Gloria와의 상담을 녹화한 지 20년이 훨씬 지난 후에 Rogers는 남아프리카 요하네스버그의 워크숍에서 600명의 참가자들 앞에서 치료시연을 보였다. 여러 사람이 자원하였고, Rogers의 동료인 Sanford가 내담자를 뽑았다. Jan이 선택되었고, 그 치료시간은 녹화되었다. 그 후, Rogers는 직접 그 면담을 꼼꼼히 살펴보고 그것에 대해 집필하기로 결정하였다(Rogers, 1986b). 여러 면에서, Gloria와 Jan은 1964년 같은 날 상담한 내담자들처럼 보이는데, 그 이유는 Rogers의 치료자로서의 기능적인 역할이 거의 바뀌지 않았기 때문이다. 실제로 Jerold Bozarth는 Rogers가 그의 생애 전반에 걸쳐 치료에 관한 기본관점을 바꾸지 않았으며, 또한 치료관계에서의 존재방식 역시 바꾸지 않았다고 주장하였다(Bozarth, 1990: 61).

여러 해에 걸쳐 녹화된 다양한 시연을 조심스럽게 분석한 결과, Bozarth는 Rogers가 내담자와의 면담에서 "이것이 당신 안에 있는 그 모습인가요?"라는 무언의 질문에 상당히 집중하고 있다는 결론을 내렸다. 바꿔 말하면, 그의 치료관계는 우리가 '공감적 반응'이라고 부르는 것에 의해 우선적으로 특징지어진다는 말이다. 그러나 한 가지 중요한 점은, Jan과의 면담은 이전의 면담들과 눈에 띄게 다르며, Rogers로 하여금 글을 쓰도록 부추긴 새로운 요인이 있었을 것이라고 믿어진 것이다. 면담 중의 어떤 부분에서 Jan은 그녀가 참여해 왔던 아마추어 연극에 대해 이야기한다.

> Jan: 이것이 관계가 있을지 모르겠는데요. 어쩌면 이게 당신에게 도움이 될 수도 있을 것 같아요. 내가 참여해 왔던 아마추어 연극과 관계가 있는지 잘 모르겠지만, 어쨌든 나는 어린 장난꾸러기 소녀 역할을 좋아해요. 그리고 내가 뭔가를 잘 해내고 싶거나 뭔가를 원할 때마다, 나는 그 어린 장난꾸러기 소녀처럼 하곤 했어요.
>
> Rogers: 그것은 당신이 잘 알고 있는 부분이군요. (Jan이 웃는다.) 당신은 많은 연극에서 그 역할을 해 왔죠. (Jan: 그리고 그것은 잘 되었고요.) 그것은 잘 되었고요. 어린 장난꾸러기 소녀는 잘 해낼 수 있었지요.

몇 분 후에 Jan은 엄청난 무력감을 경험하기 시작했고, 다른 사람과 도움을 주고받는 관계에 대한 열망, 그리고 도움은 반드시 외부에서 와야 한다는 그녀의 확신을 표현하였다.

Rogers: …… 당신은 이렇게 힘든 시기에 당신에게 확신을 주는, 당신을 도울 수 있는 누군가가 외부에 있기를 간절히 바라고 있군요.

Jan: 그래요. 왜냐하면 나는 기도를 하는데도 불구하고…… 종교에 대하여 나만의 느낌을 가지고 있어요……. 나는 영적인 발달을 믿어요. 그리고 그것은 나에게 아마도 숙명적인 것이에요. 모르겠어요. 물론 그것은 내 마음에 일어나는 또 다른 일이에요. 말하자면, 그건 내 발달의 한 부분이에요. 그러나 이것만으로 충분하다고 느끼지 않아요. 나는 실제적인 교감도 원해요. (침묵) 내가 관계할 수 있는 누군가…….

Rogers: 당신이 관계할 수 있는 어떤 사람, 바보 같은 생각처럼 보일지도 모르겠지만, 나는 그 사람들 중의 한 사람이 어린 장난꾸러기 소녀이길 바라요. 이것이 당신에게 이해될지 잘 모르겠지만, 만약 당신 내면에 사는 그렇게 쾌활하고 어린 장난꾸러기 소녀가 밝은 곳에서 어두운 곳으로 당신과 동행해 줄 수 있다면

말이죠. 내가 말한 대로 이게 당신에게는 전혀 말이
안될 수도 있어요.

Jan: (약간 당황한 목소리로) 그것에 대해 좀 더 자세히 설명
해 줄 수 있나요?

Rogers: 간단히 말해서, 당신의 가장 친한 친구들 중의 한 사
람은 아마 당신이 당신 내면에 숨겨 놓은 겁 많고 어
린 장난꾸러기 소녀인 바로 당신일 거라는 거죠. 그
러니까 정말 밖으로 나오지 않은 진짜 당신이요.

Jan: (잠시 멈춤) 인정할 수밖에 없네요……. 당신이 방금
말한 것들을, 그리고 돌아보면…… 나는 그 어린 장
난꾸러기 소녀를 많이 잃어버렸어요. 실제로 지난
18개월 동안 그 어린 장난꾸러기 소녀는 사라져 버
렸어요.

Rogers는 이 대목에 대해 설명하면서 몹시 흥분되어 있었
는데, 그가 소위 '직관적' 반응이라고 했던 것이 이 녹화에서
처음 포착되었기 때문이다. 그런 유형의 반응에 대해 그는
'내담자의 세계 속에 내재하여 그 세계와 완전히 조화를 이룰
때' 다소 변형된 의식 상태에서 일어난다고 믿는다. 그가 '어
린 장난꾸러기 소녀'를 도입한 것은 의식적인 일이 아니라,
'다른 사람의 내면세계를 무의식적으로 감지하는 데서' 일어
난 반응이다.

Rogers가 매우 높게 평가하는 이 직관적 반응은 그의 말년에 간략하게 집필한 '초월적'이며 '영적'인 차원의 속성이 있는 '현존(presence)'이라는 특성의 산물이다. Jan이 기도생활과 영적발달에 대한 자신의 믿음을 언급한 데 이어 즉각적으로 그가 직관적이며 무의식적인 반응을 한 자신을 발견했다는 것 역시 의미가 있다. Rogers가 Jan과의 작업을 후대에 남기기로 결정한 이유가 단지 이 한 가지 대목 때문이었을 것이라는 느낌은 이 면담을 회고하면서 내린 그의 결론적 논평에 의해 더욱 확실해진다.

다음날 아침 Jan은 나에게 '어린 장난꾸러기 소녀'에 대해 이야기를 주고받은 것이 자기탐색을 시작하게 만들었다고 한다. 그녀는 그 어린 장난꾸러기 소녀만 사라진 것이 아니라, 그녀 자신의 지난 18개월간의 다른 부분들 역시 사라진 것을 깨달았다. "내가 온전한 사람으로서, 나의 삶을 직면하기 위하여 나의 잃어버린 부분들을 찾아야 한다는 걸 깨달았어요." 라고 말하면서, 그녀는 그 면담이 자신에게 '영혼을 흔드는 경험'을 제공했다고 하였다(Rogers, 1986b: 197-208).

영적인 발달, 직관적 반응 그리고 영혼을 흔드는 경험과 같은 말은 Carl Rogers와 그의 내담자들에게 새로운 영역을 보여 주었으며, 더욱이 직관이 신뢰받는 '내재' 세계로의 짧은 탈선은 의심쟁이 사도였던 Thomas를 가장 좋아했던 한 사람에게서 나온 주요한 실제적 공헌으로 입증될 것이다(Thorne, 1990: 396).

내담자-중심 실제의 선구자

내담자-중심 치료 실제의 초기발달은 치료에서 대부분 그냥 지나쳤던 것에서부터 급진적으로 출발하였다. 이것은 정신분석과 행동주의 전통과는 확연하게 구분되는 새로운 길을 여는 것이었다. 일단 필수적인 심리적 조건들만 조성되면 스스로 해답을 발견하려는 내담자 능력에 대한 Rogers의 깊은 존중은 치료자에게 지워진 거대한 요구들이 초보자들에게는 종종 숨겨져서 임상실제를 단순하게 보이도록 이끌었다. Rogers는 내담자의 무의식을 깊이 조사할 필요가 없다고 생각했으며, 아무리 통찰력이 있더라도 해석해 준다거나, 예를 들어, 꿈을 분석하는 것은 커다란 위험이 있다고 믿었다. 더욱이 그는 행동주의의 조작을 혐오하였으며, 그 목적이 문제를 진단하고 진단명을 내리기 위해 심리검사를 사용하는 것일 경우 심리검사 사용에 회의적이었다. 그의 관심은 내담자와 정직한 관계를 형성하는 것이었고, 이것은 비소유적 돌봄과 깊은 공감적 반응을 특징으로 한다. 비록 인간-중심 접근의 본질적 개념들이 복잡한 것은 아니지만, 이 개념들을 실행하는 것은 대단히 도전적일 수 있다.

우리는 이미 Rogers가 로체스터에서의 형성기 시절에 친하게 지냈던 아동지도센터의 동료들에게 미친 Rank의 영향에 대하여 언급한 바 있다. Taft와 Alen은 Rank의 사상을 매우 존경한 것으로 알려져 있으며, Taft는 1950년대 후반에 Rank에 관한 책을 쓰게 되었다(Taft, 1958). Rank는 그 당시의 아동지도 상담자들에게 이론적 개념뿐만 아니라 치료실제에서도 강력한 영향을 미치고 있던 것으로 보인다. Rank의 삶과 업적에 대한 James Liebermann의 주목할 만한 논문(Liebermann, 1985)에는 내담자에 대한 Rank의 행동이 언급되었는데, Rank는 자신의 뒤를 따른 Rogers와 마찬가지로 인간의 가치를 깊게 믿었고, 자신의 길을 스스로 찾아나갈 수 있는 내담자의 능력을 깊게 믿었다. Rank는 "어떤 일반적인 치료나 이론도 적용하지 않았다. 말하자면, 나는 환자가 자신의 심리학에 기초하여 작업하게 두었다."라고 썼다(Rank, 1966: 17). Liebermann은 Rank의 제자가 1938년에 '실제 치료관계가 치유의 요인이다.'라고 보고한 내용과 어떤 환자가 보고한 내용을 인용하고 있다: 즉, '당신에게 강요한 것은 아무것도 없었다. Rank는 질병을 찾고 있지도 않았으며, 무언가를 없애려 하지도 않았다. 그는 당신이 마음을 열고, 당신이 되고 싶은 대로 있기를 바랐지만, 감히 그렇게 하라고 다그치지는 않았다'(Liebermann, 1985: xxxvi). 이렇게 간단한 인용문들을 통해 볼 때, Rank 역시 자신의 접근을 기능주의 철학으로 간주하였으며, 그가 상담의 실제에서, 차후의 내담자-중심 치료자들이 그랬듯이 도움을 청하는 사람들 누구에게나 동등하게 개방적이고 접근하기 쉬운 반응을 보여 주었으리라 추측하는 것은 어려운 일이 아니다. Rogers 자신도 인정할 수밖에 없었듯이, 그때까지 이미 무르익었던 아이디어를 그가 구체화하고 틀을 부여했다면, Rank가 인간-중심 이론에 핵심이 되는 많은 부분에 대해 선구적인 이론가로서, 그리고 그의 실제가 Rogers와 그의 동료들의 차후 치료실제에서 반영되고 발전된 임상가로서 여겨지는 것은 정당할 수 있다.

비전문가 치료자

1973년 Rogers는 전문가로서 뛰어나게 공헌한 사람에게 수여하는 명예전문가 공로상을 미국심리학회로부터 수상하였고, 학회의 연차대회에서 그것을 기념하는 연설을 하였다. 그는 전문활동을 했던 40년간을 모두 되돌아보고 그에게 가장 의미 있었던 노력과 업적을 확인하고자 하였다. 이 영예가 그의 동료심리학자들에 의하여 수여된 것임에도 불구하고, Rogers는 학문적인 심리학이 그를 고통스러울 만큼 당혹스럽게 했음을 짧게 언급하였다.

내 생각에 심리학이라는 학문과 직업은 나와 나의 일에서 깊은 양가감정을 지닙니다. 나는 물론 대부분이 소문에 의존한 것이기는 하지만, 멍청하고, 비과학적이며, 극단적이고, 학생들에게 너무 관대하고, 자기(self)나 치료자의 태도 및 참만남과 같은 덧없는 것들에 대해 이상하고도 걱정스러울 정도의 열정을 가지고 있다고 보일 것입니다. 나는 교과목 학점의 ABC에서부터 박사학위를 갈망하는 학위 가운의 후드에 이르기까지, 학문의 가장 신성한 신비스러움−전문적 강의와 모든 평가제도−을 훼손해 왔습니다(Rogers, 1974a: 116).

같은 연설의 뒷부분에서 Rogers는 분명한 어조로, 단지 심리학자의 자격을 지닌 사람들이 심리치료하는 것을 못하게 막으려 했던 수많은 정신과 전문의와 겪었던 격렬한 싸움에 대해 이야기하였다. 그는 시카고 대학교의 한 호전적이고, 적대적인 정신과 의사가 자격증 없이 의료행위(즉, 심리치료)를 하는 상담자가 있다는 이유로 상담센터의 문을 닫을 것을 요구했다고 말했다. 이런 정신의학 전문가들의 반대에 대한 Rogers의 반응은 신랄한 반격을 가하든가 아니면 치료영역에서 심리학자들의 탁월함에 대해 논란의 여지가 없도록 이론, 연구, 실제에서 빠르게 앞장서 버리는 것이었다. 이런 문제에 대하여 그는 매우 확고하였으며, 종종 전력투구하는 전쟁으로 믿었던 그의 행동이 그의 사려 깊고 부드러운 측면에 더 익숙해 있던 사람들에게는 매우 놀랍고 심지어 충격적으로 보이기도 했다고 Rogers는 고백하였다.

Rogers가 왜 그렇게 자주 학계, 의학계, 정치계 등 상관없이 전문가 세력 집단의 분노를 유발하였는지를 이해하는 것은 어렵지 않다. 그는 학문적 자격이나 의학적 전문성 혹은 심지어 심리학 지식조차도 그런 것들이 타인을 도울 수 있는 능력을 부여한다고 믿지 않았다. 심지어 설득력 있는 지적·학문적 성취가 다른 사람들과 관계 맺는 개인의 능력을 증대시키기보다 오히려 감소시킬 수 있다고 말한 적도 있다. 치료자의 인간적 자질에 대해 강조함으로써, Rogers는 오랜 기간의 능력이나 높은 학위를 쌓는 데서 전문가적 정체성을 확립하고자 했던 사람들을 위협하였다. 하지만 다른 한편, 이런 그의 관점은 치료자로서의 경력을 추구하는 것이 불가능하다고 생각해 온 사람들에게는 매우 고무적이고 지지가 되었다.

Rogers가 치료자의 인간적 자질이 가장 중요하다고 열정적으로 주장한 것은 심리학 전공자들에게 심리치료의 길을 열어 주었고 전반적으로 비전문가 치료 Lay Therapy를 발전시키는 데 기여하였다. '상담(counseling)'이라는 단어는 Rogers가 처음 사용하였는데, 이것은 심리학자들이 심리치료를 하는 것에 반대하는 정신과 의사들의 입을 다물게 하는 또 하나의 엉뚱하고 오만한 전략이었다. 활동의 명칭을 바꿈으로써, 그는 상담자들이 그들의 상황에 변화를 가져오지 않고, 내담자들에게 손해를 끼치지 않으면서 치료를 계속 할 수 있도록 해 주었다. 영국에서 Rogers의 이와 같이 결단력 있는 행동에서 비롯된 긍정적 결과는 다양한 학문적 배경을 가진 상담자들이 일하는, 그리고 의학이나 심리학 어느 쪽도 좌지우지하지 않는 상담전문직의 발전을 가져왔다는 것이다. 더욱이 내담자-중심 치료자의 기본적 태도들은 교육, 건강 관련 직업분야, 사회사업, 산업과 상업, 군대 그리고 국제적인 조직에 이르기까지 다양한 장면에서 상담기술을 훈련하는 많은 사람의 작업의 버팀목이 되었다. 그의 이름을 한 번도 들어본 적이 없는, 그야말로 많은 사람의 일상생활에 미친 Rogers의 간접적인 공헌은 그 어떤 기준으로 평가하더라도 놀랄만하다.

연구자 Rogers

1940년대, 1950년대 그리고 1960년대에 걸쳐 Rogers의 연구 활동은 왕성하였으며, 내담자-중심 가설들은 그의 전체적인 지도와 영감하에 이루어진 수많은 연구의 완성과 출판에 의하여 견고해지고 정교해졌다. 이런 연구의 대다수는 그 당시 세계 곳곳에서 시도된 심리치료 관련 연구 중에서 가장 집중적으로 이루어졌으며, 치료과정의 섬세하고 파악하기 어려운 전개과정이 의미 있게 연구되고 측정될 수 있음을 보여 주었다. 이들 연구의 주요한 성취는 다른 무엇보다 심리치료가 엄격한 과학적 탐구의 대상이 될 수 있고, 또 되어야 한다는 사실을 입증한 것이었다.

일단 대학세계를 떠나자 연구에 대한 Rogers의 흥미와 기회는 감소하였으나, 생애 후기에 이르러 새롭게 긴급한 요구를 지닌 주제에 관심을 돌리게 되었다. 초기에 그는 자기개념, 이상적인 자기, 치료과정에서 둘 사이의 관계 또는 주관적인 변인들과 외적 변인들 간의 상관을 객관적으로 측정할 수 있는 연구 설계를 발달시키는 데 효과적인 연구를 하였다. 그는 또한 치료자 효과를 탐색하기 위하여 종종 외부 자문가의 도입과 평정척도들의 발달을 수반한 정교한 방법론을 사용하였다. 이러한 방법들은 오랜 기간 심리학 연구에 깊은 영향을 미친 주요한 개혁이었다. 1961년 그는 『진정한 사람되기(On Becoming a Person)』라는 책에서 다음과 같이 쓰고 있다.

치료는 나 자신이 주관적으로 가도록 내버려 둘 수 있는 경험이다. 연구는 나 자신을 속여 왔는지 아닌지를 결정하기 위하여 모든 세련된 과학적 방법을 총동원하여 적용하면서, 이런 풍부한 주관적 경험을 멀리 떨어져서 객관적으로 보려고 노력하는 경험이다. 우리가 중력의 법칙이나 열역학 법칙과 마찬가지로, 인간의 발달이나 인간의 이해에 중요한 성격과 행동의 법칙을 발견할 수 있으리라는 확신이 내 안에서 자라고 있다(Rogers, 1961: 14).

이 말은 객관적이고 과학적인 방법에 대하여 확고부동한 확신을 가지고 있는, 또한 발견에 대한 풍요로운 수확이 앞에 놓여 있음을 확신하는 한 사람의 말이다. 그러나 후에 Rogers는 현저하게 다른 입장을 말한다. 아마도 1950년대와 1960년대에 그가 크게 공헌한 것은 치료과정을 객관적으로 연구한 것이며, 그로 인해 수많은 연구를 고무시켰던 반면, 1980년대에 그는 전혀 다른 종류의 중요한 공헌을 하였다. 1985년 출판된 『인본주의 심리학 저널(Journal of Humanistic Psychology)』에 실린 논문에서 그는 마침내 전문적으로 육성해 왔던 논리적 실증주의에 등을 돌리고, 분명히 '새로운 과학'을 위한 사례를 만들고 있다(Rogers, 1985).

이 논문에서 Rogers는 더 이상 '논리적 경험주의의 구속'에 의해 강요되지 않는 연구의 형태에 무게의 중심을 두고 있다. Rogers는 연구를 수행하기 위하여 새로운 과학론과 새로운 패러다임으로 실험한 수많은 연구를 인용하고 있다. 그는 Peter Hanson과 John Rowan(Hanson & Rowan, 1981)이 저술한 영국 책 『인간 연구: 새로운 패러다임 연구에 관한 자료집(Human Inquiry: A Sourcebook of New Paradigm Research)』

에 대하여, "새로운 대안적·과학적 모델의 철학적이고 방법론적인 측면을 탐구하는 연구들을 집대성한 훌륭한 책이며 이는 금광과 같다······."라고 칭찬하였다. 그는 대단히 기뻐하면서, 그가 그렇게도 확고하게 지지하는 새로운 방법론 모두를 연결한 것 같은 특성을 강조하고, 그렇게 함으로써 그는 자신이 정말 존경하고 좋아한 영국의 과학자 Michael Polanyi의 깊은 영향력을 인정하고 있다. 그가 제안하는 새로운 방법론은 모두 Polanyi의 용어, '내재하는(indwelling)'이라는 정신으로 고취되어 있다. Rogers가 지금 칭찬하고 장려하고 있는 이 과학자는 더 이상 연구의 '대상(subject)'이 아닌, '연구의 파트너' 혹은 '공동연구자'인 참가자들 또는 참가자의 세계 안에 '내재하는 방식'을 개발하고 있다. 그래서 그 연구자가 새로운 발견이 이루어지고 진실에 대한 새로운 접근법들이 밝혀질 수 있도록 목적을 가지고 조직하기를 원하는 것은 이와 같이 깊은 공감적인 내재에서 얻은 지식이다(Rogers, 1985: 7-14).

새로운 연구 패러다임에 대한 Rogers의 분명하고 열렬한 보증 속에서 주관적 경험을 이해하고 확인하기 위해 바쳤던 그의 삶의 필연적 결론을 만난다는 것이 허무맹랑한 생각이 아니라고 믿는다. Rogers는 실제에 대하여 뉴턴식이고, 기계적이며, 직선적인 인과관계로 이해하는 과학의 전통적 관점 지상주의에 빈말로 동의하는 것조차도 찬성하지 않았다. 그는 그것을 내던져 버린 것이 아니라 치료관계에서 다룰 필요가 있는 문제를 탐색하는데, 그것이 대단히 부적합하다고 생각했기 때문이다. 이와 같이 치료관계는 살아있는 인간은 관련된 모든 사람의 존엄성을 높이는 방식으로 연구에 헌신할 준비가 되어 있는 연구자들을 만나야 하는 그런 관계다. 오랜 전문가로서의 삶을 통해, Rogers는 진리를 추구하는 데 지칠 줄 모르고 헌신하였으며, 그의 연구에 대한 노력은 이런 진리탐구에 매우 실제적인 공헌을 하였다. 노년의 나이에 학문적 기관에서 기반을 두고 연구할 수는 없었지만, 그의 열정은 줄어들지 않았으며, 공감적 내재에 의해 고무된 새로운 과학적 패러다임에 대한 강한 신뢰는 오늘날 심리치료 연구의 발달에 매우 실제적인 공헌으로 입증되고 있다.

결론

Carl Rogers와 친분을 가지고 서로 다른 곳에 살면서도 종종 그와 함께 일할 수 있었던 것은 나에게 주어진 특별한 혜택이었다. 그는 자기 자신을 무조건적으로 아낌없이 주었지만, 자기존재를 손상시키는 법은 결코 없었다. 그는 빨리 가까워지고 쉽게 다가갈 수 있는 사람이었지만, 자신의 사생활을 보호하고 지킬 줄도 아는 사람이었다. 그는 날카롭고 통찰력 있는 사상가였지만, 그에게서 명문대학 교수의 티는 찾을 수 없었다. 반대로, 그는 항상 실제적인 문제들과 세부 계획의 중요성에 대해 정확히 알고 있었다. 그는 자신의 지력을 증진시키고, 다른 사람들의 배움을 촉진시키는 데 관심이 있는 끝없는 학습자의 삶을 산 사람이었다. 그가 많은 책과 논문을 저술한 것은 바로 이런 이유 때문이었고, 그럼으로써 그는 자신이 정말로 생각하고 믿는 것이 무엇인지를 더 잘 알게 되었으며, 동시에 이 같은 생각과 믿음을 다른 사람들에게도 가능할 수 있게 만들었다. 그가 시연한 치료회기에서도 이런 기능을 보여주었는데, 그 이유는 그는 다른 사람을 만나는 미지의 탐험 시도를 좋아했기 때문이다. 즉, 그는 내담자와 함께는 물론, 다른 사람과도 경험을 통하여 가치를 끌어낼 수 있는 맥락에서 미지의 탐험 시도를 즐겼다. 어떤 점에서 그의 삶 전체는 인간 가족 자체가 어리석고 외관상 파괴적으로 보이는 데도 불구하고 계속해서 희망을 가지기 위하여 그 인간 가족에게 아낌없이 의식적으로 제공했던 하나의 '공헌'이었다. 무엇보다 그는 시종일관 '효과가 있는' 것에 관심이 있는, 그리고 그의 내담자와 동료들에게 자신이 그들을 제대로 이해하고 있는지를 끊임없이 질문했던 최고의 실제적인 사람이었다. 이런 이유에서 그는 확고하게 경험에 기초하고 최대 한도로 살았던 삶의 결과로, 깊은 영향력을 지닌 지식체계와 존재방식을 남기고 떠날 수 있었다.

Rogers에게 있어 인간의 정신은 공감적 경청만이 타인의 세계를 이해하게 해 주는 복잡한 신비의 영역으로 남아 있었다. 그러나 그는 그 자신이 관념적이고 검증할 수 없는 이론들을 발전시키는 것에 현혹되는 것을 용납하지 않았다. 대신 그는 낮은 수준의 추론과 검증 가능한 가설들을 조직화하는 데 만족하였다. 그의 마음속에는 여러 측면에서 젊은 시절의 농학도 모습이 남아 있었으며, 동시에 주관적 현실을 탐구하는 데 매우 헌신했던 한 사람이 그의 발을 땅에 단단히 딛고 있었던 점에 대하여 우리는 감사할 따름이다.

4 비평과 항변

비평

Rogers는 시작부터 많은 비평의 대상이 되었으며, 그에 대한 비평은 세월이 지나도 시들 줄 모르고 있다. 현재 심리학 분야에서 인간-중심 관련 학자와 치료자의 위상은 종종 불확실하다. 몇몇 나라에서 그들은 기성세대로부터 전해 내려온 순순한 열정가로 취급되거나, 그들이 받는 가장 큰 수모인 무관심을 받는다. 영국에서는 지난 20년 동안 연구 활동이 부활되고, 체계적인 훈련 프로그램과 전문가 집단형성을 통한 인간-중심 전문 정체성이 강화되면서, 이런 상황 변화를 환영하는 조짐이다. 그럼에도 불구하고, 인간-중심 관점은 줄곧 시대정신에 쉽게 부응하지 못하는 사례에 속한다. 오늘날 우리는 여러 작업환경에 만연되어 있는 '쫓김'과 일상생활의 압박 때문에 문제의 신속한 해답, 능숙한 기술의 적용, 그리고 무엇보다 비용 면에서 효과적인 절차를 권장하는 시대에 산다. 이런 시대적 분위기에서는 권위 있는 가이던스를 제공해 줄 수 있고, 빠르게 변화시켜 줄 수 있다고 믿는 전문가를 찾는다. 개인의 고유성을 강조하고, 개인 스스로 해답을 찾는 능력을 굳게 믿는 Rogers가 이런 시대를 위한 자연스런 주인공은 아니다. Rogers는 남을 돕는 전문직에 종사하면서 권력의 야심에 찬 사람들을 굉장히 불신한다. 따라서 놀라운 치료법이 개발되었다거나 자기네들에게 그런 기술이 있다는 것을 예비내담자들에게 확신시키기 위해, 시장경쟁에서 자기들의 치료 상품을 파는 데 여념이 없는 사람들의 입장에서 Rogers는 해로운 적일 수밖에 없다.

학계에서 Rogers의 위치가 그다지 확고하지 않다고 간주한다면, 그의 영향력이 전 세계의 수많은 치료자에게 여전히 지속되고 있다는 것은 신기한 일이다. 심지어 Rogers와 상이한 치료 전통을 취하는 치료자들까지도 그들이 실제로 Rogers에게 빚지고 있다는 것을 인정하였으며, Rogers가 사망하기 5년 전에 이루어진 미국 심리치료자들의 조사결과에서도 Rogers는 20세기 심리치료에서 가장 영향력 있는 인물로 평가되었다. 그 결과는 심지어 Freud를 능가하는 수치였다(Kirschenbaum & Henderson, 1990a: xiii). 어떤 점에서 그는 신선하리만치 복잡하지 않은 접근과 사람 및 치료에 대한 희망을 상징하는, 심지어 그의 이론과 실제가 너무 이상적이고 치료자의 헌신을 지나치게 강요한다고 공개적으로 반대하고 내담자-중심 치료를 멀리하는 다른 치료자들에게까지도 어쨌든 계속 영감을 불러일으키는 이상화된 인물이 된 것 같다. '비지시적 치료' 라는 명분 아래, 아무것도 하지 않으면서 내담자에게는 자기도취적 자아를 부풀린다고 Rogers의 이론을 비판하면서도, 그 속에서 심리치료의 기원을 찾고 있다는 것은 정말 납득하기 힘들다. Rogers는 그의 업적 전반에 걸쳐, 유해성의 측면에서 너무 효과가 없어서, 동시에 너무 효과가 있어서 혹평을 받고 있다. 그리고 여전히 Rogers에 대한 적대감과 양가감정에도 불구하고, Rogers는 20세기의 심리치료 세계의 거물들 중의 한 사람으로 남아 있다.

힘의 이슈

전문가의 정체성이 주로 심리학 지식과 '전문가' 역할의 수행능력에서 형성된다고 생각하는 사람들에게 Rogers의 관점은 다분히 위협적이다. Rogers가 재차 강조한 치료자의 유능성이란, 그의 지식이 아니고 내담자가 점차 새로운 자기개념과 존재방식으로 옮겨갈 수 있도록 특별한 관계를 제공하는 능력이다. Rogers가 의학 및 정신의학 전문가들과 끊임없이 겪었던 논쟁, 그리고 동료 심리학자들에게서 겪었던 양가감정은, Rogers의 이론과 실제 때문에 자기들의 권위와 신망이 떨어졌다고 느낀 사람들에게서 생겨난 적대감의 강력한 증거다. 그들은 Rogers를 불신할 뿐 아니라, 심지어 내담자가 자기방식대로 결정하는 것을 격려하는 무책임한 행동을 저지르고 있다고 비난한다. 이런 갈등에는 심각한 힘(power)의 이슈가 깔려 있다. 그리고 Rogers의 피상성과 무책임성에 대한 비난에는 심리학적 지식의 권위와 정신질환을 진단하는—그들만이 치료과정을 처방하는— 권리에 대하여 문제 삼는 사람을 입 다물게 하려는 의도가 다분히 숨겨져 있다. 어디가 아프고, 어떻게 치료하면 되는지를 아는 사람이 바로 내담자 자신이라는 Rogers의 믿음은 너무나 혁신적이어서, 정신질환의 '상태'를 평가하고, 고통 완화 및 치료 프로그램을 개발하는 것이 치료자의 몫이라고 믿는 사람들에게 Rogers는 당연히 커다란 걸림돌이 되었다. 이런 생각에 위협을 느낀 사람들은 Rogers를 위장된 순진무구함이라고 비난하고, 심리학 정식교육을 안 받은 사람들도 치료관계를 제공할 수 있는 것이냐며 빈정대기까지 했다. Rogers는 심리학적 지식에만 기초하여 심리치료를 한다면 심각한 한계에 부딪힐 수 있다고 생전의 마지막 인터뷰에서 그 어느 때보다 더 강력하게 주장하였다. 그리고 Rogers는 공식적인 훈련을 받지 않았지만 자신의 인생 경험만으로도 훌륭한 치료자의 소양을 갖춘 사람들이 있다는 믿음을 고수하였다(Baldwin, 2000).

Rogers가 치료자의 공식적인 훈련에 대하여 수없이 언급했음에도 불구하고, 치료자를 실제로 비전문가 취급했다는 주장은 완전히 잘못된 것이다. 반대로, Rogers는 누군가를 돕는 치료행위야말로 최고의 전문성을 요한다고 믿었다. 하지만 그가 진정으로 염려한 것은 전문성의 본질이었다. 그는 전문성이 치료자의 인지적 혹은 경험적 지식에서 나오는 것이 아니라, 내담자가 성장할 수 있는 관계를 제공하는 능력에서 나온다고 믿었다. 그런 능력은 높은 수준의 일치, 공감 그리고 수용을 보장해 줄 엄격한 자기탐색 훈련의 의지를 곁들인 치료자의 헌신적 노력을 필요로 한다고 믿었다. Rogers가 심리치료를 매도하고 심리치료를 단지 온정어린 관계 정도로 격하 시켰다고 비난하는 사람들에게 인간-중심 치료자와 내담자 관계에는 치료자의 총체적인 반응이 관여하고 있다는 점과 그 관계가 심리치료를 값싸게 만드는 것이 아니라 전혀 다른 수준의 경험으로 상향시키고 있다는 점을 지적해 주어야 한다.

인간의 본성: Rogers 관점에 대한 비평

내담자에 대한 Rogers의 신뢰는 인간의 기본적 본성에 대한 그의 확고한 믿음에 근거하며, 이런 믿음은 인간-중심 철학 때문에 심리치료의 권위가 위협받는다고 느낀 사람들로부터 종종 심한 비평의 대상이 된다. 만일 당신이 사람들은 신뢰할만하지 못하다거나, 행동적으로 조건화되었다거나,

사악하다거나, 혹은 잠재적으로 파괴적인 본능의 추동 덩어리라고 믿는다면, 당신의 관점에서 볼 때 사람들을 믿는 것은 분명히 어리석을 뿐만 아니라 비합리적이다. 심리학과 신학, 두 영역에서 Rogers를 비평하는 다수의 사람은 인간에 대하여 위와 같은 믿음과 그와 동등하게 인간의 명예를 훼손시키는 믿음을 고수한다.

　이미 널리 알려진 바와 같이, Rogers는 인간의 본성에 대하여 분명한 가정을 하고 있으며, 인간이 성장지향적이라는 것과 심리적 조건만 갖춘다면 타고난 잠재력을 성취하는 방향으로 자연스럽게 나아갈 것이라고 강조하였다. 이에 반하여, Freud는 「문명 속의 불만(Civilization and its Discontents)」(1962)이라는 논문에서 남성과 여성은 모두가 본래 '야만스러운 동물'이라고 묘사한다. 인간은 본래 공격적 성향과 예측불능의 성욕을 지니며, 단지 문명화의 구조와 발달과정을 통해서만 길들여질 수 있는 존재라고 보았다. Freud는 인간의 본성에 대하여 비판적이었고, 본능적 추동이란 개인이 자신의 원초적 욕구를 만족시키도록 혹은 강한 긴장감을 완화시키도록 밀어붙이는 힘이라고 보았다. Freud는 강력한 파괴적 요소들을 무의식에 둠으로써 이런 비관적 관점을 한층 더 확고히 하고 있다. 정서장애와 불행의 무의식적 근원을 가장 중요하게 생각한 것은 신프로이트 학파와 분석학파의 관점이며, 무의식을 심지어 긍정적 에너지의 저장소로 간주하는

Carl Jung의 업적에서도 인간의 본성은 예측 불가능하고, 믿을만하지 못하며, 신중한 감시와 통제를 지속적으로 필요로 한다는 관점이 지배적이다. 따라서 많은 분석학자는 Rogers가 개인의 행동과 현실인식을 결정짓는 무의식의 정당성을 입증하지 못한다는 이유에서, 인간본성에 대한 Rogers의 관점은 순진무구할 뿐 아니라 심각하게 잘못 인식시킨 것이라 본다.

행동주의 전통은 대체로 인간의 내면 활동에 관한 모든 가설을 부적절하게 보는 경향이 있다. 전통적 확신에 찬 행동주의자의 입장에서 볼 때는 어떤 가설이라도 적절하게 연구되고 검증될 수 없다면 언제까지나 가설로만 남아 있어야 한다. 간단히 말하면, Freud의 무의식의 존재나 Rogers의 내적 평가소재의 존재를 증명하는 것은 마치 신의 존재를 증명하는 것 이상으로 불가능하다. 그런 배경에서 행동주의자는 유전적 구조의 측면에서, 그리고 더 의미심장하게는 환경적 변인의 측면에서 인간을 이해할 것을 선택한다. 행동주의자는 행동이 인간 내면의 어떤 근원에서 일어난다는 생각을 부정하고, 대신에 인간의 행동이 사고와 감정을 포함하여 환경적 내력과 개인 삶을 이루는 현재의 주변 여건에 따라 주로 결정되는 것으로 본다. 어떤 점에서 행동주의자는 인간발달에서 핵심조건이 가장 중요하다고 강조한 Rogers의 영향력을 인정할 수 있는데, 왜냐하면 Rogers가 개인의 행동방향을 결정짓도록 강화시키는 환경의 중요성에 대하여 말하고 있기 때문이다. 행동주의자는 Rogers와 밀접하게 공유하는 부분이 있긴 하지만, 일단 개인의 주관적 삶을 인정하고 평가의 내적 소재를 중요시하는 쪽으로 초점의 방향이 바뀌게 되면, Rogers와 다른 견해를 취한다. 이런 기본적 갈등은 Rogers가 행동주의 주창자인 Skinner와 나눈 대화 내용에서 잘 드러난다. 그 대화는 이미 1962년에 이루어졌는데, 1990년 말에 와서야 『칼 로저스: 대화(Carl Rogers: Dialogues)』라는 인쇄물로 출판되었다(Kirschenbaum & Henderson, 1990b). 그 대화의 한 구절에서 Skinner는 이렇게 말한다.

나는 어떤 것을 내적인 실체로 설명하기를 중단하고, 처음에는 상당히 어색하더라도 외적인 실체로 다루려 할 때 결국 풀린다는 것을 항상 발견합니다.

몇 분 후에 이어진 Rogers의 반응은 다음과 같다.

행동의 외적 원인에 대하여 이야기하면서, 당신은 마치 우리가 모든 외적 원인을 찾을 수 있으며, 따라서 당신이 예전에 사실로 상정했던 이전의 잘못된 내적 원인을 삭제할 수 있는 것처럼 말씀하셨습니다……. 하지만 우리는 계속되는 원인과 결과의 삶뿐만 아니라, 주관적인 삶을 살고 있습니다.

당신은 언제나 인정하지 않지만, 제가 보기에는 이 점이 중요한 것 같습니다(Kirschenbaum & Henderson, 1990b: 97-99).

이론적 입장 차이가 가까스로 좀 더 명확해지고, 치료의 실제에 대하여 엄청난 것을 시사해 주는 중요한 대화였다. 행동주의자 입장에서 볼 때 개인의 내적 자원과 지혜의 발견 능력을 믿는 Rogers의 확신은, 삶을 망치는 부적응적 패턴을 없애고 대체할 대안적 행동을 획득할 기회를 제공받기 위해서 우리 모두에게 분명히 조종되고 통제될 수 있는 외적인 힘과 조건들이 필요하다는 사실에 정면으로 맞서는 것이다.

최근에 인지행동 치료가 급부상하는 것은 아마도 전통적 행동주의 입장 내에서 비판이 일어나고 있다는 것을 암시한다. 내담자의 내부조망을 무시하는 전통적 행동주의 입장과는 상당히 거리가 먼 인지행동 치료자들은 개인이 자신의 세계와 경험에 대하여 어떻게 사고하는지를 매우 중요시 여기며, 그릇되거나 비합리적인 생각이 대부분의 인간 고통의 밑바닥에 있다고 간주한다. 따라서 인지행동 치료자라면 내담자가 그런 잘못된 사고패턴과 그 생각 때문에 생기는 행동을 탐색하고 치료하도록 돕는 데 관심을 쏟을 것이다. 그런 치료자의 입장에서 보면, Rogers의 접근은 인지적 과정의 중요성에 대한 인식이 부족하고, 생각과 행동양식을 수정하는 데 관심이 부족하다는 점에서 부적절하다. 인지행동 치료자들은 Rogers가 너무 '자유방임적'이며, 감정의 세계와 치료관계의 부정적 분위기에 지나치게 관심을 쏟는 것으로 보는 경향이 있다.

비록 Rogers의 종교와 이론에 대한 비평은 많지만, 그의 이론과 실제에 대한 그들의 반대에는 일치된 견해를 보이지 못하고 있다. 그러나 그들은 인간 본성에 대한 Rogers의 이해가 좋게 말하면 약간의 결점이 있는 정도이고, 나쁘게 말하면 아예 틀렸다는 것에 대부분 동의한다. 행동주의자들은 평가의 내적 소재에 대한 Rogers의 생각이 검증 불가능한 가설이라고 비판하고, 신학자들은 소외된 의식적 자기가 무엇에 가치를 두어야 하는지, 어떻게 행동해야 하는지를 스스로 판단해야 하는, 즉 신이 없는 우주를 연상케 한다고 비판한다. Rogers가 보는 인간이라는 존재는 그/그녀의 창조주에 대한 의식이 없으며, 인생의 도전과 죽음에 대한 준비가 지독하게 부실한 피조물이다. 개인에 대한 Rogers의 관점은 더 높은 지혜와 에너지의 근원에서, 그리고 그런 통로를 제공하는 종교적·영적 전통에서 인간을 분리시킴으로써 매도하는 것처럼 보인다. 이런 식의 논리를 펴는 비평가의 입장에서 인간 본성에 대한 Rogers의 이해방식은 바로 개인이 자신의 행위와 경험의 유일한 중재자이며 평가자라는 심각한 자기도취에 빠지게 만들 위험이 있다고 본다. 하나님(God) 혹은 더 높은 영적 권위자에 대한 개념이 없다면, 개인은 완전히 자기망

상에 빠지고, 자기숭배 예찬에 압도될 가능성이 농후하다는 것이다. 인간본성에 대한 Rogers의 관점에 대하여 가장 적의에 찬 공격은 Paul Vitz의 『종교로서의 심리학(Psychology as Religion)』 속에 '자기숭배에 대한 예찬(The cult of self-worship)'이라는 제목으로 들어 있다(Vitz, 1977/1994). 이 책에서 기독교인이자 심리학 교수인 Vitz는 일반적으로 인본주의 심리학자들, 특히 Rogers가 인간본성을 다루는 심리학을 자기숭배에 기초한 세속적 인본주의 형태의 종교로 변질시켰다고 열띤 논박을 벌이고 있다.

기독교를 옹호하는 많은 사람이 인간본성에 대한 Rogers의 관점을 부적절하다고 보는 것은 인류의 근원으로서의 하나님을 부정하는 점에 있는 것이 아니라, 원죄의 참해를 인정하지 않는 데 있다. 무의식에 대한 Rogers의 노골적 무시에 대하여 정신분석가들이 당황스러워하는 만큼, 기독교도 비평가들의 입장에서 원죄의 참해에 대한 Rogers의 무지함은 정말 납득하기 힘든 일이다. 현재 성 아우구스티누스 교단에서 유래된 타락구속 신학(Fall Redemption Theology)의 전통교리 위에서 성장하여 잘살고 있는 기독교도들은 인간의 본성을 기본적으로 신뢰할만하고 앞으로 향해 나아간다고 보는 그런 어리석은 사람들을 상상조차 할 수 없다. 인간성에 대한 그와 같은 인식은 남자와 여자가 구원받을 필요도 없고, 구세주를 필요로 하지도 않으며, 예수의 죽음과 부활이 아무 의미도, 중요성도 없다는 것을 시사하기 때문에 대단히 위험한 것이다. 기독교도 비평가들에게 인간본성에 대한 Rogers의 관점은 그들이 이해하는 핵심에 일격을 가하는 것이며, 따라서 기회가 되면 가장 먼저 근절되어야 하는 최고의 이단으로 취급한다. Rogers의 관점에서 문제가 되는 것은 인간본성에 대한 이해뿐만이 아니다. 왜냐하면 인간의 기본적 결정과 인간에게 있는 타락을 향한 뿌리 깊은 경향성을 Rogers가 인정하려 하지 않는 것은 세상과 우주에 존재하는 악의 문제에 의문을 제기하게 되기 때문이다. 그런 비평가들은 이렇게 논쟁할 것이다. '이 세상에서 악마가 존재하지 않는다고 가정하는 것보다 더 악마를 기쁘게 하는 것은 아무것도 없다.'

치료의 실제에 대한 비평

Rogers는 1957년, 저명한 유태인 학자이자 철학자인 Martin Buber와 공개석상에서 만났다. 인간발달의 이해에 대한 Buber의 위대한 공헌은 남자와 여자가 기본적으로 관계적 창조물(relational creatures)이라는 믿음이다. Buber는 그의 저서 『나와 너(I and Thou)』(1937)의 출판을 기념하면서 '인생은 만남이다. 그리고 구원은 개인을 찬양하는 것도, 집단을 찬양하는 것도 아니라, 관계 속에서의 개방적 대화를 통하여 이루어진다.'라는 주제의 논문을 가장 소중히 평가하였다. 그런 Buber가 Rogers와 논쟁을 벌여야 했던 것은 너무 당연한 일이었다. 왜냐하면, Rogers는 치료자-내담자 관계의 본질이 치료의 근본이라는 것을 어느 누구보다도 강조하는 치료자로 묘사되기 때문이다. 그 당시 두 사람 사이에서 이루어진 대화는 여러모로 상당히 주목할 만하다. 그 대화는 Rogers가 내담자들과 경험했던 관계의 본질을 Buber에게 분명히 납득시키지 못한 채로 끝났다(Kirschenbaum & Henderson, 1990b: 63). 두 사람의 대화 마지막 순간에, Buber는 내담자-중심 치료에서 추구하는 치료관계가 사람(persons)이 아니라, 개인(individuals)을 만들어내는 결과를 초래할 것이라고 암시하였다. 그리고 Buber 자신은 개인을 반대하고 사람을 지지한다고 분명히 자기입장을 밝혔다. Buber의 설명을 인용하면, "개인(individual)은 스스로를 인간(human)으로 만들지 못하고, 점점 더 개인이 되어 갈지도 모른다. 나는 매우 개인이 되어 가는, 다른 사람들과 매우 구별되는, 내가 전혀 인간이라고 부르고 싶은 속성 없이 그렇고 그렇게 성장해 가는, 그런 사람들의 사례를 많이 안다." Buber는 치료관계의 상호성에 대하여 잘 납득되지 않았기 때문에, 그들의 대화에서 Rogers가 설명하고 탐구했던 치료의 실제에 대하여 불만의 여지를 남겼다. "당신들은 똑같지가 않아요. 그렇게 될 수가 없어요."라고 한마디로 말하고, 이 간단한 말 속에서 Buber는 Rogers 관점의 두 가지 핵심문제에 의문을 제기한다. 우선, Buber는 치료관계에서 일어나는 힘의 기반에 대하여 문제를 제기하고 있으며, 둘째, 만일 개인화 과정이 Rogers가 소위 말하는 '진정한 상호관계' 속에 단단히 정착되지 않으면 어떻게 될 것인지, 그 과정에 대하여 크게 우려를 나타낸다(Kirschenbaum & Henderson, 1990b: 50-63).

Rogers의 '심리치료 수행' 방식에 대한 많은 비평은 대체로 이런 쟁점과 관련된다. 즉, 치료자의 행동이 내담자에게 능력을 키워 주는 것이 아니라, 오히려 혼란스러운 상황을 만들 수 있다는 것이다. 치료자가 제공하는 수용과 공감은 내담자의 자기평가 기준을 박탈시켜, 결국 내담자의 자율성을 향상시키는 것이 아니라, 치료자에 대한 의존성만 높이는 결과를 초래한다. 더 나아가서, 내담자는 강력하고 억압된 감정과 더 많이 접촉하게 되는데, 만약 이때 치료자가 내담자의 이런 연결된 경험을 보호해 줄 수 없으면, 내담자의 자기개념은 더 강하고 독특해지다가, 결국 내담자는 소속감보다 오히려 소외감으로 뭉친 자기개념을 발달시키게 될 것이다.

내담자에 대한 치료자의 신뢰는 내담자-중심 치료의 대표적 특성인 관심 어린 공감적 경청으로 이어진다. 이 경청이 내담자를 깊게 수용하면서 이루어질 때, 대부분 내담자에게 치료자는 그/그녀의 경험 속에서 유일한 사람이 되리라는 것은 의심의 여지가 없다. 내담자의 삶 전체를 통해서 그렇게 헌신적이고 전심으로 내담자를 수용해 주는 사람은 아무도 없었을 것이다. 내담자에 대한 이런 경청과 수용은 내담자를 자유롭게 해 주고 옳다는 것을 확인시켜 줄 수도 있지만, 그런 경험은 오히려 내담자를 무력하게 만들 가능성도 많다. 내담자는 적어도 액면 그대로 자기 말이 모두 받아들여지고, 자기표현에 대하여 치료자에게서 어떤 평가나 의견도 제시받지 못하는 상황에 접하게 된다. Harry Van Belle은 이런 반응이 내담자를 극히 혼란스럽게 만들 것이라고 암시하였다. 왜냐하면 이런 반응은 내담자의 일상경험과 너무 다르기 때문이다(Van Belle, 1980: 148). 내담자들은 자기네가 통찰할 수 없는 방식으로 치료자가 자기들을 보고 있으며, 이런 점에서 치료자는 그들이 모르는 '뭔가를 해 낼 능력이 있는' 사람이라고 결론지을지도 모른다. 그런 상황에서 내담자는 선택의 여지없이 치료자를 전적으로 신뢰하게 될 것이라고 Belle은 말한다. 왜냐하면 내담자가 비록 자신은 스스로가 어떤 사람인지, 어떻게 처신해야 할지 모르지만, 적어도 치료자는 알고 있다고 가정하기 때문이다. 예상과는 다른 측면에서, 내담자에 대한 치료자의 신뢰가 관심 어린 경청, 공감적 이해 그리고 깊은 수용으로 표현될 때, 내담자는 스스로를 믿는 것이 아니라 오히려 치료자를 전적으로 믿게 된다는 것이다. Belle은 치료자의 반응이 내담자에게 스스로의 능력을 키워 주는 것이 아니라, 치료자의 야릇한 방식을 대하면서 혼동이 일어나 많은 의존심을 유발하게 된다고 암시하고 있다. 이것이 바로 Buber가 앞서 Rogers와의 대화에서 중요하다고 본 상호관계의 결핍이며, 확실하게 불편을 느꼈던 부분이다. Buber의 견해에 따르면, 진정한 나-너 대화의 특징인 창의성 결핍은 관계의 불균형을 초래하고, 반면 Belle의 견해에 따르면, 공감과 수용은 내담자에게 힘을 실어 주려는 진정한 의도에도 불구하고, 치료자에게 모든 힘을 남길 수 있다.

이와 같은 비평은 심각하다 못해, Rogers 신념에 일격을 가하는 내용이다. Rogers는 내담자의 인생에 간섭하지 않는 것을 중요하게 생각한다. 내담자의 성장과정을 감독하는 것이 아니라, 촉진시키는 것을 중요시한다. 그는 전통적인 의미의 해석과 진단을 금한다. 실제로 Belle이 지적하듯이, 그와 같은 행동은 반치료적인 것으로 간주된다(Van Belle, 1980: 146). 그런데 그런 피드백의 부재는 Rogers가 없애려는 힘, 즉 치료자와 내담자 간의 힘의 불균형을 늘리고 심지어 악화시킬지도 모른다.

더 심각한 것은 내담자가 말하는 것을 액면 그대로 받아들이는 Rogers의 수용에 대한 부분이다. Nye는 도움을 청하는 내담자에게 단순히 공감적 경청을 해 주고, 거기에서 얻은 자료를 토대로 치료하는 방법이 과연 적절한지에 의문을 제기하였다(Nye, 1986: 150). Nye는 사람이 '진짜' 느낌이나 생각을 적절하게 표현하는 것은 물론이고, 이해받는다는 것이 얼마나 어려운지를 뒷받침해 줄만한 심리학적 증거를 인용하고 있다. 이런 어려움과 함께 무의식은 물론이고 내담자의 말속에 들어 있을 의식적 왜곡까지 더해지면, 단지 개인의 말을 잘 경청해 줌으로써 이해할 수 있게 된다는 것은 정말 믿기 어려운 일이다. 이런 비난은 곧바로 Rogers의 방법이 현상학에 대한 불가피한 결과이고, Rogers의 방법과 현상학 모두가 똑같이 어리석다는 식으로 이어질 수 있다.

사람으로서가 아니라, 개인으로 성장하는 것에 대한 Buber의 불편함은 Rogers가 자신의 치료과정에 대한 관점에서 받은 비평 중에서 가장 심각한 비평에 속한다. 왜냐하면, 실제로 그렇다면 Rogers 업적의 이론체계 전체가 위험에 놓일 소지가 있기 때문이다. Buber가 암시한 바에 따르면, 사람이 아니고 개인일 경우 타인에 대하여 상응하는 인식도 없고 사회적으로 책임지는 행동도 발전시키지 못한 채, 자기만의 독특한 정체감을 강하게 형성시킬 가능성이 농후하다는 것이다. 다른 한편, Rogers는 남자와 여자가 본질적으로 사회적 창조물이고, 자신의 가치를 경험할 기회가 주어진다면 그들은 사회적으로 건설적인 방식으로 필연적인 발달을 하리라는 자신의 신념을 재차 확언하였다. 이렇게 낙관적인 관점에 대한 Buber의 의구심은 Rogers가 악에 대한 인간의 기본 성향을 인정하지 않는다는 기독교도의 반대 입장과 아주 흡사하다. 치료의 과정 측면에서 보면, 이런 주제는 Rollo May가 1982년 『인본주의 심리학 저널(Journal of Humanistic Psychology)』이라는 학회지를 통하여 Rogers에게 보냈던 '공개편지'에 잘 나타나 있다. May는 Rogers가 그의 동료들과 함께 20년 전에 정신분열증 환자들에게 실시했던 위스콘신 실험, 그리고 May 자신이 그 당시 녹음된 치료 테이프를 직접 들어 본 경험에 대하여 이 공개편지에서 언급하고 있다. May는 다음과 같이 말하였다.

당신이 보내 준 테이프를 듣고 저는 심리치료가 전반적으로 잘되었다고 느꼈지만, 분명히 빠진 게 한 가지 있다고 말씀드렸습니다. 그것은 내담자-중심 치료자들이 내담자의 악의 감정인 분노, 적대감, 부정적인 감정을 다루지 않았다는, 아니면 다룰 수 없었다는 점이었습니다.

May는 편지의 마지막 즈음에서 다음과 같이 덧붙이고 있다.

제 생각으로는 악에 대한 문제 혹은 오히려 악에 직면하지 않는 문제가 인본주의 심리학을 심하게 역행시키는 결과를 초래합니다. 저는 이것이 인본주의 운동에서 가장 중대한 실수라고 믿습니다(May, 1982: 10-21).

Buber와 May, 두 사람의 비평은 모두 내담자-중심 치료에서 진정한 상호관계가 결여된다면, 치료관계의 '실존성(realness)'이 존재할 것인지 그리고 치료자들이 자신들의 신넘 때문에 과연 내담자들 속에 있는 악과 파괴적인 성향을 알아차리고 직면시킬 능력이 있을 것인지에 대하여 의문을 던진다. 그들은 내담자-중심 치료가 부정적인 감정 다루기를 피하고, 오인된 자기사랑에 기초한 자기도취적 개인주의를 형성하도록 격려하는 꼴이 될 수 있다고 시사한다. 간단히 말해서, 내담자-중심 치료에 의해 이루어지는 치료과정은 믿을만하지 못하다는 것이다. Belle은 Rogers에 대해 대체로 호의적인 책을 저술하면서(Van Belle, 1980), Rogers가 기술하는 치료과정의 타당성은 물론이고, Rogers가 강조하는 과정과 변화성(changingness)의 전반에 걸쳐 의문을 제기하면서 논쟁에 불을 붙이고 있다.

Belle은 Rogers의 '충분히 기능하는 사람'의 개념에서 가장 칭찬할만한 것은, 변화성의 본질이라고 말한다. 사실 Rogers에게 충분히 기능하는 사람은 '하나의 과정으로서의 인간의 전형적인 본보기'이다. Belle은 이 개념을 걱정스럽게 생각하는데, 왜냐하면 남자와 여자가 무리한 변화를 추구하도록 격려받아 자신의 진정한 정체감을 잃을 위험이 있다고 보기 때문이다. 다시 한 번 거기에는 혼란, 방향감각 상실, 어디에 정착해야 할지 모르게 될 위험이 숨어있다. Belle은 치료과정 자체가 필연적인 경로를 따르게 될 것이라는 Rogers의 확신에 대해서도 불편하기는 마찬가지다. Belle은 내담자가 감정을 개방적으로 표현하고 치료자의 공감과 수용을 받으면, 자동적으로 통찰과 인지적 명료화가 일어날 것인지에 대하여 의문을 제기하고, 이런 일이 일어나면 내담자가 자기통찰에 근거하여 행동으로 옮길 능력이 뒤따를 것인지에 대하여도 역시 의문을 갖는다. 치료과정의 필연성에 대한 Belle의 의구심은 너무 커서 Rogers의 기본적인 신념, 즉 치료자는 단지 치료과정이 일어나도록 내담자와 함께하는 사람으로서 촉진자가 되면 된다는 것까지도 의심한다. 책을 마무리하면서 Belle은 치료를 하나의 촉진적인 결과로 보는 생각과 일단 핵심조건만 갖추어지면 내담자에게 치료과정이 저절로 일어날 수 있다는 신념까지도 거부한다. Belle은 만일 그 과정이 일어나려면, 치료과정 매 단계마다 치료자가 개입하는 도움이 필요할 것이고, 치료가 반드시 상호 협력하는 활동이어야 한다고 말하였다. 실제로 Belle이 정확하고 세심하게 Rogers의 이론적 신념과 임상실습을 정성 들여 탐구한 후에, 책의 마지막 4분의 1을 남겨 놓고, 그가 이제까지 밝혀 온 내용을 부분적으로 뒤엎기 위해 써 내려갔다는 결론은 피할 수 없다(Van Belle, 1980: 145-155).

끊임없는 논쟁을 일으키고, 의견 차이에 자주 불을 지핀 한 가지 문제에 주의를 돌리지 않고 Rogers 치료의 실제를 비평하는 것은 불가능하다. 정신분석학자들에게 전이의 개념은 치료과정을 이해하는 중심이다. 그리고 그 전이의 '훈습'이 종종 성공적인 치료결과를 이루는 기본으로 보인다. 그런 훈습과정을 통해 내담자가 과거의 감정을 치료자에게 전이시키면서 초기관계를 다시 재경험할 기회를 갖는다. 그렇게 하면서 내담자는 치료자에 대하여 긍정적이고 요구적인, 심지어 거부적인 감정을 번갈아 경험한다. 그런 과정이 진행될 때 치료자는 내담자에 대하여 부적절한 감정반응인 역전이가 일어나지 않고, 감정 교란이 일어날 수 있는 상황에서 객관성을 유지하기 위하여 자신을 잘 지켜야 한다. 정신분석학자들이 보기에 Rogers는 무의식적 힘에 대한 관심이 부적절하기 때문에 내담자-중심 치료에는 적어도 외관상으로 전이-역전이의 역동 전부가 빠져 있다. 하지만 정신분석학자들의 비평에 따르면, 전이는 치료자의 인식 여부에 관계없이 일어난다. 그리고 Rogers는 무의식 차원을 인정하지 않기 때문에 입증될 수 없는 현실 특성을 내담자와의 관계 탓으로 돌릴 위험이 있다. Rogers 자신은 논쟁의 소지가 있는 이런 쟁점에 대하여 결코 길게 논박하고 싶어 하지 않았다. 하지만 전이의 개념은 이미 널리 알려져 있고, 여전히 심리치료 전문영역은 물론 대중에게도 중요한 문제로 자리매김하고 있기 때문에 Rogers의 '치료하는' 방식에 대한 비평적 반응을 소홀히 다룰 수는 없다.

제프리 매슨(Jeffery Masson)의 사례

과거에 정신분석가로서 활동한 적이 있으며, Freud에 관한 기록 사업의 감독이었던 Jeffery Masson은 1989년에 그의 책『심리치료에 반대하여(Against Therapy)』에서 다름 아닌 바로 이 현대 심리치료의 초석에 대하여 대단한 공격을 퍼부었다. 정신분석에 대한 그의 환멸은 훨씬 전,『진실에 대한 공격(The Assault on Truth)』(1984)이라는 책 속에서 '유혹이론에 대한 프로이트의 억압(Freud's suppression of the Seduction Theory)'을 공격하면서 시작되었다. 그러나 1989년에 쓴 책에서는 훨씬 더 폭넓게 비난하였다. Masson의 논문에 따르면, 다른 사람의 현실을 왜곡하는 것이 심리치료의 본질이기 때문에 심리치료라는 구조 안에는 이러저러한 학대가 들어 있다는 것이다. Masson의 책에는 정신분석 역사상의 다양한 인물에 대하여 통렬하게 탐색한 것이 대부분을 차지하고 있으며, 거기에서 그는 소위 '지시적 정신분석'의 선구자로서 의혹 받는 John Rosen에 대하여 가장 심하게 공격하고 있다. 심리치료 내의 성 문제와 구타에 관한 장이 있는데, 그 장에서는 가장 극심한 신체적 · 성적 학대에 대한 증거가 제시되어 있다. 그리고 바로 그 다음 장에서 Masson은 자신이 알기에 '친절하고 온정적이고 도움이 된다.'라고 널리 알려진 치료자들에게 관심을 돌리고 있다. Masson의 공격 대상에서 인정 많은 독재자, 즉 치료에서 명백한 학대자로서의 기본요건을 갖추고 있다고 그가 이미 폭로한 바 있는 유형에 속하는 사람이 바로 Rogers다.

Masson은 치료자가 짧은 기간 동안에 핵심조건을 '역할연기' 하도록 해 주는, 즉 치료상황 자체의 인위성 때문에 내담자-중심 치료자에 의하여 제공되는 관계에는 진정한 진실성이 존재할 수 없다는 것을 증명하려고 노력한다. Masson의 논쟁에 따르면, '현실세계'에서는 어느 누구도 Rogers가 치료자로서 해야 한다고 처방하는 그런 것들을 해 줄 수가 없다. '만약 치료자가 치료시간 동안에 그렇게 한다면, 즉 치료자가 전적으로 수용적이고 전적으로 이해하는 것처럼 보인다면, 그것은 단지 인위적인 것에 불과하다. 그것은 현실이 아니다.' 더 나아가서, Masson은 사회활동과 여러 가지 압력의 결과로 수많은 내담자가 겪었던 부당한 조치들에 대하여 Rogers가 완전히 냉담했다고 비난한다. 입원치료 중이었던 조현병 환자를 대상으로 Rogers가 연구한 위스콘신 과제를 분석하면서, Masson은 환자를 학대하는 정신과 치료에 대하여 Rogers는 냉담하였으며, 수많은 환자가 겪었던 부당하고 굴욕적인 증거가 있는데 이를 모른 척했다고 비난하였다. Masson은 Rogers 스스로가 전문가로서의 이익을 챙기고 연구 과제를 수행하기 위하여, 병원관계자들과 은밀하게 결탁했다고 호되게 비난하였다. 책의 마지막 부분에서 Masson은 공감적 반응의 실제 측면과 내담자의 말에 어떤 해석도 해 주지 말아야 한다는 Rogers의 단호한 의지 측면으로 그의 관심을 돌리고 있다. Masson은 Rogers가 내담자의 사고 과정을

방해하지 않으려는 진실한 바람에 대하여는 칭찬하지만, 이
것 역시 가능하지 않다고 결론 내리고 있다. "이 딜레마에서
빠져나갈 방법은 전혀 없다. 다른 사람의 현실을 왜곡하는
것이 바로 치료의 본질에 내포되어 있다"(Masson, 1989: 229-
247).

　Rogers에 대한 Masson의 공격은 Masson이 심리치료의 실
제와 전문성 전반에 걸쳐 퍼부었던 맹공격의 맥락에서 이
해되어야 한다. 하지만 그의 구체적인 비평 중에는 이 장에
서 언급된 다른 학자들의 견해가 되풀이되고 있다. 심리치
료 관계의 인위적인 본질에 대한 Masson의 냉소적인 관점
은 Buber가 제기한 의구심을 훨씬 더 극단적으로 표현한
것이다. Masson이 Rogers에 대하여 사회적 부당함의 현실
과 의학적인 힘의 남용에 대하여 관심이 부족하다는 비평은
Rogers가 외적인 영향력에 대한 평가를 지나치게 소홀히 한
다고 보는 행동주의자들의 관점보다 훨씬 더 공격적이다. 내
담자의 현실을 왜곡하지 않고 공감적 이해를 하는 것은 불가
능하다는 Masson의 비평은, Belle이 공감과 수용을 통하여
내담자에게 힘을 불러일으킬 수 있다는 것에 문제를 제기한
것과 동일한 유형의 비평이다. 하지만 Masson의 공격이 설
득력을 지니는 것은 Rogers의 선의를 인정하고 있다는 점에
있다. 선의의 독재자는 악의를 가진 독재자만큼이나 사악한
인물로 간주된다. 왜냐하면, 그 선의의 독재자는 남모르게

은밀한 힘을 행사하기 때문이다. Masson은 내담자에게 전혀 힘을 행사하지 않았다고 주장하는 Rogers의 경우, 이면에 힘의 남용이 숨겨져 있다고 논박할 것이다. 내담자에게 힘을 갖도록 하기 위해서 본인은 전혀 힘을 행사하지 않는다고 자칭하는 치료자가 실제로는 강력하고 교묘하게 또 다른 사람의 인생에 개입하고 있다.

연구에 대한 비평

Levant와 Shlien의 『내담자-중심 치료와 인간-중심접근 (Client-Centered Therapy and the Person-Centered Approach)』 (1984)이라는 책의 서문에서, 편집자들은 내담자-중심 치료 연구영역에서의 난처한 상황을 지적한다. 그들은 1970년대 중반까지 심리치료의 필요충분조건에 관한 Rogers의 가설, 혹은 적어도 촉진적인 조건과 치료성과와의 관련성에 대하여 상당한 지지가 있었다는 것을 보여 준다. 하지만 1970년대 말에 이르러, 내담자-중심이 아닌 다른 전통을 따르는 연구자들도 연구에 가담하고 다른 학자들이 이전에 수행한 연구 중에서 잘못 설계된 연구물을 밝혀냄에 따라, 이런 호의적인 결론이 논쟁의 대상이 되었다. Levant와 Shlien은 내담자-중심 치료에 관한 연구방법론 또는 성과에 대한 평가, 그 어느 것도 그리 자랑할 만하지 못하다는 결론을 내렸다. 이렇게 암울한 결론은 내담자-중심 치료자들이 과거에 심리치료의 전체 영역 중에서 가장 잘 연구된 것이 자기네 접근이라고 표현한 적이 있었는데, 그 명성을 다소 훼손시킨다.

하지만 이 책의 후반부에서 Neill Watson은 많은 연구물을 자세히 조사하면서 더 심한 비평을 늘어놓았다. 그는 Rogers의 가설 전체를 제대로 검증한 연구는 그때까지 한 편도 없었다고 결론지었다. 특히 그는 내담자가 관계에 대하여 어떻게 지각하는지는 가설검증을 기본으로 해야 하는데 수많은 연구물이 이것은 전적으로 무시하고, 상담자가 제공하는 조건에 대한 평가자 평가방식을 사용해 왔다는 사실에 주목하였다. 치료관계에 대한 내담자의 지각을 탐색한 연구에서조차 연구자들이 가설로 설정한 모든 조건을 연구에 포함시키지 않았고, 따라서 Rogers의 명제가 역점을 두는 일련의 필요충분조건을 확인하는 데 실패하였다. Watson은 그가 조사했던 것을 이렇게 마무리한다. 'Rogers의 가설을 검증하기 위하여 25년간의 연구노력이 있었지만, 이렇게 중요한 이론에 대하여 타당성을 부여할 만큼 충분하게 엄선된 연구는 아직까지 없다'(Watson, 1984: 40).

Watson의 조사는 치료과정에서 내담자가 지각하는 경험을 토대로 연구한다는 것이 얼마나 어려운 작업인지를 말해 주고 있어서 흥미롭다. '전문가'라는 외부평가자의 도움에 의지함으로써 Rogers의 가설들을 무의미하게 만들고 있지만, 그와 같은 연구는 가설을 검증함에 있어서 그것이 부적절하다는 인식 없이, 때로는 Rogers의 부추김에 따라 선의로 이루어져 왔다. 내담자-중심 치료에 대한 연구가 적절하지 못하다고, 혹은 결론에 도달하지 못한다고 비평하는 사람들은 그럴만한 이유가 있다. 하지만 만일 내담자의 현상학적 세계가 연구의 초석이 되어야 하고, 그것이 바로 내담자-중심 치료자들의 치료적 노력에서 중심이라면, Rogers가 말년에 새로운 연구 패러다임이 필요하다고 점차 인식한 점도 다시 한 번 상기해볼 만한 가치가 있다.

최근 몇 년 동안에는 영국을 포함한 여러 나라에서 인간-중심 접근 관련 연구의 지위가 '증거에 기반을 둔' 행동강령의 출현 때문에 더 큰 차질을 겪고 있다. 재정통제의 시기에 점점 더 쥐어짜여진 건강예산과 더불어, 정부와 지원 단체들은 '실험적으로 뒷받침된 심리치료'의 목록을 배출하는 데 대단히 관심이 많다. 여기서 실험적 뒷받침이란 양적 방법과 무선할당통제실험에 의존한 연구를 일컫는다. 그와 같은 연구는 인간-중심 연구자들의 자연스런 성향에 크게 도움을 주지 못하고, 주관적 경험과 치료관계를 중요시하는 Rogers의 강조와 종종 부합되지 않는다. 이런 분위기 속에서, 공공정책 서클에서 그리고 심지어 좋은 등급을 받는 인지행동 치료자들 간에서도, 인간-중심 치료의 효과를 보여 줄 증거가 없다는 비평이 종종 들린다. 이런 비평을 좀 더 정확하게 진술하자면, '치료접근의 실험적 타당성을 확립하기 위하

여 정부와 지원 단체들에 의하여 설정된 좁은 기준에 맞는 증
거는 없다.'

더 최근의 비평

지난 10년간 상담과 심리치료 분야는 영국뿐만 아니라, 세
계 여러 나라에서도 괄목할 만한 변화가 있었다. 책임성과
비용 효과성이 관심을 끄는 포괄적 표어가 되었으며, 동시에
주정부에 등록되고 규제된 전문성을 향한 움직임이 박차를
가하여 왔다. 그런 발달은 재원확보를 꾀하는 전략을 조장하
고, 점점 더 정부정책에 종속되며, 경쟁적이고 소송을 좋아
하는 문화 속에서 정해진 소유권과 충돌하는 것을 두려워하
는 직업의 출현을 촉진시켰다. 그와 같이 숨겨진 의제들과
치료실제의 획일성을 향한 불가피한 경향성을 띠는 배경은
인간-중심 치료와도, 그리고 Rogers가 의미했던 모든 것을
알려 주는 정신에도 맞아 떨어지지 않는다. 그런 배경은 모
든 사람에게 똑같은 기회를 제공하고 모든 시민이 훨씬 더 높
은 삶의 기준을 성취하도록 고안된 최상의 환경이라고 가장
한 본질적으로 물질적이고 권위적인 문화다.

그와 같이 변화하는 분위기 속에서 인간-중심 치료에 대
한 비평은 급격히 확산되어 왔다. 그 비평들이 얼마나 다양
한지 정말 당혹스럽다. 풍요로운 사회표면의 밑바닥에 깔려
있는 폭력성과 역기능이 비참하게 드러남에 따라 인간-중심

치료 접근은 너무 부드러우며, 엄격함이 부족하고, 그저 중류층의 '걱정 많은 사람'에게나 적절하다는 비난을 면치 못하고 있다. 또한 인간-중심 치료는 정신병리학 분야와 성격장애 치료에는 아무것도 제공해 주지 않는다고 호된 비난을 받고 있다. 이것은 진지하지 못하고, 납득할 만한 성격발달 이론이 결여되어 있다고 비난받는다. 이것은 너무 모호하고, 파악이 안 되며, 무엇보다 경험적으로 수량화할 수 없는 것처럼 보인다. 이런 비평목록을 마무리하면, 인간-중심 치료는 잠정적으로 내담자와의 학대적인 친밀성을 장려하고, 어떤 경우에도 집중적인 단기치료에는 부적절하며, 그렇게 때문에 너무 비싸다는 생각이다.

비평에 대한 요약

Rogers와 그의 업적에 반대하여 겨누어진 수많은 비평은 Rogers가 개인에 대하여 지나치게 부풀린 신뢰와 존중을 한다고 보는 관점에서 출발한다. 그러한 관점은 사람을 치료하는 데 그들의 전문가적 정체성을 심리학적 전문성과 지식에 밀접하게 의존하는 사람들에게 위협적이다. 모든 종류의 제도에 대한 깊은 양가감정, 권위에 대한 Rogers 자신의 불신 그리고 의미 있는 것은 어떤 것도 가르쳐질 수 없다는 확신에 의해, Rogers는 그와 같은 불안을 더 증폭시켰다. 행동에 의미 있는 영향을 줄 수 있는 학습이란 단지 스스로 발견하는 학습이라고 Rogers는 믿었다.

인간본성에 대한 Rogers의 관점은 광범위하게 다양한 비평가들에게 받아들여질 수 없는 것으로 입증되었다. 정신분석가들과 수많은 기독교 주석자의 관점에서 볼 때, Rogers는 인간의 잠재력을 지나치게 낙관적으로 지각할 뿐만 아니라 무의식과 악의 영향력도 지나치게 경시하고 있다. 고전적 행동주의자들의 입장에서, 인간 성격의 주관적 핵심에 대한 Rogers의 믿음은 환경조건들과 행동 강화의 영향을 부정하기 때문에, 결코 입증될 수 없는 가설로 남아있다. 인지행동주의자들의 입장에서 Rogers는 인지적 과정과 역기능적 행동의 관계에 대하여 충분한 관심을 기울이지 못하고 있다. 이 모든 비평을 통해서 볼 때, 내적 평가소재는 바람직한 안내자로서 믿을만하다는 Rogers의 생각은 설득력이 없어 보인다.

Rogers 치료의 실제는 많은 측면에서 비평을 받아 왔다. 하지만 그 어떤 비평보다 가장 심각한 비평은 내담자-중심 치료자들에 의해 만들어진 관계가 과연 내담자의 사회적 반응 태도를 개발시키는 데 효과가 있느냐에 대한 의구심이다. Belle도 논박한 바와 같이 핵심조건이 내담자의 자율성을 촉진시킨다고 믿는 것은 오해의 소지가 있으며, 깊은 공감과 수용을 경험하는 것이 실제로는 치료자에 대한 깊은 의존성을 야기할지도 모른다는 것이다. Belle은 또한 치료가 단순히 촉진적이어야 한다는 생각에 대하여도 의심을 표현했으며, Rogers가 묘사한 치료과정의 불가피성에 대하여도 문제를 제기하였다. 내담자-중심 치료에서 주장하는 치료관계의 타당성은 수많은 분석주의자가 보기에는 다분히 미심쩍어 보인다. 분석주의자들은 Rogers가 전이과정을 소홀히 함으로써 치료결과에 도달하기 어렵게 하기 때문에, 이 점을 실패라고 본다.

Masson이 일반적인 심리치료에 대하여, 그리고 인정 많은 폭군의 예로 제시한 Rogers에 대하여 겨눈 혹독한 공격은 다른 저자들 안에서 구별될만한 반대의 맥락을 한층 강하고 과격한 형태로 끌어들이고 있다. Masson 비평의 설득력은 Rogers의 자비심 때문에 그의 치료 실제를 특징짓는 힘에 대한 본질적 남용이 눈에 띄지 않는다는 주장에 있다.

내담자-중심 치료에 관한 많은 연구는 여러 가지 관점에서 심각한 결함을 드러낸다. 내담자-중심 치료가 실험연구의 지지하에 있다고 Rogers가 늘 말했던 자랑은 이제 더 이상 확신을 주기 힘들다. 오히려 지금까지의 흐름으로 볼 때, Rogers가 초기에 설정했던 가설은 검증되지 못한 채로 남아 있다. 더구나, 그 비난은 최근에 이루어진 연구가 없거나 아니면 거의 없다는 광범위한 믿음에 힘입어, 인간-중심 치료가 작동한다는 증거가 없다는 것을 고집한다.

지난 10년 동안 Rogers의 업적에 가해진 수많은 비평은 비용 면에서 효과적이고, 경험적으로 입증된 절차를 따라야 한다는 강박적인 생각에 더 많은 지지를 받는 '감시문화'와 '낮은 신뢰 이데올로기'의 발달로 부활되고 더 강해졌다. 그런 분위기 속에서 가짜 전문주의와 관료적 권력주의자들을 일생동안 불신해 온 Rogers는 그의 경고를 한층 더 무시하고 못마땅하게 여길 사람들을 상대로 다시 한 번 성가신 혁명가의 역할을 떠맡고 있다.

비평에 대한 항변

시대적 관련성

1988년에 스트래스클라이드 대학교에 재직하는 동료 Dave Mearns와 나는 책을 한 권 썼는데, 우리는 인간-중심 이론의 접근을 영국 대중에게 새로운 방식으로 상기시킬 만한 이론과 실제를 기술하고 싶은 희망으로 이 책을 집필하였다. 『인간-중심상담의 실제(Person-Centered Counseling In Action)』는 1999년에 두 번째, 2007년에 세 번째 개정판이 나왔으며, 현재 네 번째 개정판이 준비 중인데, 이 책의 판매량은 거의 15만 부에 육박한다. 이 책은 일본과 중국을 포함하여 여러 나라 언어로 번역되었다. 내가 여기서 이렇게 만족할 만한 사실에 대하여 보고하는 이유는 단지 자랑하고 싶어서가 아니라, 여기에는 굉장한 역설적인 부분이 있기 때문이다.

Rogers는 끊임없이 학계의 여러 영역에서 밀려나기 일쑤이고, 인간-중심 업적은 빈번히 시대정신과 동떨어졌다고 혹평받으며, 21세기 인간이 직면하는 도전과도 관련성을 찾기가 힘든 데도 불구하고, 도대체 어떤 이유에서 인간-중심 치료를 담은 책자가 그토록 엄청난 판매량을 기록한 것일까?

이런 수수께끼 같은 현상에 대한 나의 답변은, 2001년 9월 11일 발생한 섬뜩한 사건과 그 여파를 보며 더 명확해졌다. 전 세계가 격변의 한 모서리에 서 있으며, 이제 물질주의 윤리관은 무참히 공격받을 것이다. 게다가 공산주의의 붕괴는 무서운 만행의 종교적 원한과 더불어 오랫동안 억눌렸던 국가 간, 민족 간의 적대감을 부활시킨 공백을 남겼다. 이런 분위기에서 상담과 심리치료 분야의 많은 사람이 물질주의 문화에서, 그리고 종종 문화적이고 규명하기 힘든 문제에 뿌리를 둔 실존적이고 행동적인 문제를 신속 경제적인 해답만 추구하는 조직에서, 점차 깨어나고 있다는 것은 그리 놀랄 일이아니다. 덧붙여서 종교적이든 심리학적이든 인류의 다양하고 기괴한 행동에 대하여 복잡하고 지적인 설명을 붙이려는 '주의'라는 것에 대한 불신이 나타나고 있다. 모든 초화술론(metanarritives)은 미심쩍은 포스트모던 시대에, Rogers의 주관적 경험에 대한 깊은 존중과 인간-중심 치료 이론적 틀의 정연한 단순함은 종종 개인에게, 그 개인이 내담자이건 예비치료자이건 관계없이, 자신의 고유한 자원과 세상의 존재방식을 발견할 수 있도록 새롭게 확장된 활동무대를 제공한다.

오늘날 삶에서 경험하는 분열과 단절은 종종 공허감과 소외감을 일으키며, 여기에 더하여, 주관적 경험에 대한 Rogers의 검증과 촉진적 관계에 대한 그의 공들인 탐색의 결과, Rogers와 인간-중심 접근은 어떤 유형이든 독단적 엄격함에 신앙심을 완전히 상실한 사람들과 인간관계에서 의미와 친밀감을 추구하는 사람들에게 좋은 인상을 준다. 게다가 비록 Rogers가 학계에서 항상 영광을 차지하지 못하고, 정신분석이나 행동주의 학파들의 생각이 꾸준히 지배하는 전문영역에서 거의 존경 받지 못하더라도, 수많은 자조집단과 대학에서 상담기술이나 인간관계 프로그램에 활기를 주고 버팀목이 되어 지지해 주는 것은 Rogers의 업적이다. 지난 20년 동안에도 영국의 대학가에서는 인간-중심 학자들이 상급의 학문적 지위를 차지하고 인간-중심 치료자들이 대학상담센터를 운영하고 감독하면서, Rogers 업적에 대한 관심이 상당히 부활되었다. 역시 최근 몇 년에 걸쳐 인간-중심 접근에 전념하는 영향력 있는 전문학회들도 설립되었으며, Rogers의 이론과 실제에 대한 연구와 발전을 꾀하려는 수많은 출판물도 보인다. 인간-중심 접근과 그 개발에 거의 집중적으로 전념하는 출판사(PCCS Books of Ross-on-Wye)가 영국에서 전례없는 성장기간을 나타내고 있으며, 영국 저자들뿐만 아니라, 미국과 유럽의 저명한 심리치료자들에 의해서도 출판되고 있다는 것은 사소한 일이 아니다. Rogers가 기술시장이나 '신자본주의'의 광적인 재정지향의 특성과 조화를 이루지 못한다면, 현실에 대한 기계적이거나 잘못된 과학적 관점과 타락한 정치가들의 부적절함에 환멸을 느낀 사람들에게 Rogers가 영감을 주는 원천이자 집결점이 되어 왔다는 것에 이의를 제기할 수 없다. 종종 재앙에 이른 것처럼 보이는 세상과 사회에서, Rogers의 인간에 대한 신뢰와 인간의 영혼에 자양분을 줄 상호 관계적 환경 개발에 헌신한 그의 투혼은 무의미함의 가장자리에서 비틀거리고 폭력과 절망의 황폐화로 고통받는 세대에 희망을 제공한다.

인간의 본성

Rogers는 인간의 본성에 대하여 지나치게 낙관적인 관점을 지닌다고 비평하는 사람들에게 항상 똑같은 답변을 하였다. 심리치료자로서 자신이 직접 경험한 것을 언급하면서 그 증거를 제시하였는데, 이는 그가 1957년에 쓴 글에 잘 나타난다.

인간의 가장 기본적 특성에 대한 나의 관점은 심리치료에서 내가 스스로 경험한 것을 토대로 형성되었다. 그 관점들은 내 경험에 비추어 어떤 것이 인간을 묘사한 것인지, 그리고 어떤 것이 인간을 묘사한 것이 아닌지에 대한 나의 관찰이다.

간단히 진술하면……

나는 기본적으로 적대적이라거나, 비사교적이라거나, 파괴적이라거나, 사악하다라는 용어로 묘사될 만한 본성을 지닌 인간을 발견하지 못하고 있다.

나는 인간의 기본적인 본성에서 완전히 본성이 없는 인간, 어떤 것이든 쓰일 수 있는 백지상태의 인간, 혹은 유순해서 어떤 형태로든 형성될 수 있게 잘 바뀌는 그런 인간을 발견하지 못하고 있다.

나는 사회에 의해 불운하게 둘러싸여 있으며, 더럽혀지더라도 근본적으로 완전한 존재인, 그런 사람을 발견하지 못하고 있다.

내 경험을 통하여 나는 인간의 종(species) 속에서 선천적인 듯한 특성을 지닌 인간을 발견해 왔고, 그리고 그런 특성을 묘사할 수 있는 용어들은 긍정적이며, 앞으로 나아가고, 건설적이며, 현실적이고, 신뢰할만하다는 것이다(Rogers, 1957b: 2000).

1982년에 May의 '공개편지'에 대한 답변과 기독교도 비평가인 Vitz의 공격에 대하여 Rogers는 다음과 같이 썼다.

나는 인본주의 심리학이 나르시시즘을 부추겼다는 것과 수많은 개인이 '자기애에 빠져있다'는 말에 접할 때, '그렇지 않다!'고 크게 외치고 싶어진다……. 내가 접했던 집단에서의 경험에 비추어 보면, 오히려 진실은 그와 반대로 나타났다. 내 집단의 참가자들은 현실적인 성향으로 사회적 행동을 이끌어 간다. 사교 애호가로서 집단에 들어온 사람들은 더욱 사회적으로 현실적인 사람이 되지만, 여전히 행동에 옮기고 싶어 한다. 사회적인 쟁점에 별 의식이 없는 사람들은 더 많은 인식을 하게 되고, 그런 문제에 관련하여 현실적인 행동을 선택한다. 이런 증거들은 참만남 집단과 워크숍에 참석한 사람들에게서 얼마든지 찾을 수 있다. 비합리적인 분노와 폭력은 완화되지만, 현실적인 유형의 행동은 더욱 증가한다(Rogers, 1982: 85).

자기애에 관한 이슈는 1956년에 신학자 Reinhold Niebuhr에 의해 쓰인 『역사의 자기와 드라마(The Self and Dramas of History)』라는 책을 Rogers가 비평하면서 또다시 언급하고 있다. Niebuhr의 원죄에 대한 생각을 반박하면서 이번에도 Rogers는 치료 경험에 비추어 설명하였다.

Niebuhr는 개인적 자기(individual self)가 기본적으로 부족하다는 생각인데, 내가 경험적으로 발견한 것과는 완전히 다르다. Niebuhr는 '원죄'란 분명히 자기애이며, ~인 체 하는 것, 지나치게 많이 요구하는 것, 자기실현 후에 잡는 것이라고 한다. 그런 글을 읽으면서, 나는 사람들이 성장하면서 겪는 경험을 상상해 보려고 노력한다. 나는 25년이 넘는 세월 동안 부적응하고 문제 많은 개인들을 심리치료라는 친밀한 개인적 관계를 통하여 만나 왔다. 물론 이것이 모든 공동체를 완전히 대표하는 집단은 아니다. 하지만 대표성이 전혀 없는 집단도 아니다. 내가 그들을 알아 온 바대로 그 사람들 안에 있는 어려움의 가장 중심이 되는 핵심을 탐구해 보면, 대체로 그들은 스스로를 경멸하고, 스스로가 가치 없고 사랑받을 만하지 못한 존재라고 여긴다……. 나는 자기애가 근본적이며 만연되어 있는 '죄'라는 생각과 철저히 다른 생각을 갖고 있다 (Rogers, 1956: 4).

신학자들과 심리학자들의 유사한 주장으로 인해서 인간에 대한 Rogers 자신의 경험은 그를 끊임없이 난처하게 만들었다. 위에 인용된 1957년의 논문에서, Rogers는 인간을 '선천적으로 악' 혹은 '선천적으로 파괴적'이라고 보는 프로이트 학파 Karl Menninger의 진술 때문에 어리둥절했다고 고백한다. Rogers는 친밀한 치료관계 속에서 유사한 목적을 가지고 일하는 Menninger와 자신이 인간에 대하여 어떻게 그리도 다른 관점을 가질 수 있는지 스스로 자문한다. Rogers는 인간의 본성에 대한 프로이트 학파의 관점과 자신의 관점 간의 커다란 차이를 설명하기 위해 가설을 내세우기까지 한다. 흥미롭게도 그는 Freud가 자기분석에 의지했기 때문에, 표면적으로 파괴적이고 부정적인 자기(self)의 측면이 의미 있고 건설적인 역할을 하는 것으로 온전히 받아들이는 데 필수인 따뜻한 수용적 관계를 경험하지 못했다고 넌지시 말한다.

인간본성에 대한 Rogers의 깊고 지속적인 신뢰가 현실적으로 악한 행동을 못하게 한 것은 아니었다. Niebuhr의 저서에 대한 논쟁에서, Rogers는 자신을 낙관론자로 본 견해에 대하여 논박한다. 그의 글에 따르면 다음과 같다.

> 나를 낙관론자로 생각하는 건 '당황스럽다'. 전체적으로 나의 전문적인 경험은 인생에 대한 어둡고 종종 추악한 측면과 더불어 이루어져 왔다. 그리고 인간이 얼마나 파괴적인 행동을 할 수 있는지에 대하여 너무나 잘 알고 있다. 하지만 그 동일한 전문적인 경험이 나를 인간에 대하여 깨닫도록 만들어 주었는데, 최악의 가장 병적인 상태에 처한 인간도 더 깊게 알고 보면, 결코 악하지도, 악마와 같은 존재도 아니다(Rogers, 1958: 17).

Rogers는 May에 대한 회답에서도 유사하게 쓰고 있다.

> 내 경험에 따르면, 모든 인간은 악한 행동을 저지를 능력이 있다. 다른 사람과 마찬가지로 나 역시 살인적이고 잔인한 충

동, 남을 해치고 싶은 욕망, 분노감, 내가 의도하는 대로 남에게 강요하고 싶은 욕구 등을 지니고 있다……. 나 또는 누구든지 이런 충동을 행동으로 옮길 것인지, 아닌지는 두 가지 요인에 달려있다. 그 요인이란 하나는 사회적 조건화, 두 번째는 자발적인 선택이다……. 물론 정도의 차이는 있겠지만, 나는 적어도 이론상으로 모든 악한 행동은 이런 요인들에 의해 일어난다고 믿는다(Rogers, 1982: 88).

Rogers가 자신의 치료경험에서 굉장한 긍정적 자료를 얻었음에도 불구하고, 인간에 대하여 본질적 신뢰를 지지한 자신의 주장에 전적으로 만족한 것은 아니라는 증거가 있다. May에게 회답하면서, Rogers는 Stanley Milgram과 Philip Zimbardo의 유명한 실험에서 '충격적인 수수께끼'를 발견했다고 인정한다. 그 실험의 첫 번째 사례에서는 60%의 사람들이 뻔히 그 사실을 알면서도 타인을 죽일 수 있는 만큼의 전압으로 전류를 올릴 의도가 있다는 것이 드러났다. 두 번째 사례에서는 무작위로 배정된 '간수'와 '죄수들'이 순식간에 생명을 위협할 정도의 난폭한 파괴적 상황에 휩쓸렸다. 더 나아가서, 1981년에 단기간 출판된『국제 비망록 탐구(International Notebook Journey)』라는 학술지 1호에서 Rogers가 톱기사로 다음과 같은 글을 썼다.

우리는 종종 이런 질문을 받는다. 인간 본성의 사악함 혹은 어두운 측면, 즉 그림자 측면을 어떻게 설명하는가? 비합리적인 난폭성과 늘어만 가는 범죄율 등에 대하여 우리는 어떻게 설명하는가? 나는 이 질문에 대한 답을 우리가 가지고 있다고 스스로 느끼지만, 그것이 과연 적절한 답변인지에 대한 확신이 없다(Rogers, 1981: 1).

적절한 답변이든 아니든 Rogers는 인간 본성이 긍정적이고 신뢰할만하다는 기본 믿음에서 벗어나지 않았으며, 여러 해 동안 그는 지속적으로 자신의 치료자로서의 경험에 우선순위를 두었다. Rogers는 마음속 깊이 자리 잡고 확신의 버팀목이 되었을 신학적 전통에 아주 무지한 사람 같았다. 원죄에 대한 근본적 아우구스티누스 교단의 교리에 빠졌던 기독교 작가들에게서 받은 공격과 더불어 Rogers의 집안 배경은 Rogers가 생을 마감할 때까지 기독교를 본질적으로 인간의 본성에 대하여 적대적이며 죄책감을 꾀하는 심판주의에 빠뜨리는 것으로 보게 만들었다. 하지만 최근에는 원초적 의로움(original righteousness)과 원초적 축복(original blessing)에 대하여 먼 고대의 좀 더 오래된 영적 전통이 서구 기독교 교회에서 새롭게 발견되고 있으며, 그것과 더불어 Rogers 견해의 특징인 인간의 진화에 대한 희망도 재발견되고 있다. 그와 같은 희망은 낙관주의와 혼돈되어서는 안 된다. 왜냐하면

Rogers와 마찬가지로, 이런 전통을 따르는 신학자들은 낙관주의를 수용하기에는 인간의 실존적 고통과 비극에 지나치게 많이 접하고 있기 때문이다(예: Allchin, 1988). 그럼에도 불구하고, 원초적 의로움과 신격화시키는 교의는 인간이 하나님의 형상으로 만들어졌고, 여자와 남자는 하나님의 신성한 본성에 참여하는 자이며, 하나님과 하나 됨을 위하여 창조되었다고 선언한다. 그런 교의는 후세에 이르러 남자와 여자의 영광이 하나님과의 관계 그리고 서로 간의 관계를 통해서 자신의 신성한 잠재력을 실현하는 능력에 있다고 보는 기독교인들을 고무시켰다. 이런 교리를 추구하는 신학자들은 대부분의 인간이 잘못된 자기애의 당당함에 빠져 있다는 생각과 거리가 먼, 즉 무가치감과 자기경시적인 느낌에 갇혀 있다고 보는 Rogers의 주장에 동의할 것이다. 인간이 신성한 유전성을 되찾는 유일한 길은 그와 같이 깊게 피해를 주는 자기경시의 영향력을 깨닫고 빠져나오는 것이다. 간단히 말해서, 그런 신학은 무조건적으로 수용적인 하나님에 대한 믿음을 소중히 여기며, Rogers 청년시절의 비판적인 인물과 Rogers가 그렇게도 싫어했던 신학적 전통과는 닮은 점이 없다. 우리에게 흔히 알려진 '창조 중심'의 전통은 신성한 본성에 대한 관점, 인간에 대한 Rogers의 이해를 전적으로 지지하는 진화하는 우주의 관점, 그리고 일단 그들이 무조건적으로 수용된다는 자유의 진리를 내면화시키기만 하면 성장할 능력이 있다는 관점을 제공한다.

기독교에 대한 Rogers의 관점과 그를 비방하는 사람들의 관점은 철저히 서구적이다. 그러나 최근에 와서야 서구의 가톨릭과 성공회 신학자들에 의해서 재발견되고 있는 것들은 아주 초기시대에서부터 동방정교회 전통의 핵심 부분이었다. 소련제국의 붕괴와 유럽에서의 동방정교의 재등장과 더불어 데오시스(theosis), 즉 하나님을 닮아 가는 기독교인들의 순례에 대한 강조가 서구인들의 의식 속으로 침투할 것이다. 만약 그렇게 되면, 기독교도 비평가들은 Rogers가 인간본성에 대하여 지나치게 낙관적인 생각을 지녔다고 비난하는 것이 점점 더 어려워질 것이다. 왜냐하면, 그것은 동시에 인간 잠재력과 궁극적인 운명에 대하여 너무 거창한 개념을 가졌다는 이유로 전체 동방정교 전통을 부인하는 것이기 때문이다(Staniloae, 2002).

악한 행동이 개인마다 다양한 정도의 사회적 조건화와 자발적 선택에서 기인한다고 May에게 말했던 답변과 함께, Rogers는 악의 문제에 대하여 자신의 대답이 적절한지 스스로도 확신이 없다고 인정한 것은 행동주의자와 정신분석 두 가지 관점에 대하여 겸손하면서도 영향력 있는 강력한 반응이다. 현상학적 논리에서 볼 때, 인간 유기체를 과학적 용어로 풀이할 수 없다는 것은 현상학적 입장의 핵심이다. 주관성에 우선순위가 주어지기 때문에 Rogers에 따르면, 각 개인은 사적인 체험의 세계에 살고 있는데, 완전하지는 않겠지만 그 세계는 자신만 이해할 수 있는 능력이 있다. 아무리 공감을 잘해 주고 어떤 민감한 치료자라 하더라도, 다른 사람의 신비로운 사적 체험의 세계 속에 완전히 침투해 들어갈 수는 없는 일이다. 행동주의 심리학의 결정론적 입장이나 무의식에 대한 정신분석학자들의 복잡한 이론은 미지의 개인 체험의 세계에 대하여 잠정적인 태도로 그것을 깊이 존중하는 Rogers의 입장에서는 수용하기 불가능한 일이다.

행동주의자들에 대한 반응에서 Rogers는 사회적 조건화를 인정하면서, 자신이 이해하기로는 타인으로부터 부과된 가치의 조건들에 의하여 학습된 인간발달은 기본적으로 역효과라고 인정한다. 하지만 동시에 Rogers에게는 현실과 인간 선택의 중요성을 부정하는 것이 불가능하다. Rogers가 치료경험으로 관찰한 것은 개개인이 궁극적으로 성공적인 결정을 내리기 위하여 갈등하고 또 씨름하는 모습이었다. 사람들은 자기 삶에 관해서 모두 어느 정도의 건축가라는 것을 Rogers는 관찰하였다. 다시 말해서, Rogers가 행동주의 입장의 절대론을 거부하게 된 것은 다른 사람들과의 친밀한 관계 경험에서 비롯된다.

마찬가지로 Rogers는 우리의 사고방식이 종종 행동방식을 결정한다는 견해를 부정하지 않는다. 그러면서도 Rogers가 인지행동주의자들과 다른 점은 그는 사람들의 생각하는 방식을 바꾸거나 그들의 현실을 결정해 주려고 적극적으로 개입하지 않는 것이다. 더구나 내담자들과 깊이 있는 관계에 들어가고 내담자들의 자기탐색 과정을 공감하면서 함께 따라가는 경험은 Rogers로 하여금 내담자의 정서보다 인지적 경험을 높이는 것, 혹은 내담자의 경험에 성급하게 의미를 강요하는 것이 얼마나 위험한지를 깨닫도록 해 주었다. Rogers의 치료적 경험이 인간의 통합된 기능에 대하여만 제한적으로 존중하며 불안을 감소시키고 사회환경에 더 잘 적응하도록 하기 위하여 내담자의 생각과 행동을 수정하도록 격려할 위험이 있는, 그런 접근에 만족하도록 이끌었다고는 상상하기 어렵다.

Rogers가 비록 우리 인간은 인식 바깥의 힘에 의해서 어느 정도 영향받는다는 것을 이미 인지하면서도 무의식으로 설명하려 하지 않은 것 역시, 내담자의 고유성과 자율성에 대한 Rogers의 깊은 관심에서 비롯된다. Rogers는 개인의 무의식을 무시한 것이 아니라, 정확히 말하면 무의식을 존중하기 때문에 잘 알지 못하는 영역을 마구 상상해서 끼워 맞추려 하고, 그래서 치료자의 관점이나 해석을 부과하게 되는 그런 과정을 삼가야 한다는 것이다. 즉, Rogers는 사회적·인지적 조건화의 실재와 무의식의 존재를 수용하지만, 그 변수들이 개인의 주관적 경험을 신뢰할 자유와 개인 본성의 신비를 박탈하려고 위협하는 입장이라면, 어느 쪽도 편승하지 않는다.

치료의 실제

Rogers 심리치료의 실제를 비평하는 사람들은 이미 우리가 앞에서 살펴본 바와 같이, 치료자와 내담자 간에 형성되는 관계의 비현실성에 대하여 논쟁하고 있다. Buber는 진정한 상호관계의 부족에 대하여 비난하였으며, 내담자가 경험하는 세계 안에서 진정으로 만남과 대화가 이루어질 수 있다는 Rogers의 주장에 확신을 갖지 못하였다. Buber의 관점에서 볼 때, 생명을 주는 '나-너'의 관계는 단지 양자의 입장이 동시에 경험될 때만 가능하다. 따라서 어떤 관계에서 양쪽 모두가 자신의 현실과 접촉하는 것을 잃지 않으면서 상대방의 입장을 경험할 때 자기중심성은 문제되지 않으며, 그것을 뛰어넘게 된다. May는 Rogers와 그의 동료들이 내담자의 부정적 감정에 효과적으로 대처하지 못한다고 비난한다. Belle은 내담자의 자율성을 격려하는데 공감과 수용이 과연 효과적인지에 대하여 의문을 제기하는 반면, Masson은 모든 심리치료가 어처구니없이 진짜가 아니며, 어쩔 수 없이 내담자를 조종한다면서 이를 거부한다.

May의 비난에 대한 회답에서 Rogers는 어느 정도 문제점을 인정한다. 내담자-중심 치료자들이 일반적으로 내담자의 부정적 감정을 수용하지 못하고, 이에 대해 반응하지 못한다는 May의 비판에 대하여 Rogers는 "나는 그 비판이 먼 과거의 나에게는 어느 정도 사실이었다고 생각한다."라고 말하였다. 그러면서 지난 몇 년 간 그에게 어떤 변화가 있었는지를 설명하며 내담자의 부정적이고 적대적인 반응을 다루는 능력이 어떻게 향상되었는지를 보여 주는 필름과 출판 사례들을 열거하였다. Rogers는 "나는 자신을 향한, 그리고 타인을 향한 분노감정을 수용하는 것을 배웠다고 믿는다."(Rogers, 1982: 86)라고 결론지었다.

이와 같이 Rogers는 자신의 치료방식이 시간이 지나면서 변화했다고 믿었으며, 이것은 그가 사망한 이래 그의 업적을 연구해 온 많은 연구자에 의해서도 밝혀졌다(예를 들면, Van Balen, 1990: Temaner Brodley, 1991). 비록 이런 연구들이 내담자가 지각하는 세계를 발견하려는 Rogers의 헌신적인 노력 면에서는 아무 변화를 보여 주지 못하지만, Rogers가 내담자와 상호작용하면서 자신의 개인적인 표현을 더 많이 하려는 의지 면에서 변화를 보여 준다.

Van Balen은 자신의 연구에서 Buber와의 대화가 Rogers의 치료에 결정적인 영향을 미쳤다는 것이 관찰되었다고 밝히면서, 이를 뒷받침하기 위하여 1974년에 쓰인 Rogers의 글을 인용하였다.

Buber가 말하는 나-너 관계의 중요성을 인식한 것이, 곧바로 내담자-중심 치료에서 치료자의 자기와 치료자의 느낌을 더 많이 사용하고, 진실성을 더 많이 강조하는 이유다. 하지만 이런 모든 일은 치료자의 관점, 가치관 혹은 해석을 내담자에게 강요하지 않고 이루어져야 한다(Rogers, 1974b: 11).

Balen과 그 외의 학자들은 정신분열증 환자들을 대상으로 이루어진 '위스콘신 프로젝트'가 May의 걱정에도 불구하고, 좀처럼 속을 터놓지 않는 사람들 혹은 아예 침묵으로 일관하는 사람들과 접촉하기 위하여 치료자 자신의 생각과 느낌을 사용해야 한다는 것을 더 강조하게 되었다는 견해에 동의한다. 그 프로젝트는 Rogers가 나중에 참가한 집중적 집단상담과 더불어, 진실성 혹은 일치성이 치료적 성장을 위한 조건 중에서 가장 기본이라고 Rogers가 확신 있게 말하도록 이끌었던 것 같다. 마지막 공식 인터뷰에서 Rogers는 치료자 자신을 치료과정에 사용하는 것에 대하여 언급했으며, Rogers는 자신이 아마 세 가지 기본조건을 지나치게 강조한 감이 있었다는 것과 치료에서 가장 중요한 요인은 '나의 자기(self)가 매우 분명하게, 명백하게 실재할 때' 일어난다는 것을 시사하였다(Baldwin, 2000: 30).

이와 같이 진솔함과 적절한 자기노출을 더 중시하려는 변화는 기본적으로 내담자를 조종하거나 기반이 약한 자기애에 빠지도록 조성하는 일방적인 관계를 만들어 낸다고 Rogers를 비난하는 사람들에게 매우 설득력 있는 반격처럼 보인다. Rogers는 치료자의 일치성을 한층 더 강조함으로써, 치료자의 강요 없는 자기노출이 상호존중을 낳게 되고, Belle 이 강도 높은 수용과 공감의 결과로 생길 수 있다고 염려했던 것, 즉 혼동된 의존성의 위험을 피할 수 있어 결국 관계의 상호성을 가져올 수 있다고 인정한다. Belle은 '진실성은 상호작용의 독립적인 기둥'이라 불렀는데, 그런 쪽으로 나아가는 데 있어 위스콘신 프로젝트가 중요한 역할을 했다는 생각은 특히 아이러니한 점이 있다. 왜냐하면 내담자-중심 치료에 관하여 최근 더 강화 받으면서 일반적으로 제기되는 또 다른 비평은 내담자-중심 치료가 언어구사력 있는 신경증 환자에게는 유용하지만, 정신병 환자 치료에는 거의 효과가 없다는 것이다. 위스콘신 환자들과의 연구에서 Rogers는 소위 정신병으로 고통 받는 사람들에게 내담자-중심 치료가 타당하다는 것을 입증했을 뿐만 아니라, 그 치료접근의 실제를 한층 더 촉진시킨 것으로 보인다. '상대방에게 마음을 여는 것' 은 차츰 치료자와 내담자 모두에게 중요한 목표가 되었으며, 내담자가 자신을 수용하게 되는 것은 수용 받는 느낌의 결과로서 성취되는 것 같았다. 아마도 인생을 바꿀 수 있는 수용은 오직 자신의 현실과 나약함에 접촉할 준비가 되어 있는 사람의 손길에 의해서만 체험될 수 있는 것 같다. 수용적이고 공감적인 거울 혹은 대체 자아(alter ego)로는 충분하지 않다.

지난 20세기의 마지막 몇 년은 인간-중심 원리를 정신병 환자 치료에 적용하는 데 주목할 만한 발전을 보였다고 기록해도 좋을 것이다. Rogers가 위스콘신 연구에서 보여 준 선구적인 업적은 1994년 Garry Prouty 박사가 발전시킨 '사전-치료(pre-therapy)', 벨기에에서 Dion Van Werde가 입원 환자를 대상으로 수행한 선구적 연구, 그리고 독일에서 Ute와 Johannes Binder가 지역사회의 경계선 성격장애자들을 대상으로 수행한 혁신적 연구의 기초가 되었다(Van Werde, 1998; Binder, 1998). 인간-중심 치료가 단지 신경증 환자에게만 적절하다고 성급하게 비난하는 비평가들은 보통 이런 연구발전에 대하여 무지하거나 아니면 특별한 보살핌을 받아야 하는 사람들을 매일 치료하는 데 인간-중심 접근을 시도했던 스위스의 Maris Portner의 연구에 대하여 전혀 모르고 있다(Portner, 2002). 가장 흔한 정신과 전문 언어의 일부를 인간-중심 접근의 언어로 재편하는 데 창의적이었으며, 그 결과로 Rogers의 이론적 틀을 빌려 소위 정신병적 상태에 있는 사람들 연구를 가능하게 만들어 준 Elke Lambers의 연구 역시 위의 연구 업적들과 마찬가지로 중요하다(Lambers, 1994).

Rogers가 정신과 체제 속에서 일어난 학대에 대하여 무관심하고 정치적 현실에 대하여 전혀 모르는 사람이라는 Masson의 서술은 Rogers가 정신병 치료법의 '확립'을 위해 평생 노력한 점과 Rogers가 말년에 세계평화를 위해 깊게 전력투구한 헌신적 노력의 측면을 거의 보지 못하는 것 같다.

보통 사람이었다면 명성을 얻고 명예퇴직을 했으면 쉬면서 만족을 누렸을 것이다. 다른 사람의 현실을 왜곡하는 것이 바로 심리치료의 본질이라는 Masson의 기본전제를 반박하는 것은 사실상 어렵다. 왜냐하면 치료자가 만일 완벽한 거울이 아니라면, 내담자의 현실과 상호작용하는 데 그리고 그 현실을 변화시키고 수정하는 데 어떤 감각이 있어야만 하기 때문이다. Masson의 주장은 우리가 사회적 관계 속에서 늘 이런 식이며, 따라서 자신은 그렇지 않다고 말하는 Rogers 의 제안은 솔직하지 못한 속임수라는 것이다. Rogers가 자신은 남을 전혀 침해하지 않는다고 주장했는지는 확실치 않다. 하지만 치료의 기본조건만 갖추어지면, 내담자가 자발적이고 필연적으로 상담과정을 진행해 나가도록 치료자는 단지 촉진자로서 함께 있어 준 경우가 그의 많은 업적에서 분명히 드러난다. Belle은 이런 촉진의 개념이 바로 치료자의 역할에 대한 잘못된 분석이라고 주장하는데, 그 역시 Rogers가 어느 정도 스스로를 기만하고 있다고 비난하는 점에서 Masson 의 입장과 유사하다. 하지만 만일 어쩔 수 없이 모든 인간생활이 관계적이라고 본다면, 그런 비평은 어느 정도의 설득력을 잃게 된다. 이런 점에서 다시 Buber의 입장과 관련되는데, 우리는 자신의 완성을 위해서 상대방을 필요로 한다. 그리고 왜곡은 내 현실을 통합시키는 데 필수적인 상대방의 반응을 통해서가 아니라, 나 자신의 내면세계에 대한 존중과 이해부족 때문에 일어난다. 치료를 왜곡 행위로 간주하는 Masson의 비평을 받아들이는 것은 모든 인간관계가 개인의 주관적 현실을 파괴하는 것이라고 보는 것과 같다. Masson은 인간이 우리 지각체계의 순수함을 유지하기 위하여 상호작용을 피해 소외된 존재가 될 것을 바라는 것 같다. 만일 우리가 자기감을 확립한다면 그것은 곧 관계에 대한 우리의 욕구 자체의 부정이기 때문에, 이것은 정신이상을 촉진시키는 것 같다.

Belle이 치료자의 필수적 임무로서 내담자와의 상호협력을 위한 촉진적 역할을 거부한 점은 상당히 공감된다. Rogers가 일치성의 능력을 차츰 더 중요시했기 때문에 후기의 치료행동에서 그의 주장과 일치된 행동을 보이고 있다는 것 또한 나는 믿는다. Barbara Temaner Brodley는 Rogers가 치료회기 중에 사용한 언어행동을 연구하였는데, 그 연구에 따르면 Rogers가 가장 후기(1977~1986년)에 Rogers 자신의 관점을 반영한 반응이 그전의 기간(1944~1964년)에 비하여 416% 증가했다고 보고한다. 흥미롭게도 치료자의 의견, 해석 그리고 설명 반응유형에서 가장 큰 폭의 증가가 나타났다. Brodley는 또한 Rogers가 인생의 마지막 기간에 내담자에게 동의하는 말로 유도 질문을 하는 경향이 좀 더 있었다고 진술한다(Temaner Brodley, 1991: 13). Rogers의 행동을 통해 볼 때, 치료과정은 줄곧 치료자의 적극적 참여를 필요로 한다는 Belle의 견해를 Rogers가 거의 받아들인 것 같다. 심리치료는 내담자와 치료자가 함께 노력해 나감으로써 달성하는 상호협력의 결과다(Van Belle, 1980: 150). 또한 Merry와 Brodley(Temaner Brodley, 2002)에 의해 이루어진 더 최근 연구에서는 비지시적 태도와 상호영향 주는 관계를 맺는 것이 본래 모순된 것은 아니라고 강조한다. 여기서 비지시적이란 '마음을 활짝 열고 하는 대화, 즉 내담자의 관심사에 들어가서 함께 탐색하는 상호적인 활동으로서' 치료에 임하는 태도라는 것으로 이해된다.

1984년에 Rogers의 초기 제자이면서 하버드 대학교의 명예교수인 John Shlien은 「전이에 대한 반격이론(A counter theory of transference)」이라는 깜짝 놀랄만한 제목의 논문을 발표하였다. 그 논문은 도발적인 말로 시작된다. "전이란 치료자가 자신의 행동 결과에서 스스로를 보호하고자 치료자에 의해 만들어지고 지켜진 허구다"(Shlien, 1984: 153). 그 논문은 상당한 논쟁을 불러일으켜 그 후 약 3년 뒤에 출판된『인간-중심 리뷰(Person-centered Review)』의 통권에서 다양한 치료전통의 저명한 치료자들이 Shlien의 관점에 대하여 쓴 반응과 반발의 원고로 학술지 대부분의 지면을 할애하였다. Rogers는 이 논집에 기고하였으나, 그 내용이 1987년 5월에 출판되었을 때는 이미 85세를 일기로 세상을 떠난 뒤였다. 전이에 대한 쟁점이 Rogers의 마지막 이론 논문에서 주제로 다루어졌다는 점이 심히 아쉬움으로 남는다. 왜냐하면 그 주제의 성질상 논쟁적인 소지가 다분함에도 Rogers가 그 전에는 이 쟁점에 대한 논쟁에 끼어들지 않았기 때문이다.

그 리뷰 학술지의 논문에서 Rogers는 Shlien의 논문이 유능하고, 시의적절하며, 중요한 내용이라고 환영하면서 서두를 시작하고 있다. Rogers는 자신도 역시 Shlien 논문의 중심 논제에 동의한다고 선언하면서, 특히 Shlien이 내담자-중심 치료자가 되기 전에 한때는 '프로이트 정신분석의 열정적인 학생'이었던 사람으로서 그런 논문을 썼다는 점을 기뻐하였다. 여기에서 보면, Rogers는 Shlien을 지지할 기회를 갖게 된 것을 기쁘게 여기고 있으며, 전통적인 정신분석에 대하여 가까스로 감췄던 적대감이 그 다음 구절에 나타나고 있는 것도 그리 놀랄만한 일이 아니다. Rogers는 우선 치료자의 태도와 행동에 따라 생기는 이해할 수 없는 반응인 내담자의 감정에 대하여 논의한 후, 본론에 들어가서 내담자의 반응 중에 '치료자의 행동과 거의 무관하거나 전혀 관계없는 정서'에 대하여 논의하고 있다. 그런 정서를 Rogers는 내담자들의 진정한 근원에서부터 치료자에게로 확실하게 '전이된 것'이라고 묘사한다. 그리고 Rogers는 그 정서를 투사라고 명명한다. 투사에는 사랑, 성적 욕망 등과 같은 긍정적인 감정도 포함될 수 있고, 미움, 경멸, 공포, 불신과 같은 부정적인 감정도 포함될 수 있다. Rogers는 계속해서 "그런 감정의 진짜 대상은 부모 혹은 내담자의 인생에서 중요한 사람이 될 것이다. 그렇지 않으면, 이것은 종종 인식되지 못하는데, 진짜 대상은 자기 자신을 향한 부정적인, 즉 내담자가 감히 마주할 수 없는 그런 감정일 수도 있다."라고 하였다. 다음 구절은 그런 감정을 치료관계에서 어떻게 다루어야 하는지에 대한 Rogers의 관점을 분명히 나타내고 있어서 생략 없이 자세히 인용할 가치가 있다.

내담자-중심의 관점에서 볼 때, 이런 감정에 대처하고 반응하는 데 있어서 그 감정들을 치료자가 야기시켰는지, 아니면 투사된 것인지를 판정할 필요는 없다. 그런 구별은 단지 이론적 관심에 불과한 것이지 실제적인 문제는 아니다. 치료적 상호작용에서 이런 모든 태도-긍정적이거나 부정적인 '전이' 감정들 또는 치료자에 의해 야기된 반응-는 동일한 방식으로 다루어지는 것이 최선이다. 만일 치료자가 민감하게 이해하고 진정으로 수용하면서 평가적이지 않다면, 치료는 이런 감정을 거쳐 앞으로 나아갈 것이다. 치료자에게 전이된 태도라고 특별하게 다룰 필요가 전혀 없으며, 특히 정신분석 같은 다른 유형의 치료에서 종종 치료의 일부로 삼는 의존성을 치료자가 허용할 필요가 없다. 치료자의 역할을 바꾸지 않으면서 내담자의 의존 감정을 수용하는 것이 전적으로 가능하다(Rogers, 1987: 183-184).

그 다음에는 1951년에 이미 출판된 '내담자-중심 치료'의 책에 발표된 사례가 제시되었고, Rogers는 그 논문에서 정신 분석에 관한 자신의 관찰내용을 그로서는 가장 투쟁적이며 공격적인 방식으로 결론 내리고 있다. 치료자에 대한 모든 감정은 반드시 핵심조건을 갖춘 치료관계의 조성에 의하여 다루어져야 한다는 것을 재차 강조하면서, Rogers는 다음과 같이 말을 잇고 있다.

전이감정을 치료의 특별한 부분으로 다루는 것, 즉 치료의 핵심으로 다루는 것은 내가 생각하기에는 중대한 실수를 범하는 것이다. 그와 같은 접근은 의존성을 부추기고 치료기간을 길게 만든다. 그런 접근은 전적으로 새로운 문제를 야기시킨다. 오직 한 가지 목적이란, 치료자 자신의 전문성을 과시하는 치료자의 지적인 만족을 위한 것이다. 나는 그런 방식을 개탄한다.

그 다음에도 Rogers는 말을 끝내지 못하고, 마치 화가 채 가시지 않아 뭔가 할 말이 더 남아 있는 것 같았다. 그는 정신분석 치료자들에게 자신들의 자료를 제시하고, '전이 신경증'이 성공적인 치료에 대단히 중요하다는 그들의 믿음을 뒷받침할 만한 증거를 제공하라고 요구하였다. Rogers는 그 점을 입증할 만한 녹음된 면담이 어디에 있느냐고 묻는다. 그 논문에서 Rogers는 받아들여지지 않을 것을 알고 있었던 것 같은 도전장을 내밀며 마무리하고 있다. "치료자가 정신분석 과정에서 이런 핵심을 다룰 때 과연 실제로 어떤 일이 벌어지는지를 정신분석하는 사람들은 왜 공개하기를 꺼리는가? …… 전문적인 조사가 가능하도록 정신분석가들이 자신의 치료과정을 기꺼이 공개하지 않는 한, 전이에 대한 문제는 결론에 도달할 수가 없다"(Rogers, 1987: 187-188).

연구

내담자-중심 치료에 관하여 이루어진 엄청난 양의 연구가 모두 무용지물이라 할 수는 없다. Rogers가 세운 원래의 가설은 잘못된 연구 설계와 모든 조건을 다 포함시킨 가설 탐색에서의 실패로 인하여 검증되지 않은 채 남아 있는 것은 사실이지만, 수용과 공감 그리고 일치성과 같은 특성들이 적어도 치료의 효과와 관련 있다는 조심성 있는 주장은 상당한 지지를 받고 있다. 촉진적 조건의 효력에 대한 증거 또한 미국(Aspy & Roebuck, 1983)과 독일(Tausch, 1978)의 수많은 교실에서 수행된 연구에서 나온 것이다.

Rogers가 대학을 떠났을 때 많은 인간-중심 치료자도 그를 따라 사설연구소로 옮겼고, 그 결과 대학이 확고한 연구기반을 잃었다는 것은 사실이다. 연구에 있어서 다소 뜸한 기간이 이어졌고 그런 움직임은 Rogers가 사망한 후에도 몇 년간 지속되었다. 하지만 최근에는 생동감 있는 연구 활동이 부활되는 것 같다. 1997년 발족된 '세계인간중심 및 경험심리치료와 상담협회', 그리고 2002년 창간된 『인간-중심 및 경험심리 치료 저널(Person-centered and Experiential Psychotherapies)』은 연구노력에 대한 강한 동기를 입증한다. 국제학술대회와 저널의 성공은 치료자들을 격려하고 인간-중심 접근의 효과와 효율성에 대한 감동적인 증거를 제공하는 수많은 연구를 불러일으켰다. 1991년 영국 스트래스클라이드 대학교의 상담소, 그리고 1992년 동 엥글리아 대학교의 상담연구센터 설립은 훈련과 연구를 위한 강한 기반을 제공해 주었다. 이런 대학교에서 지난 20년간 수행된 수많은 석사와 박사 논문은 이 접근에 대한 건강성과 이 연구활동에 대한 활력을 입증했다.

이렇게 에너지와 열정이 국제적인 규모로 재개되었지만, 특히 유럽을 중심으로 나타난 문화적 변화와 회계 책임, 감시, 재정적 제약, 실험적 검증에 따른 강박증은 종종 인간-중심 연구를 고의적으로 경시하거나 고의적인 무지에 가깝다고 무관심해 버리는 결과를 초래하였다. 정부의 자료와 다른 분기별 메시지에 따르면, 인간-중심 연구는 틀린 것이며, 잘못된 이슈에 초점을 맞춘 것이고, 잘못된 연구방법을 사용한 것이며, 그리고 그 접근이 대중의 검증과 대중적 지원을 통해 이루어질 것인지를 결정하는, '증거에 기반을 둔' 주제로서 적절하지 않은 것 같다.

이런 사태는 2008년 노르위치에서 국제학술대회(세계인간-중심 및 경험심리치료와 상담협회(World Association for Person-Centered and Experiential Psychotherapy and Counseling: WAPCEPC)가 열렸을 때 대표자들을 직면시켰으며, 그 학술대회가 열리는 도중에는 이 문제에 대하여 연설할 연구자들, 학생들 그리고 치료자들을 불러 긴급회의를 개최하였다. 이것은 인간-중심 연구에 대한 신용이 위태로우며, 만일 연구 이슈에 대한 효과적인 반응이 나타나지 않는다면 이 접근의 미래가 위험에 빠질 수 있다는 것을 인정한 것이었다. 시범적으로 민첩하게 WAPCEPC의 협력하에 '대책위원회'가 소집되었으며, 그 위원회의 사명은 '인간-중심 치료와 경험심리치료를 위한 증거의 기반을 리뷰하고, 이런 조사 결과를 전파'하는 것이었다. 이렇게 결연한 노력의 결과, 인간-중심과 경험치료 연구, 즉 1990년 초 이래 수행된 광범위한 리뷰 연구가 2010년에 출판되었다(Cooper, Watson and Holldampf, 2010). 이와 같이 종합적이며 체계적인 리뷰는 인간-중심과 경험치료들의 효과에 대한 분명한 증거를 제공해 준다. 게다가 수많은 기고자는 우세한 연구 패러다임과 맞물려 있으며, 철저한 메타분석을 통하여 이 접근이 소위 '금본위제'라고 하는 무선할당통제실험을 포함하여 양적연구의 특성인 과학적 증거의 선상에서 실험적으로 입증된다는 것을 확실하게 보여 준다. 이 책의 첫 장에서 Robert Elliott과 Elizabeth Freire는 권위 있는 어조로 그들의 메타분석 리뷰를 결론지었다. "…… 잇따른 대용량 데이터 세트로 점점 더 분명하게 드러난 전체적 결과는 한결같이 인간-중심/경험치료자들에게 좋은 소식이다. 내담자들은 그들 자신을 크게 변화시키기 위하여 우리 치료들을 사용하고 있으며, 이런 변화는 시간이 지나도 유지되고 있고, 우리 내담자들보다 훨씬 더 많은 숫자의 사람들이 치료받지 않고도 변화를 경험했을 것이다. 더구나 우리 내담자들은 인지행동치료를 포함한 다른 치료에서 나타내는 변화만큼의 변화를 보여 주었다"(Elliott and Freire, 2010: 12). Elliott과 Freire는 이 연구가 희석된 치료 버전으로서가 아니라, 진짜 성실한 인간-중심과 경험치료를 실천하는 사람들에게서 이루어졌다는 중요한 경고를 덧붙인다.

인간-중심과 경험치료 연구는 단지 양적 연구만 인정하는 '콧대 센' 사람들을 만족시킬 수 있는 많은 증거를 포함할 뿐만 아니라, 인간-중심 연구를 특징지을 관계적, 정서적 그리고 경험적 과정에 대한 탐색에 적합한 양적 연구의 인상적인 집합체를 보여 준다. 그래서 이 책에는 인간-중심 치료의 효과를 지지할 증거가 없다며 근거 없는 신화로 지껄여 대는 사람들이 논박할 수 없게 만드는 반응을 포함할 뿐 아니라, 영국을 포함하여 다양한 나라에서 구성한 '실험적으로 지지받은' 혹은 '경험에 근거한' 심리치료 목록에 인간-중심과 경험치료 역시 합법적으로 포함되었다는 강력한 사실을 제공한다. 그 치료들을 포함시키지 않는다는 것은 건강보험이나 국민건강규정에 의해서 지원받는 수많은 잠재 내담자에게 Rogers가 평생 헌신한 치료형태에 자유롭게 접근하지 못하도록 하는 것이다.

현 시대의 이슈

영국과 다른 많은 유럽국가에서 현재 인간-중심 치료자들은 스스로가 방어하는 입장에 놓여 있다는 것이 의심의 여지없는 사실이다. 영국에서는 정부가 모든 심리치료에 대하여 법적 규정을 소개하려 했던 2009~2011년 기간 동안 인간-중심 커뮤니티에서는 불안이 고조에 달했다. 비록 그때 나는 전문적인 치료활동에서 은퇴하였지만, 상담과 심리치료를 위한 연합체에 빠르게 가입하기 위하여 충분히 움직였으며, 2009년 4월 5일에는 런던에서 '국가규제에 반대하여'라는 주제로 열린 컨퍼런스에서 개회연설을 하였다(Thorne, 2009). 대부분의 인간-중심 치료자와 마찬가지로 나에게도 법 규정에 대한 전망은 또 다른 해로운 방향으로 나사를 돌리는 것이었다. 그것은 마치 치료를 점차 획일적인, 구조적인, 그리고 '치료 중심적인' 접근으로 거침없이 이끌어 가는 것 같았다. 규정의 요인들을 반대하는 항의에도 불구하고, 인스

턴트식의 결과, 인간의 상호작용에 대한 처방된 절차, 심지어 '사용설명서'까지 강조하는 기술시대의 암울한 그림자는 불길하게도 열띤 논쟁, 한때는 상담과 심리치료의 세계를 갈라 놓으려고 위협했던 악랄한 언쟁 위를 계속 맴돌았다. 결국, 정부는 장기 지연 전략에 의하여 좌절되었으며, 그 후 얼마 지나지 않아서 공식석상에서 물러났다. 영국인간-중심접근학회를 포함하여 인간-중심 치료자들은 법 규정과 맞서는 데 매우 적극적이었으며, 그와 같은 규정에 대한 위협은 모면했다. 그러나 그것은 아슬아슬한 상황이었으며 그런 위험이 틀림없이 사라지지 않았다.

1973년보다 훨씬 이전에 Rogers는 규정, 전문성 그리고 자격증이라는 주제에 대하여 강력하게 표현하였다. 그는 기억될 만한 어조로 자신의 의견을 말하였다. "사람들을 이용하는 엉터리 자격증 소지자들의 숫자는 자격증이 없는 사람들의 숫자만큼이나 많다." 그리고 계속해서 관료주의자들이 빠르게 지배하여 전문성을 크게 저해한 상황을 기술하였다. 그는 전문성을 위해 세심하게 구성된 절차들을 모두 없애기 위하여 그 당시 치료자들과 맞섰으며, 새로운 바람이 불어 새로운 창의성의 전망이 일어날 것을 촉구하였다(Rogers, 1973). 이런 급진적인 목소리는 주정부의 강압적인 규정이 내려오는 많은 나라에게 또다시 들려줄 필요가 있다. 소송을 일삼고 위험을 의식하는 문화의 결과로 조성된 분위기는 여러 면에서 인간-중심 치료자가 창조하려고 추구하는 치료환경과 매우 다르다. 이와 같은 문화는 사람이 긴장을 풀고 그들의 고통에 직면할 용기와 새로운 희망을 찾을 수 있는 신뢰로운 친밀감을 제공하는 대신에, 전문적인 '보살핌'에 대해 너무 쉽게 비인간적으로 접근하여 어렵고 복잡한 관계나 성적인 문제의 소지가 있는 정서적 개입을 회피한다. 인간-중심 치료자는 때때로 조용한 삶을 선택하고 비인간적인 기능주의로 전락하고 싶은 유혹이 크게 들 수 있다. 하지만 이것은 Rogers가 지지했던 모든 것에 대한 엄청난 배신일 것 같다. 그를 폄하하는 사람들이 무슨 말을 하든지 그의 이론적인 설명도는 인간발달, 그리고 더 중요하게는 인간발달을 저해하는 분명한 그림을 제공한다. 내담자에게 새로운 희망과 성장을 위한 신선한 기회를 제공하는 깊이 있는 관계의 만남은 치료자를 불가피하게 헌신하게 만든다. 하지만 만일에 자기확신을 향한 과정과 훨씬 더 멀어지고 가치에 대한 부정적 조건들로 인한 세월 때문에 손상된 결과에 대응하는 것이 가능하려면, 그런 관계는 흉내 낼 수도 혹은 회피될 수도 없다. 만일에 때때로 인간-중심 치료자가 전체적인 문화의 지배적인 정신에 반대하고 저항하는 도전에 직면하는 것 같다면, 이런 인식은 완전히 빗나간 것이 아닐지도 모른다.

결론

　많은 사람은 오랫동안 혼란스럽게 느끼고 생각해 왔던 것들이 Rogers의 글 속에서 분명하고 논리 정연하게 담겨 있음을 발견한다. 나를 포함하여, 그런 사람들은 자기수용을 향한 노력과 자신의 경험에 대한 존중의 발견을 영향력 있게 전달하는 사람에게 즉각적으로 반응한다. 또한 Rogers의 이론적 틀은 자신과 타인에게 관계하는 방식을 제공해 준다. 그 관계방식이란 솔직함, 개방성, 이해하고 수용하는 반응을 격려하는 것이다. Rogers는 또한 매력적이다 못해 유혹적인 존재방식을 제공하고 있다. 왜냐하면 그 방식은 주관적인 현실을 절대적으로 중시하면서도 높은 수준의 친밀성을 약속하는 관계 맺기 방식의 맥락 속에 최고의 가치를 두기 때문이다.

　Rogers 비평가들은 그와 같은 유혹에 저항한다. 그들은 주관적인 현실에 최우선 순위를 두지 않으려 하며, 아무리 선의의 치료자라 할지라도 Rogers가 주장하는 정도의 핵심조건을 구체적으로 실현할 수 있을지 치료자의 인간적 능력에 대하여 의심한다. 그들은 개인의 자율성에 대한 Rogers의 관심 속에서 치료 중 제공되는 관계 본질의 모호함을 발견한다. 때때로 치료자가 외관상 스스로의 존재를 두드러지게 나타내지 않는 행동은 일단 핵심조건이 확립되면, 치료자는 특정한 심리적 환경을 제공해야만 하고, 그러면 내담자 내부에서 치료적 과정이 자발적으로 불가항력적으로 전개되리라는 것을 시사한다. 평소에 Rogers는 내담자의 현실에 참견할 의도가 없는 한, 치료자 자신의 일치성과 상호교환에 관여하려는 치료자의 의지가 중요하다는 것을 인식한 것 같다.

초기에 Rogers의 사고 중심에 진짜 혼란이 있었던 것으로 추측된다. 그리고 어떤 방식으로든 비평가들은 이를 눈치 채고 있다. Rogers는 남자와 여자가 기본적으로 관계적 존재인지 아닌지에 대한 확신이 없었던 것 같다. Rogers가 인간에 관한 이미지를 농학에서 발췌했던 경향, 실현경향성과 유기체의 지혜에 대한 강조는 인간에 대하여 지극히 긍정적인 관점을 갖도록 하지만, 종의 진화가 인류보편적 형성 경향의 부분이라는 것을 제외하면, 묘하게 비관계적이라는 관점으로 이끌 수 있다. 이런 핵심적 혼동 때문에 Rogers 비평가들은, 물론 나의 관점이지만, 치료자와 내담자 간 관계의 본질에 대하여 의문을 던지며, 치료란 본래 타고난 성장과정을 촉진시키는 것이라는 Rogers의 관점에 의문을 제기하는 것이다. Rogers가 과정과 변화성을 끊임없이 강조하고, 인지적 경험에 반하여 정서적 경험을 중시하는 것 때문에 비평가들은 Rogers가 개인의 고유성을 인정하면서 동시에 계속되거나 안정된 정체감은 부인한다고 비난한다.

나는 개인적으로 Rogers의 관점에 때때로 비일관성과 논리적 모순이 있음을 인정한다. 하지만 나는 인간으로서 Rogers가 사람을 감동시킨 기억이 너무나 생생하여 그를 재보증하게 된다. Rogers와의 관계에서 나는 결코 우리가 서로에게 맞추는 데 신경 쓸까 봐 걱정한 적이 없었다. 오히려 나 자신의 고양된 정체성을 얻었던 수많은 만남과 복잡하면서도 통합된 인성을 지닌 Rogers를 인상 깊게 기억한다. 실제로 우리는 각자가 독특하다는 것과 우리의 개성이 관계적인 존재라는 사실에 의해서 특징지어진다는 것을 의심해 본 적이 결코 한 순간도 없었다. 자신을 둘러싼 모든 것에 대한 Rogers의 예리한 관심과 사회적 환경에서 즐거움을 끌어내는 그의 능력은 사회적 맥락 내에서의 방식이 개인의 발달을 지지 혹은 저해할 수도 있음을 제대로 인식하고 있다는 충분한 증거다. Rogers는 타인의 주관적 세계를 이해하는 데 혼신을 기울인 사람으로서 먹고 마시는 일상생활도 멋지고 편하게 지냈다. 더군다나 공감적인 열정과 냉철한 실용주의 간의 조화를 이룬 Rogers는 앞을 다투는 물질주의와 전문가적 경쟁이 점차 치료분야에까지 오염시키는 세상에서 아낌없는 격려와 영감을 불러일으키는 원천이 되고 있다.

5 Carl Rogers의 전반적인 영향

Carl Rogers가 그의 내담자-중심 치료의 시작인 "심리치료의 새로운 개념"에 대하여 중대한 강연을 시작한지 어느덧 70년 이상의 세월이 흘렀고 그가 세상을 떠난 지도 벌써 25년이 지났다. Rogers 생전에 그리고 죽은 이후에도 그의 업적에 대한 여러 가지 평가가 있었으며, 그 평가는 인간으로서의 Rogers, 그리고 그가 소개한 아이디어들에 관한 것이었다. 그 각각의 평가는 필연적으로 시대정신을 강하게 내포하고 있으며, 덕분에 우리는 그 당시의 문화적 모습, 그리고 Rogers와 그의 업적이 한데 어우러진 것을 볼 수 있다. 이런 리뷰들은 대체로 Carl Rogers를 알거나 혹은 함께 일한 사람들에 의해 쓰여졌으나, 지금 이 글을 쓰고 있는 나 자신은 Carl Rogers를 직접 만난 적이 없으며, Rogers가 주최한 어떤 워크숍이나 강연에도 참석한 적이 없었다. 하지만 나는 1972년

나의 삶을 바꿔준 책 한 권을 손에 넣게 되었다. —서점 몇 군
데를 돌아서, 저자의 이름은 잘 기억이 안 나는데 『진정한 사
람이 되어가기(I Am Becoming a Person)』라는 책을 찾아 달라
고 점원들을 골치 아프게 해서 얻게 되었다. —그리고 40년이
지난 지금, 나는 바로 그 저자에 대하여 이 글을 쓰고 있다.

글을 쓰는 지금, 우리는 의료화, 기계화가 모든 것에 성급
하게 뛰어드는 것 같은 '문명화된' 세상에 처해 있음을 알게
된다. 사실 일상의 모든 행동이 심리학자와 코치로부터의 전
문적 설명과 그에 따른 진단 및 교정에 대한 제안 없이는 단
몇 시간도 정상적인 생활을 할 수 없게 되었다. 21세기가 시
작되면서 초기 20년 내에, 행복에서부터 건강에 이르기까지
모든 것들이 기술적으로 발전된, 즉 점점 자동화된 치료방법
—마치 알약과 같은 즉각적인 심리치료가 우리에게 제공되어
야만 한다. 심리학과 심리학 영역이 대중과 일상생활에 어떻
게 비추어지는지의 문제는 1950년대와 1960년대에 비하여
많이 달라진 것 같다. 그 당시에는 Rogers의 업적이 지구상
에서 가장 급속하게 성장하는 이론이며 상담기술이었다. 의
심할 여지없이, 인간이란 경험의 세계를 중심으로 돌아가는
존재라고 보는 Rogers의 깊은 인간적 접근이 그 당시의 맥락
에서 보면 이보다 더 시대정신과 부조화를 이룰 수 없었다.
심지어 21세기가 펼쳐지는 현재에도 우리에게 인간-중심 심
리학이 과연 한자리를 차지하고 있는지조차 의심스럽다. 여

러 나라에서 최우선적으로 추천할 만한 치료로서 인간-중심 그리고 경험치료들은 거론되고 있지 않다. 증거를 선호하는 정부와 자금을 지원하는 단체들이 보다 도구적이고 즉각적이고 약물처방적인 치료법을 지지하기 때문이다. 이 짤막한 묘사는 내가 Carl Rogers의 지속적인 영향력을 평가하는 데 조금 불안한 전망을 갖게 할 여지로 보일 수도 있지만, 사실 나는 일말의 불편한 마음도 없다. 글을 쓰는 현재 나는 Rogers의 영향력이 인생의 여러 측면에서 여전히 날카롭게 느껴지고 표현될 뿐 아니라 인간-중심 및 경험치료들의 미래 역시 장밋빛이라고 자신 있게 말할 수 있다. Carl Rogers가 그의 손길이 닿았던 삶의 거의 모든 영역에서 강한 감동을 남겼고, 인간-중심의 발전을 이끄는 원동력이 되었다는 점은 주목할 만하다. 인간-중심적인 관점으로 세상을 이해하고 살아가는 방법을 발전시키려는 그 열의는 조금도 사그라지지 않고 이어지고 있다.

심리학과 심리치료

지금까지의 내용에서는 Carl Rogers가 남긴 주된 영향력이 심리학과 심리치료 영역에 있었다는 것은 언급하지 않은 채, 그의 일생 동안의 직업적 관심과 수상 내용에 관해 다루었다. 구체적으로 심리학에서 내담자-중심 치료와 인간-중심접근을 살펴보기 전에, Rogers의 관점이 심리학과 심리치료의 영역에 어느 정도 침투해 있는지를 간략히 살펴보는 것은 가치 있는 일이다. 여기에 관해서는 이 책의 이전 판에서 Brian Thorne이 David Cain의 글을 인용하면서 썼던 내용을 보는 것이 더 나을 것 같다(Thorne, 2003: 107).

상담과 심리치료의 전 영역에 걸친 Rogers의 간접적인 영향은 헤아릴 수 없을 정도로 막대하고, 그 영향이 어떻게 경험되고 받아들여졌는지를 제대로 평가한다는 것은 거의 불가능할 정도로 어려워서 우리는 그저 숨이 막힐 지경이다. David Cain은 『인간-중심 리뷰』 50주년 기념호 사설에서 이와 동일한 쟁점 때문에 갈등하면서 대담하게도 Rogers의 공헌에 대하여 좀 더 분명한 평가를 시도하고 있다. 그는 Rogers와 그의 동료들이 상담과 심리치료 전 영역에 걸쳐 미친 영향을 다음과 같이 열거하고 있다(Cain, 1990: 358).

1. 치료의 치유매체로서 치료적 관계의 중요성을 강조한 것
2. 인간을 본래 능력이 풍부하고 자기실현적인 존재로 보는 관점을 명확하게 설명한 것
3. 경청과 이해 기술을 개발하고 그것이 내담자에게 미치는 치료적 효과를 이해하고 증명한 것
4. 도움을 청하는 사람들에게 더 큰 존중과 존엄 그리고 평등

정신을 전달하기 위하여 '환자'라는 용어 대신, '내담자'라
는 용어를 도입한 것

5. 학습 목적과 비공식적 연구를 위하여 치료면담에 대한 녹음
을 시작한 것

6. 심리치료의 과정과 성과에 대하여 과학적인 연구를 시작한 것

7. 심리학자들과 다른 비의료 전문가들도 심리치료 업무에
종사하는 길을 마련한 것

심리학과 심리치료에 대한 Rogers의 영향이 전문적인 상담
영역 내에서만 시작되고 끝났다고 생각하는 것은 오산이다.
오히려 그의 영향력은 비전문가 상담 영역에서 더 크다. 미
국심리학회 회장단 연설에서 George Miller는 그의 동료전문
가들에게 인류를 위해 '심리학을 나눠 달라'고 호소한 바 있었
다(Miller, 1969). Carl Rogers는 Miller의 꿈을 이루기에 그 무
엇보다 가까이 다가섰다고 할 수 있다. 그의 심리학적 원칙이
전 세계의 비전문가 상담자와 자원봉사자들이 일하는 데 분
명히 압도적으로 널리 사용되는 것을 보면 말이다.

인간-중심 치료와 그 변형

Rogers의 전 생애에 걸쳐, 특히 말년에 그는 자신의 '추종
자들'이 그를 모방하거나 그의 이론들을 엄격하게 규격화시

키는 것을 막았다. 동시에 그는 인간-중심 치료의 기본원칙들을 앞으로도 지속적 보완이 필요한 임의적인 것으로 보고, 이에 대한 새로운 발전과 변형을 장려하였다. 1970년에 그는 그의 '필요충분 조건들'(Rogers, 1957a)과 '심리치료의 과정 개념'(Rogers, 1958a) 논문들이 가장 중요하다고 말하면서, '전적으로 확신하기에 앞서 어떤 것을 제안하는 것에 대한 가치'(Rogers and Hart, 1970: 520)에 대하여 언급하였다. 그리고 Joseph Hart에게 전하는 말을 통하여, 이론이란 언제나 발전하는 과정에 있으며 그래서 결코 완성된 산물이 아니라고 우리에게 상기시켜 주었다.

> 그 이론의 공식화가 1953~1954년에 쓰인 Koch 책의 한 장을 통해 드디어 그 절정에 달했다……. 하지만 폐쇄된 것들이 그런 것처럼 이 장도 해로운 목적으로 아주 잘 쓰일 수 있다
> (Rogers and Hart, 1970: 520).

Rogers가 작고하자 인간-중심 치료의 '순수한 형태'라고 믿었던 것과 '새로운 아이디어' 간에 긴장감이 쌓이기 시작했다. 호주 심리학자인 Robert Hutterer에게 이와 같이 다른 입장들은 인간-중심 접근에 대한 정체성 위기의 양극성으로 대변되었다. 그 한 가지는 인간-중심 가치의 핵심에 관한 것이고, 다른 한 가지는 '견고한 개념에 대하여 이론적인 생각

을 자유롭게 시도해 보고자' 하는 것이다. 그리고 이러한 입장들은 인간-중심 심리학의 발달에 축을 이루고 있다. 수년에 걸쳐 이 논쟁은 어떤 발달도 인간-중심 심리학 영역에 포함시킬 수 없다는 배타적인 것에서부터 좀 더 포괄적인 방향으로 발전해 왔다. 이런 변화는 새로운 발전과 이론적이고 실제적인 차이점들에 대한 논쟁을 야기시켰다.

Rogers의 치료적 작업으로부터 얼마나 다양한 발전이 있었는지를 이 제한된 원고에서 깊이 있게 다루기는 어렵지만, 명백한 혁신의 깊이와 넓이에 대한 좋은 인상을 주는 것은 중요하다. 아이디어에 대한 일련의 발전을 연대순이나 Rogers의 생각과 밀접한 순서로 목록을 소개하는 것 또한 어려운 일이다. 따라서 독자들은 이론과 실제에 대하여 뜻밖이거나 혼란스러운 발전 방향을 잘 찾아가야만 한다.

Godfrey 'Goff' Barrett-Lennard(1998: 58)는 시카고 대학교에서 내담자-중심 치료는 매우 짧은 기간 동안에만 '통일된 학파'로서 누렸다고 주장했다. 왜냐하면 Rogers가 이론, 연구, 실제에서의 새로운 발전을 긍정적으로 격려하였기 때문에, 어디에서 내담자-중심 치료가 끝났는지, 어떤 다른 치료들이 형성되기 시작하였는지를 말하기가 어렵게 되었다. 인간-중심 치료의 초창기에 대한 Barrett-Lennard의 설명을 받아들이는 한편, 시카고 대학교에서 시작했던 Rogers의 원래 생각이 위스콘신 대학교에서 어떻게 계속 발전되었는지를 살펴보는 것이 도움이 될 것이다. '위스콘신 시절', 특히 '위스콘신 프로젝트'가 Rogers의 개인적 생각을 발전시키고 핵심 인간-중심 이론과 매우 다르면서 계속 이어지는 변형들을 발생시키는 데 중대한 영향력을 미쳤다는 것을 입증하였다.

전통적 내담자-중심 치료

비록 많은 사람이 전통적 내담자-중심(Classical Person-Centered) 치료라는 용어를 좋아하지 않지만, 나는 내담자-중심 치료의 '순수한' '원래의' 형태를 새롭게 파생변형된 치료형태들과 구별해서 표현할 만한 다른 적절한 용어를 찾지 못하였다. Rogers가 전문직 활동의 초기에 시카고 대학교 상담소에서 일할 때, 그의 활동의 특징이 어떤 것이었는지에 대하여 잘 모르는 독자들을 위하여 간단하게 개요를 소개한다.

치료적 변화를 위한 조건들에 덧붙여(Rogers, 1959), 전통적 치료자들은 치료적 실제의 중심으로서 원칙에 입각한 비지시성(Grant, 1990/2002), 실현화 경향성의 이해, 그리고 공감적 반응의 중요성을 꼽았다(2장 참조). 이 세 가지는 치료조건을 충분하게 만들어 주는 데 핵심역할을 할 뿐만 아니라 치료관계에서의 치료요인인 공감과 무조건적 긍정적 관심을 강조하는 효과가 있다. Rogers의 후기 자료에서 일치성을 치료요인의 가장 우선순위(Mearns & Thorne, 2007)에 두고 있다는 점에 대하여 논쟁(예를 들면, Frankel and Sommerbeck, 2005)이 이어지고 있다.

전통적 치료자들은 내담자-중심/인간-중심 치료와 그들의 관점에서 아주 관련성이 희박한 치료들, 예를 들면 포커싱(focusing) 심리치료, 정서-중심치료(emotion-focused)들 간에 정수를 가리기 위해서 논쟁한다. 그들은 인간-중심 치료와 경험적 치료 또는 다른 치료들을 하나의 '커다란 텐트' 안에 무리 짓는 어떤 사건, 치료자, 조직들을 받아들이는 것에 대하여 껄끄럽게 생각한다. 이들을 전통적 자리매김의 순수함으로 보는 것에 대한 불편함은 인간-중심 이론 내에서의 '새로운 발전', 예를 들면 관계적 깊이에 집중하는 치료로 확장시키는 것을 어렵게 만든다[Mearns and Cooper, 2005; 전통적인 포지션에 대하여 더 알고 싶으면 (Wilders, 2007) 참조]. 이와 같은 긴장은 인간-중심 커뮤니티와 북미 및 유럽 내의 출판물들 속에 편재해 있다.

인간-중심 치료의 전통적인 형태가 지니는 최근의 어려움은, 비지시성, 실현화 경향성의 이해, 무조건적 긍정적 관심, 그리고 공감적 반응의 중심원칙을 지키기 위해 치료자들은 개방적인 관계, 즉 치료의 종결을 포함한 일련의 모든 과정이 내담자에 의해 일어나도록 해야 한다는 것이다. 또한 전통적 치료자들은 내담자 개인의 의미와 경험에 의해 이끌리고 현상적인 상태에 머물고 싶어 하기 때문에, 외부의 참조체제에 근거하는 모든 방식의 진단을 피할 것이다. 수많은 치료자에 의해서 긍정적이고 치료적인 것으로 간주된 이런 특징들은 시간과 비용 측면에서 효율적인지에 근거를 두고 협약에 의해 이끌리고 맞춰야 하는 법적 서비스가 추천하고 필요로 하는 것들과 점차 불화를 일으키고 있다.

비록 전통적 치료자들은 그들의 접근방식이 장기적으로는 더 좋은 성과를 내는 데 효과적이라고 논쟁하겠지만, 그들은 정부와 재정지원자들이 가치 있게 평가하는 증거를 제공하기가 힘들다. 법적 서비스가 중요시하는 것은 단지 적절한 약의 복용, 제한된 시간에 끝내는 심리치료를 제공하는 것인데, 전통적 치료라는 관점을 취하는 Rogers 전통의 맥은 실용주의 이전에 그 원칙이 있다.

포커싱 심리치료

위스콘신 프로젝트팀은 내담자가 경험하는 본질이 심리치료 성과의 결정 요인이라는 것을 발견하였다. Rogers는 1961년에 저술한 『진정한 사람되기(On Becoming a Person)』의 7장에서 이것의 중요성을 인정하였다. 하지만 캘리포니아로 가면서 심리치료이론의 발전은 거의 완전히 멈췄다. 만일 그가 좀 더 계속했더라면 심리치료이론이 더 발전했을지는 그 어느 누구도 알 수 없지만, 그 당시 그는 60대였고 그의 관심은 다른 데 있었다.

하지만 이미 경험에 대한 생각을 위스콘신 프로젝트에 불어넣은 Eugene Gendlin은 자신의 경험에 집중하지 못하는 내담자들이 순간순간의 경험에 접촉하는 내담자들에 비하여 변화가 덜 일어난다는 것을 발견함으로써, 변화의 과정을 이해하려면 내담자의 경험 수준에 대한 이해가 필요하다는 이론으로 확장시켰다. Gendlin은 내담자가 그들의 경험과정에 접촉하도록 돕기 위하여, 간단히 말해서 내담자의 순간순간 일어나는 내적 경험에 더 관심을 기울이도록 하기 위하여 새로운 방법들을 개발하였다. 그는 이것을 '포커싱(focusing)'이라 명명했고(Gendlin, 1978, 2003), 이것이 '포커싱 심리치료(focusing-oriented psychotherapy)'의 시작이었다(Gendlin, 1996; Purton, 2007).

적극적 개입을 하는 포커싱 심리치료는 내담자 자신의 내면에서 끊임없이 일어나는 경험에 접촉하도록 돕는 것을 목표로 한다. 이것을 자연스럽게 할 수 있는 사람들은 유리한 입장에 있으며, 더욱 지시적인 치료자들이 취하는 관점에서는 내담자가 자신의 경험의 흐름에 더 빨리 접근할 수 있는 능력이 많을수록 더 낫다는 입장이다. 내적인 경험에 접촉할 수 있는 것은 단지 심리치료에 국한된 이점이 아니다. 그것은 사람들이 순간순간에 더 좋은, 더 유기체에 기반을 둔 의사결정을 할 수 있도록 도와줌으로써 더욱 만족스러운 삶을 살도록 이끌어 준다.

경험심리치료

Gendlin의 업적은 심리치료 접근에서 뿐만 아니라 심리치료에 대한 포괄적인 평가, 변화를 초래하는 경험의 역할에 대한 사고방식, '경험(experiential)'이라는 제목에 수반되는 변화에 대한 각종 단어들을 만들어 냈다. 포커싱 심리치료와 경험심리치료(Experiential Psychotherapy)는 인간-중심 그룹 내에서 여러 해 동안 논쟁의 중심이 되어 왔다. 인간-중심 훈련프로그램의 25주기를 기념하기 위하여 1988년 벨기에 루뱅(Leuven)의 가톨릭 대학교에서 개최된 학술회의는 국제 내담자-중심 및 경험심리치료 회의(International Conference on Client-Centered and Experiential Psychotherapy: ICCCEP)라는 명칭이 사용되었다. 이 명칭에서 'and Experiential'이라는 대목에 주목하라. 이것은 지엽적이긴 하지만, 북유럽에서 인간-중심 치료의 발전은 대체로 포커싱 심리치료와 경험심리치료가 인간-중심 치료와 뗄 수 없는, 즉 동일한 옷감에서 재단한 것으로 보았다. 루뱅의 가톨릭 대학교는 이런 관점을 발전시킨 중심부다. 학술회의 책자의 서문(Lietaer, Rombauts, & Van Balen, 1990)에서 다음과 같이 자랑스럽게 안내하고 있다(Lietaer et al., 1990: 11).

이 학술회의는 최근 10년간 훈련받은 젊은 동료들뿐만 아니라 시카고 시절 동료들의 공적까지 포함한다. 다양한 이론적 성향을 접하게 된다: 전통적 Rogers파 이론, 약간의 통합이나 절충을 선호하는 내담자-중심 치료, Gendlin의 포커싱 접근을 펼치는 경험심리치료자들, 정보처리 과정의 측면에서 치료의 과정을 살펴보는 내담자-중심 치료자들, 실존적 경향을 지닌 치료자들…….

하지만 그 계획과 학술회의 제목은 비지시성, 공감적 반응 그리고 무조건적 긍정적 관심을 치료실제의 중심에 두고 있는, 즉 Lietaer에 의해 '전통적'이라고 이름 붙여진 내담자-중심 치료자들의 입장에서 볼 때는 심히 문제가 많고, 참으로 모욕적이다. Barbara Temaner Brodley가 설명하는 것처럼, 그 근본적인 논쟁은 지시성을 중심으로 다룬다.

Gendlin이 쓰고 설명한 이론에서는 치료자의 중요하고 적극적인 책임이 무엇인지, 즉 치료자가 내담자와 작업하는 동안에 무엇을 반드시 해야 하는지에 대하여 분명히 하고 있다. 이 책임이란 내담자를 집중된 경험과정으로 이끄는 것이며 내담자가 '높은 경험수준'을 유지하도록 돕는 것이다(Temaner Brodley, 1990/2011: 291).

이런 긴장에도 불구하고 학술회의 제목은 차후의 학술회의들에서도 채택되었으며 초기의 국제협회가 세계인간-중심 및 경험심리치료와 상담협회(World Association for Person-Centered and Experiential Psychotherapy and Counseling: WAPCEPC)로 발족되었다. 이 두 가지는 상호존중을 도모하면서 전통적 Rogers 학파의 불편감을 뿌리 뽑는 것이 아니라 감소시키는 결과로 이해하는 인간-중심 국가단체들 간의 대화를 이끌어 내기 위한 포럼들이다.

과정경험 그리고 정서초점 심리치료

다른 한편에서는 경험의 내적 흐름에 접촉한다는 개념을 취해서 여러 가지 다양한 치료적 적용방법을 개발하였다. Laura North Rice, Leslie Greenberg, Robert Elliott 등은 이 작업에 여러 가지 민감성을 불어넣은 심리학자들이다(Rice and Greenberg, 1984). 그들은 인간-중심 치료의 평등주의와 비해석적 전통에 뿌리를 두면서 게슈탈트치료와 같은 요인들을 통합시켰다. 그들의 접근은 치료과정의 중심에 내담자의 자기실현 경향성을 두고 있으면서, 내담자가 현재 경험의 흐름에 접촉하는 것을 목표로 하는 개념과 방법을 통합시켰다. 이것은 내담자가 이야기하고 있는 것에 대하여 과정과 내용을 다루는 것을 구별하였다. 따라서 이런 접근이 처음에는 과정경험 심리치료(process experiential psychotherapy)라고 불렸다.

Robert Elliott과 Jeanne Watson에 의해 합쳐진 이 그룹은 정지된 채로 있지 않았다. 그들은 그들의 연구에 기초하여 이 접근을 계속 발전시켰다. 그리고 연구결과의 증거에 근거하여 현재는 정서초점치료(Emotion－Focused Therapy: EFT)라는 주장을 입증하였다(Elliott, Watson et al., 2004). 정서초점치료는 이제 굉장히 발전한 수준이며, 증거를 토대로 지속적으로 발전하고 있다. 치료자들은 '행동'으로 나타나는 매순간의 변화를 살펴보기 위하여 고도의 감지된 공감을 사용한다. 내담자가 경험하는 매순간은 정서의 중요성을 시사하기 때문에 치료자들은 내담자가 경험하는 순간을 다른 방식으로 경험하도록 개입함으로써 도움을 줄 수 있다. 그런 개입에는 게슈탈트치료로부터 통합된 방법, 예를 들면 빈 의자 대화기법을 포함한다. 이 방법의 목적은 치료적 과정을 달성하기 위한 것이며, 이 목적은 물론 내담자와 협의하여 설정된 것이다(Elliott, Watson et al., 2004).

독자들은 아마도 이것이 일부 전통적 내담자-중심 치료자들에게는 너무 도구적이고 진단적이며 특수하고 지시적이라고 생각할지도 모른다. 그것은 경험심리치료들과 인간-중심 치료가 동일한 치료 계통이라고 간주하기에 너무 많은 차이점이 있다는 이슈로 되돌아가게 만든다(Temaner Brodley, 1990/2011; Prouty, 1999/2000).

대부분의 내담자-중심 치료 연구가 부진한 시기에 정서초점치료 이론가들과 학자들은 연구의 선두에 있었다. Greenberg, Elliott, Watson과 그 동료들은 정서초점치료의 이론과 실제를 발전시키기 위하여, 그리고 지난 1980년 대부터 이루어진 성과연구의 효과를 평가하기 위하여 체계적 연구프로그램을 수행하였다. 획기적인 사건(Bergin과 Garfield)은 2004년에 일어났는데, 그때 심리치료의 '성서'라고 하는『Bergin과 Garfield의 심리치료 및 행동변화의 핸드북(Bergin and Garfield's Handbook of Psychotherapy and Behavior Change)』에서 경험심리치료자들이 총대를 멨다(Elliott, Greenberg and Lietaer, 2004). 이 장에서 그들은 '인본주의적 경험(humanistic-experiential)' 치료에 대한 메타분석을 제시하였는데, 여기에는 내담자-중심 치료에 대한 38개의 성과연구가 포함되었다. 이것은 정작 경험심리치료의 근원을 지지할 만한 증거였다. 이는 사소한 일이 아니다. 왜냐하면 어떤 전통적 치료자들은 인간-중심 계열에서 정서초점치료를 제외시킬 방법을 찾을 것이며, 그래서 그와 같은 내담자-중심 치료가 메타분석에서 마땅히 빠졌을 것이라고 여길 것이기 때문이다.

이상의 연구와 다음에 다룰 연구관련 부문을 통해서 보면, 우리는 분명히 인간-중심과 경험치료 계열의 위상을 심리치료연구의 상위범위로 회복시키려는 단체와 동료들에게 빚을 지고 있다.

대화체의, 참만남 접근

1957년에 Rogers는 이스라엘 철학자이자 인류학자인 Martin Buber와의 대화 내용을 녹음하고 이를 출판하였다 (Kirschenbaum and Henderson, 1990b; Anderson and Cissna, 1997). 통상적으로 Rogers는 Buber의 생각에 많이 사로잡혀 있었으며, Buber의 생각이 Rogers의 사고에 영향을 미쳤다는 증거가 있다. 인간변화의 과정은 도움을 받기 위해서 누군가의 도움이 제공되어야 하는 것이 아니라, 도움을 주고받는 사람 간에 함께 자아내는 상호관계 속에서 전적으로 이루어진다는 생각을 발전시키기 위하여 Rogers와 Buber의 관점을 지속적으로 통합시킨 사람들이 있다. 이는 조력을 심리적 '치료'라는 개념에서 벗어나도록 만들며, Rogers의 업적을 해석하면서 주관적이며 개인적인 자기심리학이라는 무언의 비평을 만들어 낸다. 그런 접근은 관계를 중심에 둔 Godfrey Barret-Lennard의 연구(2004)에서, 그리고 관계의 깊이를 중심에 둔 Dave Mearns의 연구(Mearns, 1996; Mearns and Cooper, 2005)에서 암시적으로 나타난다.

오스트리아 심리학자 Peter Schmid(1988, 2006; Schmid and Mearns, 2006)는 철학자 Emmanual Levinas의 연구에 나타난 인간-중심 이론을 재해석한 결과 인간-중심 대화치료의 선두가 되었다. Schmid는 '관계'와는 다른 개념으로, 변화를 위해서는 어떤 도구보다도 치료자와 내담자 간의 참만남

(encounter)이 중요하다고 보았다. 참만남대화치료(Encounter-oriented dialogical therapy)는 순간순간 일어나는 '자기'와 '타인'의 상호의존적인 의미 그리고 '만남(meeting)'을 중요한 치료요인으로 간주한다. 이 복잡한 아이디어를 주어진 지면에서 충분히 다루는 것은 어렵지만, 참만남이란 새로운 세계에서 순진무구한 탐험가로서 내담자를 만나는 그런 만남의 순간에 상대의 차이점을 새롭게 만들 수 있는 모든 잠재요인을 알아보는 것으로 이해될 수 있다.

이런 명제가 수많은 인간-중심 치료자에게는 생소하지 않을 것이다. 차이점이란 대화치료자들은 이론과 순간순간의 실제에서 치료관계를 중점적으로 고려한다는 것이다. 참만남 치료자는 상담회기 동안에 전통적 내담자-중심 치료자와 겉으로는 거의 비슷해 보이지만, 실제로는 매우 다른 의도와 성격을 지니고 있을 것이다.

일부 독자는 별것도 아닌 것을 가지고 수선을 떤다고 생각할 수도 있다. 물론 모든 인간-중심 치료자에게 있어서 치료자가 고수하는 원칙적인 태도는 치료의 기본이다. 왜냐하면 치료자의 의도는 치료자의 진솔한 행동을 통해서 소통되기 때문이다.

사전치료

위스콘신 프로젝트의 한 가지 분명한 성과는 어떤 내담자는 치료자와 충분하게 관계를 맺지 못하기 때문에 도움 받을 수 없다는 데 만장일치의 합의가 있었다는 것이다. Rogers의 필요충분 조건의 측면에서 그들은 충분한 심리적인 접촉을 맺을 수 없었다.

미국 심리학자인 Garry Prouty에 의해 고안되고 발전된 사전치료(Pre-therapy)는 학습장애, 정신병, 치매, 만성질환 또는 질병이나 부상으로 인한 뇌손상 때문에 '접촉-장애(contact-impaired)'가 있는 사람들에게 심리적 접촉을 도와주는 방법이다. 진단목적으로 그런 환자들을 평가하거나, 그들에게 일상적인 요구가 무엇인지 질문하거나, 또는 치료나 어떤 협의된 활동에 그들을 참여시키는 것은 사실상 불가능하다. 그런 내담자와 관계를 맺는 것은 내담자를 심리적 · 사회적으로 소외시키고, 효과적인 치료와 거리가 먼 결과를 초래하면서 임상가들을 수십 년 동안 좌절시켰다. Garry Prouty는 그런 내담자에게 다가가기 위한 자연스러운 재주를 가졌으며, 그는 사전치료와 같은 방법을 조작함으로써 주요한 돌파구를 마련하였다. Prouty는 이론, 방법 그리고 연구 가능성에 대한 통합된 설명을 담아 『인간-중심/경험치료의 이론적 발전: 정신분열과 지체된 정신병의 적용(Theoretical Evolutions in Person-Centered/Experiential Therapy: Applications to Schizophrenic and Retarded Psychoses)』이라는 책을 출판하였다(Prouty, 1994).

사전치료는 모든 인간이 상호관계를 맺는 데 필요한 심리적 접촉을 회복시켜 준다는 점에서 인간-중심적이고 깊이 있게 존중하는 접근이다(Van Werde and Prouty, 2007). 사전치료는 소위 Prouty가 말하는 '접촉반영(contact reflections)'이라는 것을 소개함으로써 접촉을 발달시킨다. 접촉반영이란 세상, 개인의 자기감 그리고 타인과의 의사소통에 대하여 가장 단순하면서 구체적으로 반추하는 것이다. 이것은 일대일로 연습할 수도 있지만, 모든 스태프가 접촉반영을 해 줄 수 있도록 훈련되어 있거나, 환경안의 모든 것이 접촉할 수 있도록 맞춰진 임상기관에 내담자가 노출되어 있을 때, 즉 내담자가 '접촉환경(contact milieu)'에 몰입할 수 있을 때 더 잘 일어날 수 있다(Van Werde, 2002, 2007).

비록 사전치료의 기원이 인간-중심과 경험치료 내에서 발견되었지만, 이 치료는 범 치료방법이다. 왜냐하면 이 치료는 치료자의 이론적 모델이 어떤 것인지에 관계없이 사전치료의 도구로서 활용될 수 있는 방법이기 때문이다. 이 치료법은 북미, 동유럽과 극동아시아와 같은 다양한 문화적 장면에서 열광적으로 채택되고 있다.

표현치료

Rogers는 그의 생애 말년에 딸 Natalie와의 관계를 가까운 전문가적 관계로 발전시켰다. 그녀는 인간-중심 표현치료

(Expressive Therapy)의 작업을 통하여 인간-중심 치료의 창의적 적응성의 가능성을 Rogers에게 소개하였다. 비록 예술, 음악과 드라마 치료가 확립되었고 심지어 몇 년 동안 주류를 이루기도 했지만, 그 치료들은 때때로 실제를 위한 제한적 규약과 치료자의 해석으로 가득한 정신역동적 전통에 뿌리를 확고히 하고 있다. Natalie Rogers의 공헌은 모든 형식의 창의적인 표현, 즉 신체의 움직임에서부터 음악을 작곡하고, 노래를 부르고, 조각을 하고, 그림을 그리고, 글을 쓰는 것에 이르기까지 모든 표현형식 간의 연계를 제안했다는 것이다. 이것은 창의적 발견을 위한 여정의 중심부에 존중과 공간적 반응을 함께하는 전체적이면서 통합적인 접근이다.

인간-중심 표현치료는 대중적이면서 적응력이 있는 것으로 입증되었다. Rogers와 그의 동료들은 몇몇 나라에서 워크숍을 가졌고, 그녀의 방법이 일대일의 개인상담 회기에서 또는 집단상담에서 사용될 수 있었다. 표현치료가 집단을 통해 사용될 때는 자연스럽게 사회적 관심을 키워 주며, Natalie Rogers의 최근 작업은 특히 이런 측면을 탐구한다(N. Rogers, 2011).

창의적이고 표현적인 예술방법을 적용한 인간-중심 접근은 수많은 유럽국가 안에서 설립된 지엽적인 접근들과 Natalie Rogers의 방법과 함께 인간-중심과 경험치료 컨퍼런스에서 처음부터 눈에 띄고 있다. Silverstone은 그녀의 출판

물과 워크숍을 통해서 인간-중심 치료와 예술의 통합을 선
도하였으며(Silverstone, 1997), Dinah Brown은 Tess Sturrock
과 함께 Natalie Rogers의 인간-중심 표현치료에 소속된 영
국기관에서 훈련프로그램을 개설하였다.

인간-중심 이론과 실제를 둘러싼 또 다른 발전

새로운 접근들이 확립된 것 외에도 이론과 실제는 별개이
면서도 중요하고 영향력 있는 주머니로 발전했다. 스코틀랜
드 심리치료자이면서 학자이고 저자인 Dave Mearns는 Mick
Cooper와 함께 인간-중심 이론의 영역을 확장시키는 데 공
헌한 사람이다.

자기(self)의 구성(Mearns, 1999; Mearns and Thorne, 2000)은
인간-중심 치료 이론과 실제가 다원적인 자기에 대하여 검
토하도록 만들었다. 이것은 인간-중심 자기이론의 연장이
다. 왜냐하면 자기의 다원성에 대한 생각이 Rogers의 업적
중에서 가장 암시적이긴 하지만, 이 접근의 안팎에서 인간-
중심 실제의 잠재력에 대하여 전문가들의 관심을 모으기 위
해서는 반드시 부가설명이 필요한 부분이기 때문이다.

Mearns는 Mick Cooper와 함께 인간-중심 치료가 단지 피
상적인 수준에서만 작업 가능하다는 무지한 관점에 대하여
직접적으로 도전하였다(Mearns and Cooper, 2005). 이것은 인
간-중심 치료가 단지 관계를 설정하기 위한 치료의 시작단

계에는 좋지만, 그 이후에는 보다 깊이 있는 작업을 하기 위하여 정신역동 혹은 다른 접근들이 사용되어야 한다는 일반적인 오해를 남긴다. 의미심장하게, Mearns와 Cooper는 변화의 과정으로 기어를 바꾸는 데 잠재력을 가진 치료자와 내담자 간의 강도 높은 접촉의 순간을 탐색하기 위하여 '관계'를 강조한다. 최근 몇 년 간 만남의 특별한 순간에 대하여 새롭게 이해하려는 연구와 더불어 이 분야에 대한 관심이 폭발적으로 나타나고 있다(Knox, 2008; Wiggins, Elliott, & Cooper, 2012).

미국 심리학자 Margaret Warner는 전통적인 의학적 모델에 근거하여 경계선 성격장애 또는 정신병으로 진단받을 만한 사람들과의 치료과정을 묘사하는 논문들을 출판했다(예를 들면, Warner, 1998, 2005; Warner & Trytten, 2008). 그때까지는 인간-중심 치료가 그런 진단을 받은 사람들에게는 적절하지 않다는 가정이 만연되어 있었다. Warner의 신중하고 민감하면서도 고무적인 작업은 경계선 성격장애와 정신분열증과 같이 낙인찍는 진단적 개념이 설명력이 없다는 분명한 신호다. 그녀는 내담자 경험의 부분들을 이해하기 위한 현상학적 용어를 사용한다. 그녀의 분석과 방법은 경험심리치료와 사전치료를 핵심적인 인간-중심 작업과 통합시킨, 즉 인간-중심 치료의 이론과 실제에서 발견된 것이다.

덴마크 정신과 치료 장면에서 일했던 임상심리학자

Lisbeth Sommerbeck은 한 예로, 인간-중심 치료에서 공감이 정신병적 생각을 강화시킴으로써 증세를 더 악화시킨다는 불평(과거뿐 아니라 현재에도 계속 일어나는)에 대하여 끊임없이 반박했다. 실제로, Sommerbeck과 일부 사람은 정신병에 대한 심리적 및 사회적 접근에 대한 국제학회와 같은 포럼을 통하여 인간-중심 치료의 이익에 대하여 계속 대변하고 있다. 이 학회들에서 공감, 존중, 수용, 진솔한 의사소통은 이상하고 괴로운 경험을 하는 사람들과 치료적 관계를 맺는 핵심적 원칙으로 나타난다.

심리치료를 둘러싼 연구

심리치료연구에 관한 지속적인 영향은 Rogers의 생애에 수행했던 연구에서의 혁신적인 부분에 대한 반추 없이는 의미가 없을 것이다(3장 참조). 앞서 우리는 Carl Rogers가 1940년대 후기에서부터 1960년대 중반에 이르기까지 수행했던 획기적인 연구에 대하여 알아보았다. 증거에 입각한 실제가 이루어졌던 그 당시, 수많은 심리학자와 심리치료자는 시카고상담소에서 Rogers와 그의 동료들이 심리치료의 연구를 밑바닥부터 철저하게 발전시키기 위하여 행했던 토론식 작업을 인식하지 못했다.

Rogers는 심리치료의 효과를 조사하기 위하여 처음으로 연구 프로그램을 개발하였다. 이것은 Rogers가 치료면접의 일체뿐만 아니라 치료관계의 전부를 녹음하고 녹취했던 선구적 연구가 있었기 때문에 가능하였다. 이 단순한 사건이 현재에는 일상이 되었지만, 예전에는 불가사의했던 치료관계의 세계를 과학적이고 대중적으로 철저한 검토가 이루어지도록 효과적으로 개방하는 계기가 되었다는 점에서 혁신이었다. 병 속에 살던 요정이 병 바깥으로 나온 것이었다. 시카고상담소의 체제는 면담을 녹음하고 내담자의 자료를 수집하기 위하여 관례적으로 내담자에게 허락을 받는 것이 권장되었다. Rogers는 50만 불이 넘은 막대한 연구비를 유치하여 지속적인 연구를 이루었다. 그 연구에는 연구에 활용되는 적절한 방법을 개발하는 것도 포함되어 있었다. 왜냐하면, 그 전까지는 어느 누구도 그렇게 체계적인 방법으로 심리치료를 평가하려고 시도하지 않았기 때문이다. 연구팀(Raskin, 1949; Seeman & Raskin, 1953; Rogers & Dymond, 1954)은 그들의 결과를 널리 발표하였으며, 결과적으로 심리치료에 관한 실험연구의 첫 번째 파트는 전적으로 거의 인간/내담자-중심이었다. 이 부득이한 연구는 Rogers가 위스콘신으로 가도록 하는 데 중요한 역할을 하였다. 위스콘신에서 그는 첫 번째 커다란 규모의 체계적인 연구로서 조현병 진단을 받은 사람들에게 치료를 적용시켰다.

심리치료를 둘러싼 Carl Rogers의 노력은 Howard

Kirschenbaum이 설명하듯이, 그 당시 수많은 전문가로 부터 칭송받았다.

일찍이 1950년에 영국의 대영백과사전은 다음과 같이 기술하였다. "비지시적인 심리치료 방법을 과학적으로 검증하려는 Rogers의 선구적인 노력은 임상심리의 지표를 이룬다." 도서관 저널은 심리치료 및 성격변화에서 보고된 이 프로젝트가 적절한 통제 방법을 사용한, 심리치료의 성과에 대하여 온전히 객관적인 첫 번째 연구였다고 인정하였다(Kirschenbaum, 2007: 210).

Rogers에 의해 이루어진 선구적인 연구를 고려하고 가끔씩 일어났던 학문적 격려에도 불구하고(예를 들면, Mearns & McLeod, 1984), 1960년대 중반 Rogers가 캘리포니아로 이동하면서 인간-중심 치료에 대한 연구가 거의 완전히 사그라들었다는 것과 그의 작고 후 여러 해 동안 비교적 부진한 채로 남아 있다는 점을 생각하면 실망스럽다. 하지만 이 기간에도 일부 학자는 경험심리치료의 틀 속에서 겨우 연구의 불씨를 지켜온 반면, 인지치료자들은 차곡차곡 증거를 모으면서 빠른 진전을 보였다(Elliott, Greenberg, & Lietaer, 2004 참조). 인지치료와 비교해서 인본주의치료에 대한 증거의 불확실한 상태는 메타분석의 출현 그리고 Leslie Greenberg와

Robert Elliott과 같은 학자들의 지속적인 연구에 힘입어 새로운 밀레니엄 시대에 들어서면서 인간-중심 및 경험치료 연구에 새로운 열정을 불러일으켰다. 이 부흥의 한 가지 분명한 결과가 바로 2010년에 출판된『인간-중심과 경험치료연구(Person-Centered and Experiential Therapies Work)』(Cooper, Watson, & Holldampf, 2010: 94-5 참조)에 대한 리뷰였다.

이 출판물 중에서 흥미로운 내용은 Elliott과 Freire(2010)가 메타분석에 대한 리뷰를 업데이트한 것이다. 메타분석은 의미로 본다면, 지속적으로 발전하는 모습, 여기서는 인간-중심과 경험치료들 효과의 범위를 제시한다. 따라서 Elliott과 Freire의 작업 그 자체는 분명히 이 책이 출판될 때까지 리뷰되고 개정될 것이다. 이 장은 180개의 성과 연구들에 대한 요약을 제시하고, 여섯 가지 결론을 도출해 내며, 그중의 대부분은 별도로 부연 설명할 필요가 없다(Elliott & Freire, 2010: 9-11).

결론 1: 인간-중심과 경험치료(Person-Centered and Experiential Therapy: PCE)는 내담자의 사전-사후 변화에 주된 관심이 있다.

결론 2: 내담자들이 사후치료에서 나타낸 큰 성과는 후속치료의 초기와 후기에까지 유지된다.

결론 3: PCE 치료를 받은 내담자들은 치료받지 않은 내담자들에 비하여 비교적 큰 성과를 나타낸다.

결론 4: PCE 치료는 대체로 임상적으로 그리고 통계적으로 다른 치료들과 동등한 것으로 나타난다.

결론 5: 광범위한 측면에서 볼 때, PCE가 인지행동치료(Cognitive Behavioral Therapy: CBT)보다 다소 나쁠지도 모른다. 여기서 핵심 단어는 '~지도(might)'와 '다소(trivially)'다. 이런 결론에 도달하게 된 이유는, 연구자의 치료동향이 통제될 때까지 PCE와 CBT 간의 차이가 지속적이긴 했지만 사소하리만치 매우 작았기 때문이다. 이것은 소위 '연구자 애착 효과(researcher allegiance effect)'라 하며, 이 효과는 보통 연구자가 좋아하거나 이론적으로 강한 애착을 지닌 치료가 가장 효과적이라는 것을 알게 되었을 때 나타난다. 이런 효과를 배제했을 때는 PCE와 CBT 성과 간에 차이가 없다.

결론 6: 소위 '지지'치료는 CBT보다 더 성과가 나쁜 것으로 나타난다. 하지만 PCE 치료의 여러 유형은 CBT보다 더 효과적이거나 아니면 그와 유사한 정도의 효과가 있다. 이 결론은 약간의 분석을 요한다. 간단히 말해서, 이것은 다음의 질문들에 답변하려는 시도다. 'CBT가 약간 우월한 것은 무슨 원인에 기인하는가?' 그리고 '왜 연구자이론적 애착에 대한 통제가 없어지도록 해야 하는가?'

수많은 CBT 무선할당통제시행(Randomized Controlled Trials: RCTs)에서 빈번하게 '지지'치료 혹은 '비지시적' 치료를 통제조건으로 사용한다는 것을 감안하면서, Elliott과 Freire 는 치료 유형들을 다음과 같이 분류하였다.

1. 인간-중심 치료는 Carl Rogers를 분명하게 따르고, 비교적 순수한 형태로 촉진조건들을 강조한다.
2. 지지치료는 통상적으로 연구자에 의해서 '지지적' 혹은 '비지시적'이라고 명명된다.
3. 정서초점치료(혹은 과정경험 심리치료)는 개인(Greenberg, Rice, & Elliott, 1993)과 커플(Greenberg & Johnson, 1988) 치료, 그리고 분명한 과정과 단계적 치료과업을 포함한다.
4. 그 외에 게슈탈트, 포커싱, 사이코드라마, 표현치료 등을 포함한 경험심리치료들은 내담자의 즉시적 경험, 표현 혹은 행동에 초점을 둔다(Elliott & Freire, 2010: 11).

그들이 CBT와 비교해서 다소 부정적인 효과가 나타난 것은 전적으로 두 번째 그룹인 '지지치료'의 낮은 성과 때문이라는 것을 발견하였다. Elliott과 Freire는 지지치료에 대한 후속연구에서 그 효과가 경감된 것으로 나타났으며, 특히 PCE 치료에 대한 터무니없는 버전은 대체로 CBT 연구자들에 의해서, 특히 미국 내에서 사용되었다는 것이 드러났다고 계속해서 설명했다. 사실 연구보고서 원본을 면밀하게 검토해 보면, 종종 지지치료들은 단 몇 시간만의 훈련을 받은 CBT 치료자들에 의해 실시되었는데, 이는 훈련과 슈퍼비전을 제대로 받은 PCE 치료자들에 의해 실시된 PCE 치료들과는 비교가 안 된다.

이렇게 철저한 분석은 현행 연구자들과 그들의 멘토들에 의해 수행된 PCE 치료 연구를 대표한다.

Cooper, Watson 그리고 Hölldampf(2010: 243-9)는 간략한 용어로 PCE 연구를 위한 7개의 중요한 우선사항을 요약한다.

1. 정책결정자에게 영향을 미칠 만한 유형인 무선할당통제시행 연구를 수행하라.
2. 철저한 양질의 메타분석에 대한 준비와 출판을 지속하라.
3. 과정-성과 연구를 수행함으로써 효과적인 치료요인들을 강조하라.
4. PCE 이론과 일치하는 방법으로 성과를 측정하는 PCE-친

화적 측정도구들을 개발하고, 그 타당도를 검증하라.

5. 새로운 실천이론을 개발하기 위하여 연구를 사용하라.

6. 인간-중심 연구방법들을 계속 개발하라. 이들은 무선할당 통제시행의 패권에 대한 도전을 완성시키기 위하여 필요할 것이다.

7. 계속해서 사례연구 발전의 선두가 돼라.

비록 많은 사람은 PCE 치료를 연구에 밀어 넣은 것에 대하여 환영하지만, PCE 치료가 무선할당통제시행(Randomized Controlled Trial: RCT) 방법을 따르게 될 때 일부 사람에게 문제가 된다. 이런 문제는 위에 지시된 우선사항들에서도 암시되었다. 약물지향적인 무선할당통제시행을 심리치료, 즉 인본주의치료와 전통적 인간-중심 치료의 적용성에 대한 비평을 논하면서 문제가 발생한다. RCT 연구의 중심에 '특수함'이라는 가설이 요구되는 진단적 카테고리에서부터 치료의 '표준 복용량'을 모방하기 위하여 치료를 매뉴얼화하는 데 이르기까지, 이 모델은 정말 대증요법에서 약물치료를 위해 고안된 방법처럼 보인다. Rogers 자신은 심리치료에서 실증주의에 기반을 둔 연구를 확립하려고 분투하였다. 그 결과 몇 년 후에는 실증주의를 심리치료 연구에 적용하는 것에 의혹을 갖기 시작했다. 하지만 서비스 위원들과 정부기관에서 요구하는 유형의 연구를 거부한 것은 Rogers 사후 몇 년에 걸쳐

PCE 치료를 사회에서 소외시키는 데 기여하였다.

상기에서 제시된 1에서 6까지의 우선사항을 통해서 Cooper 와 Watson 등의 학자들이 제안한 한 가지 해결방안은 RCT를 통한 성과자료를 수집하고, 인간-중심 접근의 전문가들에게 잘 맞는 연구방법을 개발하려는 PCE 치료자들의 진척을 지지하는 것이다(Wilkins, 2010).

Rogers의 업적이 법적 서비스에 속하도록 보장하기 위한 약속은, 인정하건대 현재에도 힘겨운 분투를 벌이고 있는 분위기 속에서 인간-중심 접근이 어려웠던 영국에서 수행하는 두 가지 프로젝트에서 찾을 수 있다.

우울증을 위한 상담

영국에서의 초기치료로서 상담은 2005년 이전까지만 해도 인간-중심 치료자들이 우위를 점했으나, 이후 정부가 근거기반치료 실제를 요구한 것과 더불어 CBT가 순식간에 자리를 잡게 되자 인간-중심 치료는 이들에게 밀려나게 되었다. 하지만 최근 들어, 영국 상담 및 정신치료협회(British Association for Counselling and Psychotherapy: BACP) 지원을 받는 Andy Hill의 연구는 영국의 초기치료로서 인간-중심과 경험치료의 위신을 되찾아 주었다. 정부의 '심리치료에 대한 접근성 향상(Improving Access to Psychological Therapy: IAPT)' 프로그램의 틀 안에서 그의 연구는 '우울증을 위한 상담(Counseling for Depressio: CfD)'을 초기치료로서 제공할 수 있도록 허가를 얻어 내었다. CfD는 인간-중심 치료와 정서 초점치료의 몇 가지 요소를 결합한 방식이다. CfD의 성공적인 시작은 유능성을 발달시키는 것에 기초하는데, 특히 인간-중심 치료의 기술세트를 매뉴얼화한 것과 Cooper, Watson 그리고 Holldampf(2010)에서 개관한 연구증거를 선보인 것의 공이 컸다.

CfD의 이러한 시작은 물론 비난을 피할 수 없을 것이다. 인간-중심 치료의 매뉴얼화란 많은 사람에게 금기시되어 오던 일이기 때문이다. 그러나 한편, 이는 영국의 국민들이 우울증 치료를 위해 인간-중심 치료를 선택할 수 있는 자유를 보장해 준다. 그에 더해, 그동안 근거기반 치료실제의 지정석으로 여겨지던 곳, 즉 국립보건임상연구소(National Institute for Health and Clinical Excellence: NICE)에서 PCE 치료들이 더 잘 대표될 수 있다는 것을 의미한다. 일부 사람에게 Rogers 업적의 영향력이 약화될 기미를 보이는 때, CfD의 발달은 국립보건임상연구소에서 이를 믿을 만한 치료로 여기게 하는 가능성을 제시했으며, 불안과 그 외의 문제들에 대한 치료로서도 CfD를 고려하도록 문호를 개방할 것이다.

학교 상담

최근 지속된 노력은 스코트랜드와 웨일즈의 학교 내 상담의 윤곽을 다듬어 내는 성과를 냈다. 2002년에 시작된 스트래스클라이드 대학교의 한 연구는 긍정적인 평가를 낳았다 (Cooper, 2006). 웰시 정부에 의해 지원받은 장기프로젝트 역시 좋은 평가를 받았으며(Pattison, Rowland et al., 2007), 이 둘을 포함하여 다른 연구들은 Mick Cooper에 의해 효율성의 측면을 검토받았다(Cooper, 2008). 타당한 근거를 얻고자 하는 열정은 최근 출판된 Cooper, Rowland 등(2010)의 무선할당통제 연구와 함께 계속되고 있다. 상담에서 아직 불확실한 것은 젊은 사람들을 위해 개발된 통합적인 인간-중심 접근이다.

우울증을 위한 상담 프로젝트와 더불어, 이 작업은 투자자, 관련 부서 위원장 그리고 정부관계자들에게 선호되는 무선할당통제시행 방법의 적용으로 축적된 성공을 보여 준다. 영국에서의 이러한 일치단결된 노력은 마찬가지로 어려운 환경에서 인간-중심 서비스의 근거기반 발달 모델로 작용할 수 있다.

치료를 넘어서-모든 것의 상호연결성

심리치료를 가르치는 모든 학교는 물질적인 세계에서부터 초개아적이고 영적인 세계에 이르는 인간실존과 경험의 다양한 영역들과 상호호혜적인 관계를 가지고 있다. 가장 분명한 차원에서 이 호혜성은 우리로 하여금 심리학이 물질세계에 대한 반응인지, 물질세계가 인간과 심리학의 이미지 안에서 구축된 것인지, 혹은 상호구축된 것인지 생각하게 한다. 이러한 질문이 바로 심리치료 이론과 실제의 정치적 맥락이 고려되기 시작한 시점을 나타낸다. 또한 타인과의 관계, 우리 자신과의 관계, 그리고 우리 자신을 넘어선 미지의 존재와의 관계를 고려해 볼 때 이와 유사한 정도로 핵심적인 질문들이 떠오르게 된다.

심리치료 이론들이 이러한 많은 방향에서 상호연결성을 가리키는 것으로 인해, 이들이 중심의 권위자(guru)를 향한 광신적 추종과 같은 지위를 노리며 우주 만물에 대한 설명을 제공하려 하는 것처럼 보인다는 비난을 사기 쉽다. Rogers는 스스로가 이러한 권위자로 비춰지지 않고자 하는 의지를 확고히 보였으며, 다음과 같은 문구를 지갑 속에 지니고 다녔다고 전해진다. "최고의 리더와 함께라면 어떠한 일이 끝나고 과제를 완수했을 때 사람들은 '우리 스스로가 해냈어.'라고 할 것이다." Kirschenbaum은 인간연구센터(Center for Studies of the Person)의 한 멤버가 Rogers에 대해 한 말을 다음과 같이 인용했다.

이것은 모순이다. 그는 그곳에 있고, 강하며, 주목받고 드러나기를 원하지만, 또한 그는 어쩐지 그림자 속에 있으며 경외의 대상이 되지 않기를 바란다(Kirschenbaum, 2007: 451-2).

그의 일생동안의 문제는 타인 지각에 있어서의 고집스러움이었으며, 이는 Monty Python의 영화 〈브라이언의 삶(The Life of Brian)〉에서의 문제와 비슷하다.

> Brian: 봐요, 당신들은 전부 다 틀렸어! 당신들은 나를 따라할 필요 없어요. 그 누구도 따라할 필요 없지요! 당신들 스스로 생각해야 해요! 당신들은 모두 각각의 개별적인 사람들이니까!
>
> Crowd: (한 목소리로) 맞아요! 우린 모두 각각 개별적인 사람들이에요!
>
> Brian: 당신들은 모두 달라요!
>
> Crowd: (한 목소리로) 맞아요, 우린 모두 달라요!

이전 장들에서 보였듯이, Rogers의 업적은 그의 작고 이후에도 인간-중심 이론과 실제가 지속적인 발전을 이루어 나간 교육, 평생 반려와 결혼, 조직의 경영, 그룹워크, 다문화적인 작업, 갈등 해결, 정치, 그리고 영적인 영역에 이르기까지의 모든 영역을 다루었다. 이 장은 이렇듯 계속적으로 이루어지는 발전에 대한 아주 간략한 이야기를 짚어 주고 있는데, 독자들은 이들이 소개된 순서에 크게 의미를 두지 않길 바란다.

생태학

Rogers의 인간-중심 접근은 생태학적이라고 묘사될 수 있는 요소를 지니는데, 예를 들면 모든 것에 대한 형성적 경향성을 이해하는 것, 복합시스템을 이해하여 처음의 상태나 표면적으로 드러나 보이는 것과 관계없이 항상 일정한 방향으로 작용하는 것, 복합시스템의 이해를 위해 개입과 환원 대신 관찰과 합성의 방법을 사용하는 것과 같은 특성이 있기 때문이다. 이러한 특성들은 비선형 동적 시스템 또는 카오스 이론과 같은 복합시스템에 대한 동시대의 이해도와 공명한다. 이렇게 인간 심리학으로부터 행성의 생태학을 거쳐 아원자 물리학(sub-atomic physics)까지 아우르는 시스템 관망 방식은 인간-중심 접근을 사용하는 많은 사유자의 상상력을 자극해 왔다(Neville, 2012 참조). 이는 최근 나타나는 지속 가능한 삶의 정치와 심리치료에서의 변화 모델 간의 여러 층에서의 중첩과 연관이 있다. Rogers의 동료 중 한 명인 John K. Wood는 땅에 발을 딛고 대지와 창의적인 공감을 하며 살아간 선구적인 인물이었다. 이 주제에 관한 그의 결과물은 그가 2004년에 갑자기 사망하면서 굉장히 접근이 어려워졌고 비극적으로 중단되어 버렸다(Wood, 2001, 2003a, 2003b; Machado Assumpcao, & Wood, 2001). 지속 가능성을 시사하는 참고문헌들이 인간-중심 발표에 서서히 증가하고 있으며, John K. Wood의 공헌에도 불구하고 얼마 지나지 않아 곧 인

간-중심 접근과 지속 가능한 삶의 관계에 관한 의미 있는 논
문이 나올 것이다.

다양성의 찬양

비록 Rogers의 업적이 대부분 전후(post-war) 앵글로색슨
족의 가치와 문화에 바탕을 두었다는 점에서 자민족중심적
이라고 비판을 받기는 했지만, Rogers 삶의 가장 큰 전환점 중
하나는 그가 젊은 시절 중국여행을 했던 것이다(Cornelius-
White, 2012 참조). 다른 젊은 미국인들과 달리, 그는 다양한
문화에 노출되었고, 그러한 경험들에 깊게 감명을 받았다.
또한 Rogers의 업적이 영국과 미국의 중산층 남성의 치료에
메타문화로 존재한다고 본다 하더라도 그의 업적은 무수히
다양한 문화 배경을 가진 전 세계인들에 의해 열정적으로 받
아들여지고 있다. 이러한 사실은 인간-중심 접근에 매력을
느끼는 모든 사람은 어느 정도 아메리칸 드림에 끌렸다는 주
장이 말도 안 됨을 보여 준다. 인간-중심의 핵심적인 자세는
타인을 하나의 개체로서 존중하고 인정해 주는 데 있어 그를
둘러싼 문화적인 연결 자체를 함께 바라봐 주는 것이다. 이
때 문화는 절대 그의 가치를 평가하는 데 작용해서는 안 되
며, 이에 예외란 없다.

문화적 차이로부터 발생하는 분쟁의 잠재성에 대한 Rogers
의 날카로운 인식과 이 영역에서의 그의 업적은 인간-중심

적인 방식에 기본을 둔 다문화적인 움직임을 낳았으며, 이는 Colin Lago(2006, 2011)와 같은 인물들에 의해 자세히 묘사되었다. 다양한 문화를 포용하는 이러한 자세가 국제 인간-중심포럼(International Person-Centered Forums)에 스며들어 활력을 불어넣고 있는 것이다.

정치적인 영역과의 연결

Rogers의 1977년 저작 『인간의 힘에 대한 Carl Rogers의 견해(Carl Rogers on Personal Power)』는 개인적인 것은 정치적인 것이라는 페미니스트의 주장과 일치한다. 이 책은 인간-중심 치료자로 하여금 치료와 치료적 변화의 정치적 맥락을 고려하도록 했고, 단순히 상담실 내에서의 활용에서 벗어나 인간-중심 접근의 보다 넓은 적용을 가능하게끔 만들었다. 완전히 기능하는 사람이란 자주적이고, 어디에도 얽매이지 않으며, 자율적이고 믿을 만하다는 그의 '단순한' 주장은 급진적이고 정치적 공명을 불러일으키지만, 몇몇의 사람에게는 '순진하다'고 일축되기도 했다. 이렇듯 인간-중심 접근은 몇 년간 순진한 이론이라고 폄하하는 반복적이고 얄팍한 비판에 시달렸고, 이에 자극받은 Proctor와 Cooper 등(2006)은 인간-중심의 실천과 이론의 정치적 측면이 발달해 온 과정을 보여 주는 예시들을 끌어모았다. 그런 측면에서 그의 업적은 주제와 프로젝트에 대한 놀라운 이야기를 전해 주는 한편, 독단적이고 논쟁적이기보다는 사색적이고 탐구적인 성향이 강하다. 프로젝트는 두 가지 방향성을 동시에 마주하고자 했다. 인간-중심 커뮤니티를 직접적인 정치적 이야기로 끌어들이는 내향성, 그리고 다른 치료적 접근을 인간-중심 접근이 내포하고 있는 정치적 역학으로 향하게 하는 외향성이 그것이다. 이 메시지는 만약 Rogers의 업적이 그 뼈 속에 새겨진 개인적 정치성을 지닌다면, 치료 전문가들의 정치적 개입, 시민권리와 평등운동, 갈등 해결과 사회적 활동이 21세기에 자연스럽게 흘러가야만 한다는 것이다. Carl Rogers의 인생의 막바지에 이르러, 그는 남아프리카와 북아일랜드에서 평화적 업적과 다문화 갈등 해결로 유명해졌다. 하지만 존중, 이해 그리고 정직한 이야기라는 요소들의 이렇듯 명백한 정치적 적용은 그의 치료 이론과 마찬가지로 그가 죽기 전까지 크게 번성하지 못했다. 최근 우리는 인간-중심 실천가들이 이론과 실제, 두 가지 모두에서 넓은 범위의 정치적 이슈에 관여하고 있음을 확인할 수 있다. 관여하는 정치적 이슈의 예를 들면, 권력(Proctor, 2002), 인종차별(Moodley, Lago and Talahite, 2004), 성 정치(Proctor and Napier, 2004), 그리고 최근 부상하는 환경정치학이라는 영역을 포함한다. 이것은 Rogers의 '내일의 인간(The person of tomorrow)' (1980)과 같은 업적 속에 내포된 정치적 이념으로부터의 자연스러운 발전임과 동시에, 현대 심리치료의 정치적 맥락화이기도 하다. 인간-중심 접근은 이러한 최근의 발달 안에 편안하게 존재한다.

영적인 영역의 인정

그 자신이 어린 시절 경험했던 엄격하고 보수적인 종교적 가정교육에도 불구하고(1장 참조), Rogers는 타인들을 대하며 그들과 그들을 둘러싼 경험의 세계에 대한 깊은 존중을 표하는 데 단 한 번도 실패한 적이 없다고 할 수 있다. 그는 결코 다양한 종류의 경험을 차별하지 않았으며, 타인들과 그들의 경험을 평가하지 않았다. 그러한 경험들을 지니는 것은 개개인 고유의 특권이기 때문이다. 어린 시절 Rogers가 경험했던 조직화된 종교와 믿음의 체제의 영향을 어느 정도 추측해 볼 수는 있겠지만(Cornelius-White, 2012 참조), 자신의 삶에 대한 그의 메타시각이 그러한 믿음과 입장에 대한 전체주의적인 관점을 피하고자 했다는 사실은 명백하다. 요컨대, 그는 일생 동안 스스로의 경험에 대해 개방적인 자세로 일관된 모습을 보였다.

인간-중심 실천은 상담실 내 환경이든 상담실을 벗어난 환경이든 관계없이 또 다른 경험의 세계로 잘 통솔되는 리드미컬한 확대의 연속이다. 이러한 과정 속에서 실천가는 자신의 경험에 뿌리를 유지하며, 타인의 세계를 경험하기 전에 스스로의 경험으로 다시 돌아오게 된다. 실현경향성에 대한 믿음 및 자신의 경험에 대한 진정한 개방과 더불어, 이러한 실천은 세상의 많은 부분에서 존재하는 정신적인 실천의 추산을 가능하게 할 것이다. 그렇다면 Rogers가 그의 말년에 신비롭고 보다 거대한 어떤 것의 일부가 된 것 같은 느낌을 받았던 치료와 삶의 경험을 보고한 것도 놀라운 일은 아니다 (1장과 3장 참조). 인간-중심 실천의 특성들의 강력한 조합은 경험에 대한 개방성을 개인의 정신적인 영역에서 가장 중심에 두는 많은 사람에게 있어 지속적으로 매력적인 요소로서 작용한다.

어떤 이들은 Rogers 이론의 요소들이 그들 자신의 영적인 탐색과 매우 강하게 공명함을 느낀다. 그들이 탐색을 시작하고, 이미 결정했든 아니면 아직 발생 단계에 있든 관계없이 말이다. 이러한 노력의 선구자로는 계속해서 Rogers의 업적을 일반적인 정신성의 표현으로서 검토하고 Rogers의 업적과 기독교 사이의 밀접한 관계를 탐구하는 Brian Thorne이 있다. 그는 결연한 반대와 일시적인 유행에도 불구하고 기독교적인 영적 수행으로서 Rogers의 이념과 실천을 도우며 그 자신의 성장에서의 위치를 확고히 정했다(Throne, 1991, 1998 등).

기독교와 Rogers의 업적 사이의 관계를 탐구하는 일은 Joody Moore와 Campbell Purton의 '치료와 경험적 탐구에서의 영적인 차원(The Spiritual Dimension in Therapy and Experiential Exploration)'의 2004년 컨퍼런스 편집본에서 보다 깊게 이루어졌다(Moore & Purton, 2006). 또한 이 컨퍼런

스는 불교의 기조도 포함하고 있었는데(Morgan, 2006), 이 역시 몇몇의 저자에 의해 추구된 연결고리다(예를 들어, Purton, 1996).

Rogers의 이념은 세계 어느 문화권에서 받아들이는가에 관계없이 Rogers의 이념에 감동을 받은 사람들이 현지의 영적인 전통에 맞게 해석하고 받아들이는 것 같다. Rogers의 업적이 트로이 목마처럼 내재적으로 서구권 문화를 전달하고 있다는 주장을 다시 한 번 반박할 수 있는 지점이다. 아마도 전 세계의 모든 사람은 타인을 존중하고, 그들의 입장이 되어 보며, 자신의 진심을 말하는 등 보편적으로 느끼는 어떤 원칙들이 있는지도 모른다.

교육과 양육

Rogers와 그의 동료들 그리고 학생들은 Rogers가 살아있는 동안 자녀양육과 교육에 깊은 영향을 미쳤으며, 이 영향은 그의 사후에도 줄어들지 않았다. 여러 가닥의 연구가 이루어진 것 중에서 주목할 말한 예는 Thomas Gordon의 연구다. 그는 Rogers의 저서 『내담자-중심 치료(Client-Centered Therapy)』(Gordon, 1951)에서 집단 중심 리더십과 관리에 대한 부분을 썼다. 1960년대 초반에 Gordon은 공감, 수용, 진정한 소통을 강조하는 Rogers의 리더십 방법이 자녀양육에 적용될 수 있다는 것을 깨닫고, '부모효율성 훈련(Parent

Effectiveness Training: PET)'을 출범시켰다. PET는 현재 전 세계에 뻗어있는 자녀양육 방법이며, 이것은 Rogers의 연구에 대한 Gordon의 해석을 발전시키고, 개인적인 관계에서 도움을 구하는 새로운 집단의 사람들에게 Rogers의 연구를 소개하고 있다. Gordon 훈련의 국제 웹사이트의 'Gordon 모델의 기원'이라는 페이지에서는 다음과 같이 분명하게 밝히고 있다(www.gordontraining.com/thomas-gordon/origins-of-the-gordon-model/,retrived 12/03/2012).

시카고 대학교의 대학원생이었을 때, 나는 지도교수이자 멘토였던 Carl Rogers 박사님으로부터 그가 집필 중이던 책의 한 장을 기고해 달라는 부탁을 받았다……

리더가 집단원들의 메시지들을 이해하고 있는지(공감적 경청)를 점검하기 위하여 그들의 의미하는 바와 감정을 되돌려주는 것을, Carl Rogers는 '감정의 반영'이라고 불렀다. 나는 이 감정 반영을 효과적으로 하는 방법을 1946~1947년 시카고 대학교 상담센터에서 스태프로 있는 동안 학생들을 상담하면서 배웠다.

Embleton Tudor 등(2004: 150-62)이 제시한 자녀교육에 대한 논의는 Rogers의 연구를 면밀하게 따르고 있다. 그들은 또한 Bernard와 Louise Guerney(Guerney, 1964)가 개발한 효도치료(filial therapy)의 발달에 대하여도 기술하고 있다. 효도치료는 Rogers의 제자인 Virginia Axline의 연구에 기초하여 개발된 놀이치료 방법을 반항하는 자녀의 부모에게 가르치는 프로그램이다. Louise Guerney(1997)는 부모가 자녀 때문에 겪는 대부분의 문제는 부모가 자녀를 이해하고 자녀의 관점을 인정하는 방법을 배우지 못했고, 자녀를 가르칠 때 사용할 합당한 비폭력적 통제방법을 배우지 못했기 때문이라고 주장하였다.

Rogers의 영향을 받은 자녀중심 양육은 복잡하지 않다. 그것은 충실한 성장을 가져오는 관계의 조건들을 부모자녀 관계에 적용하는 것이다. 이것은 많은 사람에게는 자연스럽게 다가오지만 어떤 사람들에게는 도움이 필요한데, 자녀중심 양육방법은 현재 전 세계에서 이용 가능하며, 활발하게 발전하고 있으며, Rogers의 사상을 명확하게 참조하고 있다.

Rogers는 그의 사상이 교육 분야에 영향을 미친다는 것을 깨닫고, 그가 1951년 발간한 저서, 『내담자-중심 치료』의 9장, '학생중심 교수'에서 이것을 밝혔다. 그는 "우리는 다른 사람에게 직접적으로 가르칠 수 없다. 우리는 단지 그가 학습하는 것을 촉진시킬 수 있다."(Rogers, 1951: 389)라는 주장을 시작으로, 그의 성격과 변화 이론의 요소들과 학습을 연결시켰다. 이 말이 21세기에서는 급진적으로 보이지 않지만,

그것은 교육에 끼친 Rogers의 영향을 증언하는 것이다. 그것은 교육과 관련된 많은 사람에게서 기정 사실로 받아들여진다. Rogers는 대학원 교육을 위한 안내서인『학습할 자유 (Freedom to Learn)』(Rogers, 1969)에 대하여 강하게 주장하며 1960년대 후반의 주제로 돌아갔다.

성격과 변화에 대한 인간-중심 이론의 적용은 변화가 제한된 과정(예를 들면, 학습)이 아니라는 생각에 구심점이 있다. 그것은 성장에 대한 전체 유기체적 과정이다. 물론 이것은 변화과정의 하나로서 학습을 포함시키지만, 그의 메시지는 분명하다. '교육'의 결과로서 예상하는 변화를 포함하여, 변화는 단순한 학습 그 이상이다. 그리고 이 변화과정은 상담실에서, 교실에서, 혹은 완전히 기능하려고 애쓰는 유기체의 삶 속에서 가르쳐질 수 있는 것이 아니라, 단지 촉진되어질 수 있다.

Rogers가 사망한 이래, 우리는 교육에 계속 영향을 미치는 연관된 두 흐름을 볼 수 있는데, 첫 번째는 상담자/심리치료 훈련이고, 두 번째는 모든 연령대에서 '교실' '교육'이라고 이름 붙일 수 있는 것이다.

심리치료 훈련은 언제나 본 심리치료 학파가 그 변화모델을 실천하는 기회가 되어 왔다. 변화를 이해하는 한쪽 극단에는 인지행동치료가 학습이론, 교훈적 가르침, 숙제와 피드백을 적용할 것으로 기대된다. 인간-중심, 그리고 사실 인본주의 치료 훈련의 대다수는 학습기회의 중심에 학생중심 과정을 둔다. '학생중심'이라는 용어가 많은 접근에 의하여 전용되어 왔으며, 그들의 필요에 맞게(아마도 혹자는 약화되거나 왜곡된 형태라고 말할지도 모르지만) 형태를 갖춰 가는 반면, 이것은 수련생과 그들의 경험을 중심에 두는 과정이 치료자 교육이라는 생각이 21세기 현재의 주된 흐름이라는 신호다. 하지만 인간-중심 치료자 훈련에서는 학생중심 교육이란 특히 개인적 발달의 중요성을 인식하는 필수적이고, 창의적인 학생의 자기조절 학습과정이라는 생각을 취한다. 예를 들면, 비록 Merns(1997) 연구가 출판된 이래 많은 나라에서 고등교육체계가 인간-중심 원칙의 핵심과 동떨어지게 평가, 지적인 지식, 그리고 높은 교직원-학생 비율을 고수했지만, Merns의 연구는 근본적으로 인간-중심 치료자 훈련의 한 가지 모델을 뒷받침하고 제공한다.

학교에 기반을 둔 교실교육은 수백 년 동안 많은 심리학 이론의 영향을 받았다. Freud, Skinner와 나란히 Rogers도 교육의 과정에 대하여 할 말이 많았으며, '학생중심 학습'이라는 문구가 나타나는 곳에서는 뜨거운 논쟁과 노골적인 논란이 있었다는 것을 알게 된다. 여기서 이런 논쟁들을 다시 한다는 것은 교육 흐름의 운명이 종종 정부의 변화나 '구조개혁'의 필요에 따르면서 갈피를 못 잡을 정도로 불규칙하게 성쇠를 거듭한다는 것을 알리는 것밖에 안 될 것이다. 그럼에도 불구하고, 학생중심 학습은 실제 교육현장에 적용한 결과로, 그리고 학문적 연구를 통하여 발전하고 성장해 왔다. 그것은 지속적인 지지를 받아 왔으며(예를 들면, Cornelius-White & Harbaugh, 2010), 그 발전은 최근에 검토되었다(Cornelius-White & Motschnig-Pitrik, 2010). 어떤 교육이론이라도 우여곡절이 있다는 것을 감안한다면, 학생중심 학습에 대한 관심과 적용은 아주 활기차다.

인간-중심 접근의 국제대회

Howard Kirschenbaum에 따르면(Kirschenbaum, 2007: 538-9), Carl Rogers는 국제적 조직을 통해 인간-중심 사상을 발전시키고 홍보한다는 생각을 생의 말년에 가서야 겨우 동조하였다. 그때조차도 그는 전폭적으로 지지하지는 않았다. "맞아요. 나는 지금 존재하는 방식의 조직들을 신뢰하지 않습니다. 그러나 우리가 다른 종류의 조직을 만들 수 있을지를 찾아보는 것은 가치 있다고 생각합니다"(ibid: 538-9). Rogers가 국가적인 조직의 확산과 국제 인간-중심 및 경험심리치료와 상담협회를 통하여 무엇을 하려 했는지는 누구나 다 추측할 수 있으나, 글을 쓴 당시에는 인간-중심 치료와 인간-중심 접근의 발전과 추진을 위한 국가 조직들이 20개 이상 설립되어 있었다.

나는 만일 혹은 어떻게 되풀이되는 '대회'가 '조직'되는지는 논하지 않을 것이다. 그러나 어떤 대회든지 조직을 요구하고, 인간-중심 사상가들과 실천가들의 최초의 국제적 모임이 1982년 멕시코 오악스테펙(Oaxtepec)에서 소집되었다는 것은 사실이다. 처음에는 '초청객에 한하는' 모임이었던 그 대회가 2년마다 개최되는 대회로 발전하였는데, 그 대회는 해가 거듭되면서 5대륙 전체에 자리 잡게 되었다. 제12차 국제 인간-중심 접근 포럼은 2013년 브라질에서 개최되었다.

좀 더 조직화된 학문적 대회가 '국제 내담자-중심 및 경험 심리치료 회의(International Conference on Client-Centered and Experiential Psychotherapy: ICCCEP)'라는 이름으로 1988년 벨기에 루뱅에서 출범하였다. 더 나아가서 6개의 회의가 3년 주기로 계획되었으며, 2006년 이래로 그 회의들은 'PCE 컨퍼런스'라는 이름으로 2년마다 개최되었다. 이 시리즈의 열 번째 회의는 2012년 안트베르펜에서 열렸다.

이 두 개의 회의는 전 세계적으로 인간-중심 단체를 위한 가장 중요한 학문적 대회들이다.

1987년, Jerold Bozarth는 미국 조지아 주 웜 스프링스에서 40명이 참석한 제1회 인간-중심 워크숍을 개최하였다. 그 후 워크숍은 매년 열리고 있으며, Rogers의 비지시적 상담 원래의 원칙들을 실천한 최상의 기관이 되었다. 그 워크숍은 사전에 정해진 의제나 일정표가 없으며, 심지어 숙식도 참석자들이 협의하여 결정한다.

인간-중심으로 작업하는 방식에서 이들 세 가지 대회들 간의 차이점은 한편으로는 학문적 체계, 방향, 학문적 틀, 그리고 다른 한편으로는 비지시성, 자유, 실현, 이들 사이에 긴장이 있다는 것을 증언한다. 웜 스프링스 워크숍은 치료뿐만 아니라 성장하는 만남의 비결인 비지시적 인간-중심 실제의 기본원칙에는 타협이 없다는 것을 기념하는 행사다.

다른 한편, PCE 회의들에서는 폭넓은 인간-중심 및 경험 치료 지지층들이 더 전통적으로 조직화된 대회에서 학술연구를 발표한다. 그런 대회는 사전에 배포된 일정표에 초청기조연설, 워크숍에 대한 언급, 총회, 그리고 성찰의 시간과 같은 정보를 담고 있어서 전 세계의 사회과학 실천가들과 학자들이 쉽게 알아볼 수 있다. 이들이 강조하는 것은 치료의 적용, 새로운 발전 그리고 이론과 실제에 대한 연구다.

포럼은 그 사이 어딘가에 위치한다. 그것은 인간-중심 실천가들이 큰 공동체 집단 중심의 대회를 개최할 기회다. 포럼은 Rogers의 범문화적 워크숍에 기초한 모델로서 상당 기간 동안 만난다. 그동안 경험과 창의성에 더 초점을 둔 워크숍들에서 서로 나눌 기회를 제공하는 것은 종종 개인 혹은 공동체의 발달을 지향하게 한다.

인간-중심 접근의 조직

Rogers의 일생 동안, 종종 Rogers 자신을 포함한 다양한 유형의 훈련을 통해 그의 연구를 심화시키기 위한 조직들이 많이 생겨났다. 인간-중심 이론과 실제를 단순히 경험하는 기회를 제공하기보다 그것을 촉진·발전시키겠다는 목표로 만들어진 첫 번째 조직이 미국에서 시작되었다는 것은 놀라운 일이 아니다. 1981년 David Cain은 인간-중심 접근을 촉진시키기 위한 네트워크를 제안하면서 논의를 시작하였다. 그 네트워크는 1984년에 시작된 '르네상스'라는 뉴스레터를 만들어 냈다. 그 네트워크 초기 형태의 관심은 조직의 발전이었으며, 그 결과 인간-중심 접근 발달협회(Association for the Development of the Person-Centered Approach: ADPCA)가 발족되었다. 의구심이 있었지만, Rogers는 1987년 2월에 작고하기 몇 달 전, 1986년에 개최된 첫 번째 모임에 참석하였다. ADPCA는 많은 사람이 참석하는 연차대회로 초창기에 매우 활발하였으며, 회원혜택으로 1994년부터 지금까지 『인간-중심 저널』을 발간하고 있다. Rogers 업적의 초기 국제적 발전에 대한 자세한 개관은 Cain(1987a)의 책에서 볼 수 있다.

나는 어떤 대회가 하나의 조직이라고 간주될 정도로 제도화되는 시기가 언제인지를 확인하는 게 어렵다는 점에 이미 주목하였다. 조직의 기원은 그것이 처음 제안된 대회를 추적하는 것이 훨씬 쉽다. 그래서 우리가 확인한 대회가 포르투갈 리스본에서 열린 제4회 ICCCEP 컨퍼런스인데, 거기에서 세계 인간-중심 치료협회가 형태를 갖추었다. 미국 시카고에서 개최된 제5차 ICCCEP 컨퍼런스에서 조직의 명칭, 규정들 그리고 추천 학술지가 협의되었고, 세계 인간-중심 및 경험심리치료와 상담협회(World Association for Person -Centered and Experiential Psychotherapies and Counseling: WAPCEPC)가 출현되었다. 그때부터 세계 심리치료 협의회(World Council for Psychotherapy) 그리고 관련 대회인 세계 심리치료 회의(World Congress for Psychotherapy)를 포함하여, 세계 인간-중심 및 경험심리치료와 상담협회는 북미대륙과 국제 포럼에서 인간-중심과 경험치료를 대표해 왔다. 이것은 Rogers 업적이 지속적인 위상을 차지할 것과 세계 심리치료가 더 높은 수준으로 발전할 것을 보증하며, 세계 심리치료회의가 어디서 열리든 상관없이, 새로운 영역과 지역에서 PCE 사상을 보급하도록 추진력을 제공한다. 사실 최근에 세계 심리치료회의, 인간-중심 전문대회들은 가장 인기를 받아왔다. Mearns와 Thorne은 그들의 저서『인간-중심상담의 실제(Person-Centred Counselling in Action)』의 스페인어판 서문에서 다음과 같이 기술하고 있다.

마지막 날까지 남아 있던 큰 대회는 세계 심리치료회의였으며, 그 안에 포함된 좀 더 작은 대회가 '인간중심 막사'였다. 그 막사에는 물리적으로 약 30명을 수용하도록 설계된 방이 있었으며, 거기에서 지난주에 걸쳐 다채롭게 흥미 있는 인간-중심 논문과 토론이 마련되었다. 비록 그 회의가 4,000명의 참가자 대다수를 위해 몇 시간 일찍 끝났지만, 거기에는 여전히 120명의 참가자들이 바닥에 모여 앉아 세계 각 지역의 음식과 음료를 나누고, 다양한 문화를 반영하는 노래를 부르며, 이야기를 하고 있었다. 이것은 2005년 '인간-중심 막사'에서 정기 저녁행사로 치러진 마지막 '참만남'이었다. 그 집단은 각처에서 모여든 다양한 치료적 성향의 사람들로 구성되었으며, 정말로 참만남에 가치를 둔 인간-중심 경험에 대하여 배우면서, 그 주간 매일 저녁 그 숫자가 늘어나서 30명에서 현재는 120명이 되었다(Mearns and Thorne, 2009).

그리고 문화와 회의 내용이 한데 어우러진 점을 분명히 보여 주려고 계속 설명한다.

그 모임은 세계의 다른 지역에서 온 소수자들 뿐만 아니라 라틴 아메리카 모든 나라에서 온 개개인이 단지 서로 만났다는 점에서 정서적으로 감동적이었다. 그것은 세상의 다른 어떤 곳에서도 똑같은 것이 있을 수 없는 진정한 라틴 아메리카의 대회였다(Ibid.).

의심할 여지없이 WAPCEPC가 이룬 가장 중요한 업적
은 학술지 『인간-중심과 경험치료(Person-Centered and
Experiential Psychotherapies)』를 출간한 것이다. 그 학술지는
2002년 Robert Elliott(그 당시에는 미국), Dave Mearns(영국)
그리고 Peter Schmid(오스트리아)의 책임하에 엄격한 심사과
정을 거쳐 출간되었으며, 영국 출판사 'PCCS Books'에 의하
여 9년 동안 육성되었다. 2011년 이후에는 Taylor와 Francis
가 발행을 맡아 왔으며 온라인과 출판물로 배포되었다.
PCEP는 PCE 연구, 이론 발달, 그리고 전 세계 도서관과 학술
기관에서 이 접근을 대표하는 국제 PCE 단체들 간의 대화를
위한 최고의 수단이다.

국가 인간-중심 조직

WAPCEPC에 더하여, PCE 치료와 인간-중심 접근의 폭
넓은 발달에 전념하는 국가조직의 수가 증가하고 있다.
Kirschenbaum(2007)은 북유럽 PCE 상담자들의 관심을 대변
하는 국가조직의 발달과 위상에 대하여 설명한다. 최근의 흐
름을 보기 위하여 잠깐 PCE 유럽 웹사이트를 방문해 보면,
다음에 열거하는 각 국가에는 적어도 한 개의 협회가 있는 것

으로 나타난다. 오스트리아, 벨기에, 체코 공화국, 프랑스, 독일, 그리스, 헝가리, 이탈리아, 룩셈부르크, 포르투갈, 영국, 스코틀랜드, 슬로바키아 공화국, 스위스, 네덜란드 그리고 PCE 유럽회원국이 아닌 덴마크가 이에 속한다. 컨퍼런스, 워크숍, 지역집단, 뉴스레터와 잡지, 이 모든 것은 국가 단체들이 상담자들을 연결시켜 주는 역동적인 구심점이 되고, 그 이론적 접근을 전문적이고 공적인 영역에서 발표할 수 있도록 만들어 준다.

자발적 증언

나는 Carl Rogers의 지속적인 영향에 대하여 기쁘게 증언해 줄 인간-중심 접근 지지자들의 말을 인용하면서 이 책을 마무리할 수 있을 것 같다. 나는 비인간적인 심리공학과 인지치료의 발 빠른 움직임으로 드리워진 위협에 대처하는 해결책으로, 2011년 영국심리학회의 월간잡지 『심리학자(The Psychologist)』 4월호에 실린 작은 정보 한 가지를 공유할 것이다. 그것은 인지행동 심리학자이며 저명한 연구자인 영국 리버풀 대학교 임상심리 교수 Richard Bentall과 인터뷰한 내용이다. 질의응답 중에서 두 가지가 나의 관심을 끌었다. 그 하나는 그가 가장 존경하는 인물 한 사람, 다른 하나는 그가 갖고 싶은 슈퍼파워 한 가지를 말해 보라는 장면이었다. 그의 대답은 고무적이면서 솔직히 놀라웠다(www.thepsychologist.org.uk/archive/archive_home.cfm/volumeID_24-editionID_199-ArticleID-1836-getfile_getPDF/thepsychologist/psy0411one.pdf,retrieved 03/02/2012).

존경하는 인물: 내가 수련생이었을 때, Carl Rogers에 대한 대부분의 토론은 다음과 같았습니다. "Rogers는 멋진 사람이었습니다. 이제 CBT(인지행동치료)에 대하여 이야기합시다." 그러나 그는 심리치료 연구의 선구자였으며, 좋은 관계가 치료적 진전의 필수조건이라는 그의 주장은 절대적으로 옳았습니다.

슈퍼파워: 금요일 오후 늦게 공감, 일치성, 긍정적 존중을 전달하는 능력이야말로 숨은 초강력 힘입니다.

| Carl Rogers의 주요 연구업적 목록 |

■ 다음 목록에서 * 표시된 자료들이 주요 원문으로 평가되고 있음.

책

Counseling and Psychotherapy: Newer Concepts in Practice (1942). Boston: Houghton Mifflin.

* *Client-Centered Therapy: Its Current Practice*, Implications and Theory (1951). Boston Houghton Mifflin. (Other editions include: London: Constable, 1965)

With R. F. Dymond (eds.). *Psychotherapy and Personality Change* (1954). Chicago: University of Chicago Press.

* *On Becoming a Person* (1961). Boston: Houghton Mifflin. (Other editions include: London: Constable, 1974)

Freedom to Learn: a View of What Education Might Become (1969). Columbus, OH: Charles E. Merrill.

* *Carl Rogers on Personal Power: Inner Strength and its Revolutionary Impact* (1977). New York: Delacorte Press. (Other editions include: London: Constable, 1978)

* *A Way of Being* (1980). Boston: Houghton Mifflin.

With H. J. Freiberg, Freedom to Learn (1994). Columbus, OH: Charles E. Merrill.

Two edited 'anthologies' exist which provide an excellent overview of Rogers' work as well as including previously unavailable material:

Kirschenbaum, H., & Henderson, V. L. (eds.) (1990). *The Carl Rogers Reader*. London: Constable.

Kirschenbaum, H., & Henderson, V. L. (eds.) (1990). *Carl Rogers: Dialogues*. London: Constable.

To celebrate the centenary of Rogers' birth, an invaluable 'oral history' has been published which contains the transcripts of numerous extended interviews which Rogers gave during the last year of his life.

Rogers, C. R., & Russell, D. E. (2002). Carl Rogers: *The Quiet Revolutionary*. Roseville, CA: Penmarin Books.

논문

A note on the 'nature of man' (1957) *Journal of Counseling Psychology, 4*(3): 199–203.

* 'The necessary and sufficient conditions of therapeutic personality change' (1957) *Journal of Counseling Psychology, 21*(2): 95–103.

'The characteristics of a helping relationship' (1958) *Personnel and Guidance Journal, 37*: 6–16.

* 'A theory of therapy, personality and interpersonal relationships, as developed in the client-centered framework' (1959) in S. Koch (ed.), *Psychology: a Study of Science, Vol. III. Formulations of the Person and the Social Context*. New York: McGraw-Hill.

'Toward a modern approach to values: the valuing process in the mature person' (1964) *Journal of Abnormal and Social Psychology, 68*(2): 160–7.

'The formative tendency' (1978) *Journal of Humanistic Psychology, 18*(1): 23–6.

* 'Do we need "a" reality?' (1978) *Dawnpoint, 1*(2): 6–9.

'Toward a more human science of the person' (1985) *Journal of Humanistic Psychology, 25*(4): 7–24.

* 'A client-centered/person-centered approach to therapy' (1986) in I. Kutash and A. Wolf (eds), *Psychotherapist's Casebook*. San Francisco: Jossey-Bass. pp. 197–208.

* With R. Sanford, 'Client-centered psychotherapy' (1989) in H. I. Kaplan and B. J. Sadock (eds), *Comprehensive Textbook of Psychiatry, 5*. Baltimore: Williams & Wilkins. pp. 1482–501.

소장되어 있는 곳 및 웹사이트

The Department of Special Collections at the Davidson Library, University of California, Santa Barbara, contains selected papers, photographs and audio and video tapes of Carl Rogers. To access any of these materials, visit the Carl Rogers Archives website at:http://www.oac.cdlib.org/cgi-bin/oac/ucsb/rogers. The Library of Congress, Washington, DC, holds all of Rogers'earlier materials. To access the library catalogue, go to:http://catalog.loc.gov/.

| Carl Rogers 인생의 주요 사건 연대기 |

형성기

1902년 1월 8일: 일리노이 오크 파크에서 칼 로저스 출생

1919년 위스콘신(메디슨) 대학교 농학부 입학

1922년 일본, 한국, 중국 등 극동아시아 여행

1922년 10월 22일: 헬렌 엘리엇과 약혼

1924년 6월 23일: 위스콘신 대학교에서 역사학으로 학사학위
(BA) 받음

1924년 8월 28일: 헬렌 엘리엇과 결혼

1924년 뉴욕 유니온 신학교에 등록

1926년 유니온 신학교를 떠나 컬럼비아 사범대학으로 전학

1926년 3월 17일: 아들 데이비드 엘리엇 로저스 출생

1927년 6월 1일: 컬럼비아 사범대학에서 석사학위(MA) 받음

이론의 출현

1928년 로체스터 아동학대예방협회(RSPCC)에서 아동심리학
자로 일함

1928년 10월 9일: 딸 나탈리 로저스 출생

1929년 RSPCC의 아동학 분과의 책임자로 임명됨

1931년	5월 20일: 컬럼비아 사범대학에서 박사학위 받음
1939년	*The Clinical Treatment of the Problem Child* 출판
1940년	오하이오 주립 대학교로부터 임상심리학자/전임교수 직 수락
1940년	12월 11일: 미네소타 대학교 Psychological Honors Society에서 연설함으로써 내담자-중심 치료 '탄생'
1942년	*Counseling and Psychotherapy* 출판

이론의 실제 적용

1945년	상담센터에서 일하려고 시카고 대학교로 옮김
1946~ 1947년	미국심리학회(APA) 회장 역임
1951년	*Client-Centered Therapy* 출판
1954년	*Psychotherapy and Personality Change* 로잘린 다이아몬드 등과 공저로 출판
1957년	위스콘신(메디슨) 대학교 정신과와 심리학과 임명 수락
1961년	*On Becoming a Person* 출판

세계적 영향

1964년	서부행동과학연구소(WBSI) 스태프로 참여하고자 캘리포니아 라 호야로 옮김
1967년	*The Therapeutic Relationship and its Impact: a Study of Psychotherapy with Schizophrenics* 출판
1968년	인간연구센터(CSP) 설립을 위해 WBSI의 일부 동료들과 함께 떠남
1968~ 1977년	'참 만남 집단'과 대규모 조직을 대상으로 상담활동

1969년	*Freedom to Learn: a View of What Education Might Become* 출판
1970년	*Carl Rogers on Encounter Groups* 출판
1972년	*Becoming Partners: Marriage and its Alternatives* 출판
1977년	*Carl Rogers on Personal Power: Inner Strength and its Revolutionary Impact* 출판
1979년	3월 29일: 헬렌 로저스 사망
1980년	*A way of Being* 출판
1983년	*Freedom to Learn for the '80s* 출판
1975~	인간-중심 접근 워크숍 촉진을 위해 미국, 유럽, 라틴
1985년	아메리카, 러시아, 일본, 남아메리카 등 여행
1985년	오스트리아에서 무위(無爲) 평화 워크숍
1987년	1월 28일: 짐 베츠 의원에 의해 노벨 평화상 후보로 지명됨
1987년	2월 4일: 캘리포니아 라 호야에서 칼 로저스 사망

| 참고문헌 |

Allchin, A. M. (1988). *Participation in God*. London: Darton, Longman & Todd.

Anderson, R., & Cissna, K. N. (1997). *The Martin Buber-Carl Rogers dialogue: A new transcript with commentary*. Albany, NY: State University of New York Press.

Aspy, D., & Roebuck, F. N. (1983). Researching person-centred issues in education. In C. R. Rogers (Ed.), *Freedom to learn for the '80s*. Columbus, OH: Charles E. Merrill.

Baldwin, M. (Ed.). (2000). *The use of self in therapy* (2nd edn.). New York: The Haworth Press.

Barrett-Lennard, G. T. (1998). *Carl Rogers' helping system: Journey and substance*. London: Sage.

Barrett-Lennard, G. T. (2004). *Relationship at the centre: Healing in a troubled world*. London: Wiley.

Barrineau, P. (1990). Chicago revisited: An interview with Elizabeth Sheerer. *Person-Centered Review, 5*(4), 416-24.

Binder, U. (1998). Empathy and empathy development with psychotic clients. In B. Thorne & E. Lambers (Eds)., *Person-centred therapy: A European perspective*. London: Sage, 216-30.

Bozarth, J. (1990). The essence of client-centered therapy. In G. Lietaer, J. Rombauts, & R. Van Balen (Eds)., *Client-centered and experiential psychotherapy in the Nineties*. Leuven: Leuven University Press, 59-64.

Buber, M. (1937). *I and Thou*. New York: Charles Scribener's Sons (translated by W. Kaufmann in 1970).

Burton, A. (1972). *Twelve therapists*. San Francisco: Jossey-Bass.

Cain, D. (1987a). Our international family. *Person-Centered Review, 2*(2), 139-49.

Cain, D. (1987b). Carl Rogers's life in review. *Person-Centered Review, 2*(4), 476-506.

Cain, D. (1990). Celebration, reflection and renewal. *Person-Centered Review, 5*(4), 357-63.

Cooper, M. (2006). *Counselling in schools project, glasgow, phase II: Evaluation report*. Glasgow: University of Strathclyde.

Cooper, M. (2008). The effectiveness of humanistic counselling in secondary schools. In M. Behr & J. H. D. Cornelius-White (Eds)., *Facilitating young people's development: International perspectives on person-centred theory and practice*. Ross-on-Wye: PCCS Books, 122-39.

Cooper, M., Rowland, N., McArthur, K., Pattison, S., Cromarty, K., & Richards, K. (2010). Randomised controlled trial of school-based humanistic counselling for emotional distress in young people: Feasibility study and preliminary indications of efficacy. *Child and Adolescent Psychiatry and Mental Health, 4*(1), 1-12.

Cooper, M., Watson, J. C., & Hölldampf, D. (Eds.). (2010). *Person-centered and experiential therapies work: A review of the research on counseling, psychotherapy and related practices*. Ross-on-Wye: PCCS Books.

Cornelius-White, J. H. D. (Ed.). (2012). *Carl Rogers: The China diary*. Ross-on-Wye: PCCS Books.

Cornelius-White, J. H. D., & Harbaugh, A. P. (2010). *Learner-centered instruction: Building relationships for student success*. Thousand Oaks, CA: Sage.

Cornelius-White, J. H. D., & Motschnig-Pitrik, R. (2010). Effectiveness beyond psychotherapy: The person-centered, experiential paradigm in education, parenting and management. In M. Cooper, J. C. Watson, & D. Hölldampf (Eds.), *Person-centred and experiential therapies work: A review of the research on counseling, psychotherapy and related practices*. Ross-on-Wye: PCCS Books, 45-64.

Elliott, R., & Freire, E. (2010). The effectiveness of person-centered and experiential therapies: A review of the meta-analyses. In M. Cooper, J. C. Watson, & D. Hölldampf (Eds.), *Person-centered and* experiential therapies work: A review of the research on counseling, psychotherapy and related practices. Ross-on-Wye: PCCS Books. pp. 1-15.

Elliott, R., Greenberg, L. S., & Lietaer, G. (2004). Research on experiential psychotherapies. In M. J. Lambert (Ed.), *Bergin and Garfield's handbook of psychotherapy and behavior change* (5th ed.). New York: John Wiley & Sons. pp. 493-539.

Elliott, R., Watson, J. C., Goldman, R., & Greenberg, L. S. (2004). *Learning emotion-focused therapy: The process-experiential approach to change*. Washington DC: American Psychological Association.

Embleton Tudor, L., Keemar, K., Tudor, K., Valentine, J., & Worrall, M. (2004). *The person-centred approach: A contemporary introduction*. Basingstoke: Palgrave.

Frankel, M., & Sommerbeck, L. (2005). Two Rogers and congruence: The emergence of therapist-centered therapy and the demise of client-centered therapy. In B. Levitt (Ed.), *Embracing non-directivity*. Ross-on-Wye: PCCS Books, 40-62.

Freud, S. (1962). *Civilization and its discontents*. New York: W. W. Norton.

Gendlin, E. T. (1978). *Focusing*. New York: Everest House.

Gendlin, E. T. (1996). *Focusing-oriented psychotherapy: A manual of the experiential method*. New York: Guilford Press.

Gendlin, E. T. (2003). *Focusing* (Revised and updated 25th

anniversary edition). London: Rider (Original work published 1978).

Gordon, T. (1951). Group-centered leadership and administration. In C. R. Rogers (Ed.), *Client-centered therapy*. Boston: Houghton Mifflin, 320-83.

Grant, B. (1990/2002). Principled and instrumental nondirectiveness in person-centered and client-centered therapy. *Person-Centered Review, 5*(1), 77-88. Reprinted in D. Cain (Ed.). (2002). *Classics in the person-centered approach*. Ross-on-Wye: PCCS Books, 371-6.

Greenberg, L. S., & Johnson, S. M. (1988). *Emotionally focused therapy for couples*. New York: Guilford Press.

Greenberg, L. S., Rice, L. N., & Elliott, R. (1993). *Facilitating emotional change: The moment-by-moment process*. New York: Guilford Press.

Guerney, B. (1964). Filial therapy: Description and rationale. *Journal of Consulting Psychology, 28*(4), 303-10.

Guerney, L. (1997). Filial therapy. In J. K. O'Connor & L. M. Braverman (Eds.), *Play therapy theory and practice: A comparative presentation*. Hoboken, NJ: John Wiley and Sons, 131-59.

Hutterer, R. (1993). Eclecticism: An identity crisis for person-centred therapists. In D. Brazier (Ed.), *Beyond Carl Rogers*. London: Constable.

Kirschenbaum, H. (1979). *On becoming Carl Rogers*. New

York: Delacorte Press.

Kirschenbaum, H. (2007). *The life and work of Carl Rogers*. Ross-on-Wye: PCCS Books.

Kirschenbaum, H., & Henderson, V. L. (Eds.). (1990a). *The Carl Rogers Reader*. London: Constable.

Kirschenbaum, H., & Henderson, V. L. (Eds.). (1990b). *Carl Rogers: Dialogues*. London: Constable.

Knox, R. (2008). Clients' experiences of relational depth in person-centred counselling. *Counselling and Psychotherapy Research, 8*(3), 182–8.

Lago, C. (2006). *Race, culture and counselling: The ongoing challenge*. Maidenhead: Open University Press.

Lago, C. (2011). *The handbook for transcultural counselling and psychotherapy*. Milton Keynes: Open University Press.

Lambers, E. (1994). Person-centred psychotherapy: Personality disorder. In D. Mearns (Ed.), *Developing person-centred counselling*. London: Sage, 116–20.

Levant, R. F., & Shlien, J. M. (Eds.). (1984) *Client-centered therapy and the person-centered approach*. New York: Praeger.

Liebermann, E. J. (1985). *Acts of will: The life and work of Otto Rank*. New York: Free Press.

Lietaer, G., Rombauts, J., & Van Balen, R. (Eds.). (1990). *Client-centered and experiential psychotherapy in the Nineties*. Leuven: Leuven University Press.

Machado Assumpção, L., & Wood, J. K. (2001). Project

Estância Jatobá. *The Person-Centered Journal, 8*(1-2), 26-42.

Masson, J. (1984). *The assault on truth: Freud's suppression of the seducation theory*. New York: Farrar, Straus & Giroux.

Masson, J. (1989). *Against therapy*. London: Collins.

May, R. (1982). The problem of evil: An open letter to Carl Rogers. *Journal of Humanistic Psychology, 22*(3), 10-21.

Mearns, D. (1996). Working in relational depth with clients in person-centred therapy. *Counselling, 7*(4), 306-11.

Mearns, D. (1997). *Person-centred counselling training*. London: Sage.

Mearns, D. (1999). Person-centred therapy with configurations of the self. *Counselling, 10*(2), 125-30.

Mearns, D., & Cooper, M. (2005). *Working at relational depth in counselling and psychotherapy*. London: Sage.

Mearns, D., & McLeod, J. (1984). A person-centered approach to research. In R. F. Levant & J. M. Shlien (Eds.), *Client-Centered Therapy and the Person-Centered Approach*. New York: Praeger, 370-89.

Mearns, D., & Thorne, B. (1988). *Person-Centred Counselling in Action*. London: Sage.

Mearns, D., & Thorne, B. (1999). *Person-Centred Counselling in Action* (2nd ed.). London: Sage.

Mearns, D., & Thorne, B. (2000). *Person-Centred Therapy Today*. London: Sage.

Mearns, D., & Thorne, B. (2007). *Person-Centred Counselling in Action* (3rd ed.). London: Sage.

Mearns, D., & Thorne, B. (2009). *Counseling Centrado en la Persona en Acción*. Buenos Aires: Gran Aldea Editores.

Merry, T., & Temaner Brodley, B. (2002). The nondirective attitude in client-centered therapy: a response to Kahn. *Journal of Humanistic Psychology, 42*(2), 66-77.

Miller, G. (1969). Psychology as a means of promoting human welfare. *American Psychologist, 24*, 1063-75.

Moodley, R., Lago, C., & Talahite, A. (2004). *Carl Rogers counsels a black client: Race and culture in person-centred counselling*. Ross-on-Wye: PCCS Books.

Moore, J., & Purton, C. (Eds.). (2006). *Spirituality and counselling: Experiential and theoretical perspectives*. Ross-on-Wye: PCCS Books.

Morgan, D. (2006). The process of transformation within Buddhism. In J. Moore & C. Purton (Eds.), *Spirituality and counselling: Experiential and theoretical perspectives*. Ross-on-Wye: PCCS Books, 26-34.

Neville, B. (2012). *The life of things: Therapy and the soul of the world*. Ross-on-Wye: PCCS Books.

Nye, R. D. (1986). *Three psychologies* (3rd ed.). Monterey, CA: Brooks/Cole.

Pattison, S., Rowland, N., Cromarty, K., Richards, K., Jenkins, P. L., Cooper, M., et al. (2007). *Counselling in schools: A research study into services for children and young people in wales*. Lutterworth: BACP.

Pörtner, M. (2002). *Trust and understanding-the person-centred approach to everyday care for people with special needs*. Ross-on-Wye: PCCS Books.

Proctor, G. (2002). *The dynamics of power in counselling and psychotherapy: Ethics, politics and practice*. Ross-on-Wye: PCCS Books.

Proctor, G., Cooper, M., Sanders, P., & Malcolm, B. (Eds.). (2006). *Politicizing the person-centred approach: An agenda for social change*. Ross-on-Wye: PCCS Books.

Proctor, G., & Napier, M. B. (Eds.). (2004). *Encountering feminism: Intersections between feminism and the person-centred approach*. Ross-on-Wye: PCCS Books.

Prouty, G. (1994). *Theoretical evolutions in person-centered/experiential therapy: Applications to schizophrenic and retarded psychoses*. Westport, CT: Praeger.

Prouty, G. (1999/2000). Carl Rogers and experiential therapies: a dissonance? *Person-Centred Practice, 7*(1), 4-11. Reprinted in T. Merry (Ed.), *Person-centred practice: The BAPCA reader*. Ross-on-Wye: PCCS Books, 30-7.

Purton, C. (1996). The deep structure of the core conditions: A Buddhist perspective. In R. Hutterer, G. Pawlowsky, P. F. Schmid, & P. Stipstis (Eds.), *Client-centered and experiential psychotherapy: A paradigm in motion*. Frankfurt: Peter Lang, 455-67.

Purton, G. (2007). *The focusing-oriented counselling primer*. Ross-on-Wye: PCCS Books.

Rank, O. (1966). Yale lecture. *Journal of the Otto Rank Association, 1*, 12–25.

Raskin, N. (1949). The development of the "parallel studies" project. *Journal of Consulting Psychology, 13*(3), 156–6.

Reason, P., & Rowan, J. (Eds.). (1981). *Human inquiry: A sourcebook of new paradigm research*. New York: John Wiley.

Rice, L. N., & Greenberg, L. S. (1984). *Patterns of change: Intensive analysis of psychotherapy process*. New York: Guilford Press.

Rogers, C. R. (1939). *The clinical treatment of the problem child*. Boston: Houghton Mifflin.

Rogers, C. R. (1942). *Counseling and psychotherapy: Newer concepts in practice*. Boston: Houghton Mifflin.

Rogers, C. R. (1951). *Client-centered therapy*. Boston: Houghton Mifflin.

Rogers, C. R. (1956). Reinhold Niebuhr's "The self and the dramas of history". *Chicago Theological Seminary Register, 46*, 13–14.

Rogers, C. R. (1957a). The necessary and sufficient conditions of therapeutic personality change. *Journal of Counseling Psychology, 21*(2), 95–103.

Rogers, C. R. (1957b). A note on the "nature of man". *Journal of Counseling Psychology, 4*(3), 199–203.

Rogers, C. R. (1958a). A process conception of psychotherapy. *American Psychologist, 18*, 142-59.

Rogers, C. R. (1958b). Concluding comment (to: 'Reinhold Niebuhr and Carl Rogers: A discussion by Bernard M. Loomer, Walter M. Horton and Hans Hofmann'), *Pastoral Psychology, 9*(85), 15-17.

Rogers, C. R. (1959). A theory of therapy, personality and interpersonal relationships as developed in the client-centered framework. In S. Koch (Ed.), *Psychology: A study of science* Vol. III. *Formulations of the person and the social context.* New York: McGraw-Hill, 184-256.

Rogers, C. R. (1961). *On becoming a person.* Boston: Houghton Mifflin.

Rogers, C. R. (1969). *Freedom to learn: A view of what education might become.* Columbus, OH: Charles E. Merrill.

Rogers, C. R. (1970). *Carl Rogers on encounter groups.* New York: Harper & Row.

Rogers, C. R. (1972). *Becoming partners: Marriage and its alternatives.* New York: Delacorte Press.

Rogers, C. R. (1973). Some new challenges to the helping professions. *American Psychologist, 28*(5), 379-87.

Rogers, C. R. (1974a). In retrospect: Forty-six years. *American Psychologist, 29*(2), 115-23.

Rogers, C. R. (1974b). Remarks on the future of client-centered therapy. In D. Wexler & L. Rice (Eds.),

Innovations in client-centered therapy. New York: John Wiley, 7–13.

Rogers, C. R. (1977). *Carl Rogers on personal power: Inner strength and its revolutionary impact*. New York: Delacorte Press.

Rogers, C. R. (1980). *A way of being*. Boston: Houghton Mifflin.

Rogers, C. R. (1981). Some unanswered questions, *Journey, 1*(1), 1–4.

Rogers, C. R. (1982). Reply to Rollo May's letter. *Journal of Humanistic Psychology, 22*(4), 85–9.

Rogers, C. R. (1983). *Freedom to learn for the 80s*. Columbus, OH: Charles E. Merrill.

Rogers, C. R. (1985). Toward a more human science of the person. *Journal of Humanistic Psychology, 25*(4), 7–24.

Rogers, C. R. (1986a). Carl Rogers on the development of the person-centered approach. *Person-Centered Review, 1*(3), 257–9.

Rogers, C. R. (1986b). A client-centered/person-centered approach to therapy. In I. L. Kutash & A. Wolf (Eds.), *Psychotherapist's casebook*. San Francisco: Jossey-Bass, 197–208.

Rogers, C. R. (1986c). Rogers, Kohut and Erickson: A personal perspective on some similarities and differences. *Person-Centered Review, 1*(2), 125–40.

Rogers, C. R. (1986d). Reflection of feelings. *Person-*

Centered Review, 1(4), 375-7.

Rogers, C. R. (1987). Comment on Shlien's article "A countertheory of transference". *Person-Centered Review, 2*(2), 182-8.

Rogers, C. R., & Dymond, R. F. (Eds.). (1954). *Psychotherapy and personality change*. Chicago: University of Chicago Press.

Rogers, C. R., Gendlin, E. T., Kiesler, D. J., & Truax, C. B. (Eds.). (1967). *The therapeutic relationship and its impact: A Study of Psychotherapy with Schizophrenics*. Madison: University of Wisconsin Press.

Rogers, C. R., & Hart, J. T. (1970). Looking back and ahead: a conversation with Carl Rogers. In J. T. Hart & T. M. Tomlinson (Eds.), *New directions in client-centered therapy*. Boston: Houghton Mifflin, 502-34.

Rogers, C. R., & Russell, D. E. (2002). *Carl Rogers: The quiet revolutionary*. Roseville, CA: Penmarin Books.

Rogers, C. R., & Sanford, R. C. (1989). Client-centered psychotherapy. In H. I. Kaplan & B. J. Sadock (Eds.), *Comprehensive textbook of psychiatry* (Vol. 5). Baltimore, MD: Williams & Wilkins. pp. 1482-501.

Rogers, N. (2011). *The creative connection for groups: Person-centered expressive arts for healing and social change*. Palo Alto, CA: Science and Behavior Books.

Sanders, P. (2006). Why person-centred therapists must reject the medicalisation of distress. *Self and Society, 34*. 32-9.

Sanders, P. (Ed.). (2007). *The contact work primer: Introduction to pre-therapy and the work of Garry Prouty.* Ross-on-Wye: PCCS Books.

Schmid, P. F. (1998). "Face to face"-the art of encounter. In B. Thorne & E. Lambers (Eds.), *Person-centred therapy: A european perspective.* London: Sage, 74-90.

Schmid, P. F. (2006). The challenge of the other: Towards dialogical person-centered psychotherapy and counseling. *Person-Centered and Experiential Psychotherapies, 5*(4), 241-54.

Schmid, P. F., & Mearns, D. (2006). Being-with and being-counter: Person-centered psychotherapy as an in-depth co-creative process of personalization. *Person-Centered and Experiential Psychotherapies, 5*(4), 174-90.

Seeman, J., & Raskin, N. (1953). Research perspectives in client-centered therapy. In O. H. Mowrer (Ed.), *Psychotherapy: Theory and research.* New York: Ronald Press Co.

Shlien, J. M. (1984). A countertheory of transference. In R. F. Levant & J. M. Shlien (Eds.), *Client-centered therapy and the person-centered approach.* New York: Praeger, 153-81.

Shlien, J. M. (2003). *To lead an honorable life: Invitations to think about client-centered therapy and the person-centered approach.* Ross-on-Wye: PCCS Books.

Shostrom, E. (Ed.). (1965). *Three approaches to*

psychotherapy: Client-centered therapy. Film production Orange, CA: Psychological Films.

Silverstone, L. (1997). *Art therapy the person-centred way: Art and the development of the person* (2nd ed.). London: Jessica Kingsley.

Sommerbeck, L. (2003). *The client-centred therapist in psychiatric contexts: A therapists' guide to the psychiatric landscape and its inhabitants.* Ross-on-Wye: PCCS Books.

Standal, S. (1954). The need for positive regard: A contribution to client-centered theory. Doctoral dissertation, University of Chicago.

Staniloae, D. (2002). *Orthodox spirituality.* South Canaan: St Tikhon's Seminary Press.

Taft, J. (1958). *Otto Rank.* New York: Julian Press.

Tausch, R. (1978). Facilitative dimensions in interpersonal relations: Verifying the theoretical assumptions of Carl Rogers in school, family education, client-centered therapy and encounter groups. *College Student Journal, 12*, 2-11.

Temaner Brodley, B. (1990/2011). Client-centered and experiential: Two different therapies. In G. Lietaer, J. Rombauts & R. Van Balen (Eds.), *Client-centered and experiential psychotherapy in the nineties.* Leuven: Leuven University Press, 87-108. Reproduced in K. A. Moon, M. Witty, B. Grant, & B. Rice (Eds.), *Practicing Client-Centered Therapy: Selected Writings of Barbara*

Temaner Brodley. Ross-on-Wye: PCCS Books, 289–308.

Temaner Brodley, B. (1991/2011). Some observations of Carl Rogers verbal behaviour in therapy interviews. In K. A. Moon, M. Witty, B. Grant, & B. Rice (Eds.), *Practicing Client-Centered Therapy: Selected Writings of Barbara Temaner Brodley*. Ross-on-Wye: PCCS Books, 313–27.

Thorne, B. J. (1990). Carl Rogers and the doctrine of original sin. *Person-Centered Review, 5*(4), 394–405.

Thorne, B. J. (1991). *Person-centred counselling: Therapeutic and spiritual dimensions*. London: Whurr.

Thorne, B. J. (1998). *Person-centred counselling and christian spirituality: The secular and the holy*. London: Whurr.

Thorne, B. J. (2002). Regulation–a treacherous path? *Counselling and Psychotherapy Journal (CPJ), 13*(2), 4–5.

Thorne, B. J. (2003). *Carl Rogers* (2nd ed.). London: Sage.

Thorne, B. J. (2009). A collision of worlds. *Therapy Today, 20*(4), 22–5.

Van Balen, R. (1990). The therapeutic relationship according to Carl Rogers: Only a climate? A dialogue? Or both? In G. Lietaer, J. Rombauts, & R. Van Balen (Eds.), *Client-centered and experiential psychotherapy in the Nineties*. Leuven: Leuven University Press, 65–85.

Van Belle, H. (1980). *Basic intent and therapeutic approach of Carl Rogers*. Toronto: Wedge Publishing Foundation.

Van Werde, D. (1998). "Anchorage" as a core concept in working with psychotic people. In B. Thorne, & E. Lambers (Eds.), *Person-centred therapy: A European Perspective*. London: Sage, 195-205.

Van Werde, D. (2002). Pre-therapy applied on a psychiatric ward. In G. Prouty, D. Van Werde, & M. Pörtner (Eds.), *Pre-therapy: Reaching contact-impaired clients*. Ross-on-Wye: PCCS Books, 63-120.

Van Werde, D. (2007). Contact work in a residential psychiatric setting: Bridging person, team and context. In P. Sanders (Ed.), *The Contact Work Primer*. Ross-on-Wye: PCCS Books, 60-71.

Van Werde, D., & Prouty, G. (2007). Pre-Therapy: empathic contact with individuals at pre-expressive levels of functioning. In M. Cooper, P. F. Schmid, M. O'Hara and G. Wyatt (Eds.), *The handbook of person-centered therapy*. Basingstoke: Palgrave, 237-50.

Vitz, P. (1977). *Psychology as religion: The cult of self-worship* (revised 1994). Grand Rapids, MI: William B. Eerdmans.

Warner, M. S. (1998). A client-centered approach to working with dissociated and fragile process. In L. S. Greenberg, J. Watson, & G. Lietaer (Eds.), *Foundations of experiential theory and practice: Differential treatment approaches*. New York: Guilford

Press, 368-87.

Warner, M. S. (2000). Person-centered psychotherapy: One nation, many tribes. *Person-Centered Journal, 7*(1), 28-39.

Warner, M. S. (2005). A person-centered view of human nature, wellness and psychopathology. In S. Joseph and R. Worsley (Eds.), *Person-centred psychopathology: A positive psychology of mental health*. Ross-on-Wye: PCCS Books, 91-109.

Warner, M. S., & Trytten, J. (2008). Metaphact process: A new way of understanding schizophrenic thought disorder. In G. Prouty (Ed.), *Emerging developments in pre-therapy: A pre-therapy reader*. Ross-on-Wye: PCCS Books, 118-46.

Watson, N. (1984). The empirical status of Rogers's hypotheses of the necessary and sufficient conditions for effective psychotherapy. In R. F. Levant & J. M. Shlien (Eds.), *Client-centered therapy and the person-centered approach*. New York: Praeger, 17-40.

Wiggins, S., Elliott, R., & Cooper, M. (2012). The prevalence and characteristics of relational depth events in psychotherapy. *Psychotherapy Research, 22*(2), 139-58.

Wilders, S. (2007). Relational depth and the person-centred approach. *Person-Centred Quarterly*, February, 1-4.

Wilkins, P. (2010). Researching in a person-centred way. In M. Cooper, J. Watson & D. Hölldampf (Eds.), *Person-*

centered and experiential therapies work: A review of the research on counseling, psychotherapy and related practices. Ross-on-Wye: PCCS Books, 215-39.

Wood, J. K. (2001). Permacultura. *In Educação Ambiental, Embrapa Meio Ambiente*, Jaguariúna, Brazil.

Wood, J. K. (2003a). A perspective on agroecology. Debate on agroecology Universidade de Campinas (manuscript).

Wood, J. K. (2003b). Poverty, globalization, sustainable agriculture, preserving natural resources, and living well in a place. Presentation given as Visiting Scholar to Santa Clara University (manuscript).

| 찾아보기 |

James, W. 39
Jan(Client) 143
Jung, C. 167

Kilpatrick, W. H. 42
Kirschenbaum, H. 47, 274
Knox, R. 249
Kohut, H. 106

Lambers, E. 210
Levant, R. F. 185
Levinas, E. 243
Liebermann, J. 149
Lietaer, G. 238

Maslow, A. 69
Masson, J. 181, 184, 206
May, R. 177, 178, 196, 206
Mearns, D. 192, 234, 243, 248, 278
Menninger, K. 198
Milgram, S. 200
Miller, G. 231

Niebuhr, R. 197
Nye, R. D. 176

Polanyi, M. 156
Portner, M. 210
Prouty, G. 210, 245

Rank, O 47, 149
Roger, D. 43
Roger, J. 31

Roger, N. 46, 247
Roger, W. 31
Rombauts, J 238
Rosen, J 182
Rowan, J 155
Rowland, N 260

Sanford, R. 99
Schmid, P. 243
Sheerer, E. 74
Shlien, J. 130, 185, 213
Silverstone, L. 248
Sommerbeck, L. 250
Staniloae, D. 203
Szent–Gyorgyi 83

Taft, J. 47, 149
Temaner Brodley, B. 212, 239, 241
Thorne, B. 230, 278
Tausch, R. 217

Van Balen, R. 207, 238
Van Belle, H. 175, 176, 179, 180,
    184, 206, 212
Van Werde, D. 210
Vitz, P. 171, 196

Warner, M. 249
Watson, N. 186, 240
Wiggins, S. 249
Wilders, S. 235

Zimbardo, P. 200

내 용

Brian Thorne

Brian Thorne은 노리치에 있는 이스트앵글리아 대학교의 상담 명예교수이며, '개인적 · 전문적 · 영적인 발달을 위한 노리치 센터(Norwich Centre for Personal, Professional and Spiritual Development)'의 공동 설립자다. 그는 영국에서 영국 상담 및 심리치료 학회(British Association for Counseling and Psychotherapy)의 선임 연구원으로 선출된 최고의 전문가이며 인간-중심 접근을 Carl Rogers와 그의 동료들에 의해 창안된 심리치료로 연결시킨 국제적 대표로 인정받고 있다.

Brian은 1978년 Carl Rogers를 처음 만나 1987년 Rogers가 사망할 때까지 연락을 주고받으며 가까이 지냈다. 그는 유럽 여기저기에서 개최된 다양한 워크숍과 세미나에서 여러 차례 Rogers와 함께 작업했으며, Dave Mearns와 공동 저술한 책은 Rogers가 사망하고 1년 후에 출간되었다. 『인간-중심상담의 실제(Person-Centred Counselling in Action)』(Sage)는 이제 3판까지 출간되었으며, 상담과 심리치료 분야에서뿐만 아니라 Sage 출판물 중에서도 베스트셀러로 입증되었다. Brian은 그 외에도 수많은 책을 저술 또는 편집하였으며, 그는 영국에서뿐만 아니라 전 세계적으로 상당한 영향력을 미쳤다. 프랑스와 독일에 미친 그의 영향력은 인간-중심 접근이 유럽 영토에서 발달하도록 하는 데 주요한 공헌을 했다는 것을 장담한다.

그의 오랜 경력을 통하여 영국은 기독교 활동과 그의 영국 국교회 멤버십을 약속해 오고 있다. 따라서 그가 Rogers의 업적 중에서 특히 영적인 부분과 21세기 영적 발전과의 관련성을 탐구하는 데 관심을 가졌던 것은 놀랄 만한 일이 아니다. 최근에 그는 영적으로 수반되는 이론과 실제를 발전시키는 쪽으로 관심을 돌리고 있으며, 노리치 센터에서 그의 최근 작업은 이런 활동에 맞춰져 있다. 2005년에 그는 캐논 노리치 대성당에 소속되었다.

Pete Sanders

Pete Sanders는 1970년대 초기 심리학을 전공하던 학부시절에 Newcastle-upon-Tyne에서 '비공식적으로' 자원상담자로 일했다. 이 경험은 그가 나중에 더 자격을 갖춘 후에 상담자, 훈련가, 슈퍼바이저 그리고 저자로서의 직업을 결심하게 만들었다. 지금까지 그는 영국 상담 및 심리치료 학회에서 인정한 3개의 코스 리더로서 활동했으며, 영국 상담 및 심리치료 학회의 훈련 인증제도를 설립하는 데 중심 역할을 했다. 그는 15권의 책을 저술, 공동 저술 혹은 편집하였으며, 아내 Maggie와 함께 PCCS Training과 PCCS Books를 설립하였다. 인간-중심 치료와 경험심리치료의 이론과 실제의 개발에 대한 지속적인 관심 외에도, 고통에 대한 약물효과 제거법에 전념하고 있다. Pete는 정신건강 서비스가 시급히 개혁될 필요가 있으며, 이는 영국 상담 및 심리치료 학회 행사에서가 아니라, 음성망(Hearing Voices Network) 콘퍼런스에서 더 다루어질 만하다는 의견을 분분하게 내놓고 있다. 그는 영국 Soteria Network의 임원이다.

옮긴이 소개

박외숙(Park, Wea Sook)

숙명여자대학교 교육학과를 졸업했으며, 동 대학원에서 문학석사(교육심리전공), 애리조나 주립대학교에서 교육학석사(상담자교육전공), 인디애나 대학교에서 철학박사(상담심리전공) 학위를 취득하였다. 아이오와 주립대학교 학생상담센터에서 1년간 유급인턴과정을 수료하였으며, 지난 23년간 울산대학교 교육대학원 교수로 재직하였다. 재직기간 동안 캘리포니아 대학교 샌타바버라와 플로리다 주립대학교에서 각 1년씩 방문교수로서 활동하였다. 현재 울산대학교 명예교수이며, 한국상담심리학회 상담심리사(1급)로서 '박박사 여성심리상담소'를 운영하면서 상담과 슈퍼비전을 하고 있다.

고향자(Koh, Hyang Ja)

숙명여자대학교 교육학과를 졸업했으며, 인디애나 대학교에서 교육학석사(상담과 상담자교육전공), 숙명여자대학교에서 교육학박사 학위를 취득하였다. 숙명여자대학교 교육대학원 초빙교수, 고려대학교 교육대학원 겸임교수를 역임하였고, 서강대학교, 숙명여자대학교 등 대학상담소에서 대학생을 대상으로 상담하였으며, 현재 고려대학교 교육대학원과 세은심리상담연구소에서 강의, 상담 및 슈퍼비전을 하고 있다. 한국상담심리학회 상담심리사(1급), 한국상담학회 전문상담사(1급)의 자격을 유지하고 있다.

상담과 심리치료 주요인물 시리즈 10
칼 로저스 CARL ROGERS(3rd ed.)

2017년 8월 25일 1판 1쇄 발행
2022년 10월 25일 1판 3쇄 발행

지은이 • Brian Thorne · Pete Sanders
옮긴이 • 박외숙 · 고향자
펴낸이 • 김 진 환
펴낸곳 • (주) **학지사**

  04031 서울특별시 마포구 양화로 15길 20 마인드월드빌딩 5층
대표전화 • 02) 330-5114   팩스 • 02) 324-2345
등록번호 • 제313-2006-000265호
홈페이지 • http://www.hakjisa.co.kr
페이스북 • https://www.facebook.com/hakjisabook

ISBN 978-89-997-1314-9 93180

정가 15,000원

출판미디어기업 **학지사**

간호보건의학출판 **학지사메디컬** www.hakjisamd.co.kr
심리검사연구소 **인싸이트** www.inpsyt.co.kr
학술논문서비스 **뉴논문** www.newnonmun.com
원격교육연수원 **카운피아** www.counpia.com